FORMULAIRE COMMENTÉ

DES

LIQUIDATIONS

ET

PARTAGES JUDICIAIRES

CONTENANT

1° Un Traité théorique et pratique sur les Liquidations et Partages judiciaires.

2° Vingt-cinq Formules de Liquidations et Partages judiciaires.

PAR

M. L. GANTHIER

ANCIEN NOTAIRE

DIRECTEUR DE L'ÉCOLE DE NOTARIAT DE PARIS

DEUXIÈME ÉDITION

sérieusement revue et augmentée

PARIS

L. LAROSE ET FORCEL

LIBRAIRES-ÉDITEURS

22, RUE SOUFFLOT, 22

1881

FORMULAIRE COMMENTÉ

DES

LIQUIDATIONS

ET

PARTAGES JUDICIAIRES

8°F

INTRODUCTION

Ce livre n'est point destiné aux savants, je l'ai écrit pour ceux qui ont besoin d'apprendre. Ce n'est point un recueil que l'on case dans une bibliothèque pour le consulter dans les cas difficiles ; non, loin de là, c'est un traité qu'il faut lire d'un bout à l'autre pour en retirer quelques fruits. Je le destine aux clercs qui ont de 3 à 6 ans de stage.

Les liquidations sont bien difficiles, vous a-t-on dit, et vous l'avez cru.

Oui, les liquidations sont difficiles au point de vue théorique, car sous des faces toujours différentes, elles imposent au notariat la solution de ces mille et une questions de reprises qui sont si mal définies en droit et si controversées en jurisprudence. Oui, sous le rapport de la science du droit, la liquidation présente de nombreux points qui sont de vrais dédales juridiques. Mais est-ce bien réellement sous cet aspect-là que la liquidation épouvante tant nos clercs de notaire ? Je ne le crois pas, et la pratique est à leurs yeux le plus grand obstacle.

En réalité le côté théorique est loin d'apporter tant d'ennuis, les causes de reprises sont souvent les mêmes. On les a traitées déjà bien des fois, et qu'il s'agisse de la femme ou du mari, on sait ce qui doit figurer tant en actif qu'en passif au chapitre des reprises ; et si quelque question neuve ou un peu délicate se rencontre, on a son temps pour l'étudier et pour se consulter au besoin ; on voit les avoués et les avocats des parties, on entend leurs prétentions, les bases sur lesquelles elles reposent, et à l'aide de toutes ces raisons, de toutes ces lumières, on peut assez facilement s'orienter.

C'est le côté pratique qui effraie, c'est ce dossier volumineux, cette masse de renseignements à réunir, ces divers contrats à compulser, c'est cet ensemble qu'on ne sait comment attaquer qui est la seule cause de l'aversion générale. Eh bien, ce travail qui vous paraît si ardu, ces difficultés qui vous semblent insurmontables, ne constituent qu'une ombre et non pas une réalité. Apportez-y un peu d'attention, un peu de méthode dans votre manière de procéder et vous verrez disparaître un à un tous ces obstacles, et alors comme moi vous direz : *La liquidation est un acte facile*.

Nous croyons devoir faire précéder notre Formulaire d'un traité théorique et pratique concernant les liquidations.

L. GANTHIER.

TRAITÉ THÉORIQUE ET PRATIQUE

DES

LIQUIDATIONS

Cette partie de notre travail sera divisée en six chapitres, dont le titre suffira à faire comprendre l'affectation.

CHAPITRE I. — Des circonstances dans lesquelles se produit la liquidation. — De ses différentes dénominations.

CHAPITRE II. — De la division de la liquidation et de ses différents actes.

CHAPITRE III. Des difficultés qui peuvent se présenter et du moyen de les résoudre.

CHAPITRE IV. — Des différentes causes de reprises.

CHAPITRE V. — Des rapports et prélèvements.

CHAPITRE VI. — Des droits d'enregistrement.

CHAPITRE PREMIER

La liquidation est le décompte, fait par un notaire,
des droits indivis entre deux ou un plus grand nombre
de cohéritiers ou de copropriétaires ; c'est l'acte établissant le montant des réclamations qu'une partie peut
faire aux autres, ou fixant la part de chacun des copropriétaires dans une masse commune.

Quand un jugement a prononcé la séparation de
biens ou la séparation de corps entre deux époux, il y
a lieu à liquidation. Si la femme a renoncé à la communauté, elle a perdu tout droit de copropriété dans la
masse commune, et elle n'a plus alors à établir que
le montant des réclamations qu'elle a à exercer contre
son mari, autrement dit le montant de ses reprises, et
l'acte à intervenir s'appelle *liquidation de reprises*. Si,
au contraire, la femme a accepté la communauté, il
s'agit tout d'abord d'établir la masse active de communauté, d'en déduire le passif, d'en déduire également le
montant des reprises de chaque époux, puis de partager
le reliquat ; et cet acte s'appelle *liquidation de communauté*.

Quand un homme est décédé laissant plus d'un
héritier, il y a lieu de faire un partage de cette masse
successorale et l'acte à intervenir s'appelle *liquidation
de succession*.

Quand un mandataire, un tuteur ou autre adminis-
trateur vient rendre compte de sa gestion, c'est encore
un acte de liquidation, mais qui, ici, emprunte souvent
un autre nom tel que *compte de tutelle, compte de
gestion, compte de mandataire, compte d'héritier bénéficiaire, etc., etc.* Aussi tout ce que je dirai plus loin sur
la division méthodique du travail [1], s'applique de point
en point aux actes que je viens de dénommer.

Si la liquidation de reprises, de communauté ou
autre se produit à l'amiable, et par conséquent entre
personnes majeures, la dénomination de *contrat* lui convient mieux que celle d'*acte*.

Si au contraire elle se produit entre gens incapables
ou qui ne sont pas d'accord c'est toujours un *acte.*

La liquidation est amiable quand tous les copropri-
taires sont majeurs, capables, et d'accord pour tout ce
que porte le contrat liquidatif.

Elle est judiciaire quand elle a été ordonnée en justice
à cause du désaccord, de l'absence ou de l'incapacité de
l'un ou de plusieurs des co intéressés, et, dans ce cas, un
second jugement portant l'homologation du travail fait
par le notaire est indispensable.

On donne la dénomination de liquidation amiable aux
liquidations de reprises et de communauté faites entre
époux majeurs et d'accord, bien que ces contrats soient
précédés d'un jugement prononçant la séparation de
biens ou la séparation de corps.

De ce qui précède il résulte donc que nous avons :

1° *La liquidation de reprises* qui se produit entre époux
après séparation de corps ou de bien, et après renon-

---

1. Dans une liquidation de reprises, de communauté ou de succession.

ciation à la communauté. C'est encore une liquidation de reprises qu'il y a lieu de faire après régime dotal pur, ou régime sans communauté [1].

2° *La liquidation de communauté* qui se produit entre époux après dissolution de communauté et acceptation par la femme de cette communauté.

3° *La liquidation de succession* qui se produit à l'ouverture d'une succession qui n'a pas occasionné une dissolution de communauté.

4° *La liquidation de reprises et de succession,* qui se produit quand il y a tout à la fois décès de l'un des époux, et renonciation à la communauté par la femme ou ses héritiers.

5° *Et la liquidation de communauté et de succession,* que l'on trouve après dissolution de communauté par suite de décès et acceptation de la communauté.

Tous ces différents *actes* ou *contrats* conservent la dénomination générale de *liquidations* quand ils ont pour but la division de numéraire ou de créances, et celle de *partage* quand ils roulent pour le tout ou pour partie sur des immeubles.

Ainsi de même que nous avons les liquidations amiables nous avons les partages amiables ; de même que nous avons les liquidations judiciaires, nous avons les partages judiciaires.

1. On m'a reproché de n'avoir pas donné dans la première édition des formules de liquidation après régime dotal pur. J'avais jugé inutile de produire une formule de ce genre à cause de sa similitude avec la liquidation de reprises. Cependant comme il existe une petite différence à cause du partage des fruits de la dernière année, j'en donnerai une formule dans cette seconde édition

CHAPITRE II

§ 1er. Classement des titres.

Avant de commencer la liquidation, il faut compulser avec le plus grand soin l'inventaire qui la précède habituellement. Un inventaire bien fait est un puissant auxiliaire pour dresser une liquidation. Mais quand il n'y a pas d'inventaire ou quand cet acte est mal fait ou incomplet, il faut se livrer à un travail de classement et de recherches avec un soin tout minutieux, pour produire les deux qualités indispensables à une bonne liquidation : *l'exactitude et la clarté.*

Dans le classement des titres il faut observer un ordre méthodique ; s'il sagit d'une liquidation de reprises, il faut tout d'abord mettre de côté le contrat de mariage et les pièces qui s'y rapportent directement telles que les quittances de dot, ce sera le premier titre à examiner ; puis des autres actes et pièces on fait deux lots, l'un pour les titres qui constituent la femme créancière et l'autre pour ceux qui la constituent débitrice, tout en observant dans ce classement l'ordre chronologique. S'il s'agit d'une liquidation de communauté, il convient de diviser les titres en trois lots : d'un côté on met tous ceux qui concernent les reprises de la femme, d'un autre côté on place tous ceux qui intéressent les reprises du mari, et d'un troisième côté tous ceux qui regardent la communauté y compris le contrat de mariage. Chacune de ces trois premières divisions doit subir un partage pour séparer les pièces qui concernent l'actif de celles qui concernent le passif ; et toujours dans ces divers classements il convient d'observer l'ordre chronologique. S'il s'agit d'une liquidation de succession on divise les papiers en deux lots par actif et passif. Et enfin s'il s'agissait de plusieurs successions, on fait une première division par succession qui précède celle par actif et passif.

Le classement par ordre chronologique doit cesser devant la nécessité de réunir certaines pièces qui sont inséparables de leur nature parce qu'elles se rapportent à une même affaire. Et par exemple, quelles que soient leurs dates, il faut toujours réunir ensemble et le titre d'acquisition et les quittances.

§ 2. Classement des renseignements.

Quand le classement des titres est achevé, il faut s'occuper des renseignements, et au fur et à mesure qu'on les obtient, il convient de les inscrire sur une feuille détachée et de joindre cette feuille à la classe de titres auxquelles elle se rapporte.

Après ce double travail, certains liquidateurs pour prévenir les conséquences de l'égarement de quelques titres s'empressent de les numéroter.

Et enfin, il faut écrire la liquidation.

§ 3. Division des actes qui composent la liquidation.

Habituellement la liquidation comprend trois actes différents : 1° Le procès-verbal d'ouverture ; 2° l'état liquidatif ; 3° le procès-verbal de clôture.

LE PROCÈS-VERBAL D'OUVERTURE précède très souvent le classement des papiers et marque le début de cet ensemble d'opérations [1]. Il ne se produit cependant que dans les liquidations judiciaires, car la liquidation amiable ne forme jamais qu'un seul contrat qui n'est que l'état liquidatif un peu allongé au commencement et à la fin : au commencement par la comparution des parties et à la fin par ce qu'on appelle le *Dont acte*. Ce procès-verbal d'ouverture est dressé à la réquisition de ceux qui poursuivent la liquidation après sommation faite aux autres co-intéressés d'y assister. Il contient l'exposé par les réquérants de la procédure qui a été faite jusque-là et des causes de cette procédure, puis la réquisition d'ouvrir les opérations de liquidation et de donner défaut contre les parties sommées qui ne comparaîtraient pas ; puis encore l'énonciation de la comparution des parties sommées ou du défaut donné contre elles ; et enfin la déclaration par le notaire de l'ouverture des opérations de la sommation que fait ce notaire à

1. Dans quelques contrées et notamment à Paris, les notaires ne font de procès-verbaux d'ouverture que dans le cas de liquidation après séparation de biens. Dans tous les autres cas la liquidation ne se compose que de deux actes, l'état liquidatif et le procès-verbal de clôture.

Le procès-verbal d'ouverture fait après séparation de biens est indispensable pour constater le commencement d'exécution demandé par l'article 1444 du Code civil.

toutes parties de produire les pièces et renseignements qui pourraient concerner le travail à faire. Le plus souvent ce procès-verbal est rédigé par M. X. et son collègue ; mais en réalité un seul notaire suffit car l'article 977 du code de procédure civile dit formellement : « *Le notaire commis procédera seul et sans l'assistance d'un second notaire ou de témoins, etc.* — Les articles 975, 976, 978, 979 et suivants du même code disent aussi et toujours *le notaire* et non pas les notaires. C'est qu'ici en effet le notaire remplit une délégation judiciaire dont le résultat dans son ensemble devra retourner devant la justice pour être examiné et homologué.

Quelque fois dès le procès-verbal d'ouverture, le notaire connaît certaines reprises qui sont indéterminées quant à leur valeur, et a soin si les parties sont majeures et d'accord de fixer immédiatement l'importance de ces reprises, il évite ainsi les frais d'une expertise : mais cette estimation étant le résultat d'une convention a pour conséquence de nécessiter que le procès-verbal soit passé dans la forme ordinaire des contrats, c'est-à-dire devant Mᵉ X. et son collègue.

L'ÉTAT LIQUIDATIF est signé par le notaire seul, c'est là réellement la liquidation que le notaire commis a dû faire dans le silence du cabinet et hors la présence des parties. Après un titre qui doit expliquer le but de l'acte et dénommer les intéressés, il convient de diviser le travail en deux parties bien distinctes qui prennent pour titres : Première partie, Deuxième partie.

La première partie comprend les explications nécessaires pour faire comprendre les faits qui donnent naissance aux chiffres qui seront inscrits à la seconde partie, elle prend pour sous-titre : *Observations préliminaires.*

Pour faciliter l'intelligence de ce long travail, il convient de le subdiviser, et chaque subdivision prend le nom d'*observation*. Les *observations* doivent être aussi nombreuses qu'il y a de faits différents, et à la fin il convient de tirer hors ligne le chiffre qui en ressort. On expose dans chaque observation succinctement, mais néanmoins très clairement, tout ce qui peut concerner les faits qui y sont relatés. Chaque observation doit porter un numéro différent pour empêcher la confusion et doit en plus avoir un sous-titre qui fasse comprendre à première vue quelle est son affectation.

Je viens de dire qu'il était bon de tirer hors ligne le chiffre résultant de cet exposé ; il n'est pas moins utile de souligner les chiffres ainsi ressortis de manières différentes, suivant qu'ils concernent l'actif ou le passif de la femme, l'actif ou le passif du mari, l'actif ou le passif de la communauté. En observant avec soin cette méthode vous êtes sûrs qu'un œil exercé trouvera immédiatement ce qu'il cherche, quelque volumineux que soit souvent votre travail.

Il ne faut pas oublier que tout chiffre qui paraîtra dans les comptes, c'est-à-dire dans la seconde partie du travail, doit avoir ici son explication.

La seconde partie se subdivise en *chapitres* qui portent aussi chacun un numéro d'ordre, elle prend pour sous-titre *comptes et liquidation*. Il convient de faire un chapitre spécial pour chaque compte différent, plus un à la fin pour les clauses et conditions finales.

Pour qu'on puisse mieux saisir la division de l'état liquidatif, je crois bon de donner tout d'abord un cadre de cette division pour un cas fort simple.

Supposons les bases suivantes :

Jean et Marie se sont mariés en 1870 avec contrat contenant le régime de la communauté et apports.

En 1871, il a été vendu des immeubles propres au mari et des immeubles propres à la femme.

En 1872, il a été vendu des immeubles propres à la femme, et il a été fait des réparations aux immeubles du mari.

En 1873, décès du mari laissant deux enfants mineurs, Paul et Louis.

Ce décès fut suivi d'un inventaire, d'une vente de meubles, et d'une instance en partage judiciaire.

Sur des données aussi simples et en même temps aussi communes, je composerais le cadre de ma liquidation de la manière suivante :

ÉTAT DES COMPTES DE LIQUIDATION ET PARTAGE :

1° De la communauté qui a existé entre Jean et Marie ;

2° Et de la succession de Jean ;

Entre :

1° Marie, veuve dudit Jean, demeurant à . . . .

Prise à cause de la communauté qui a existé entre elle et son mari, aux termes de leur contrat de mariage, reçu par M°. . . . ., notaire à . . . ., le. . . . .

2° Paul ;

3° Et Louis ;

Tous les deux mineurs, ayant pour tuteur M. . . . . . ., demeurant à. . . . .

Pris comme héritiers, chacun pour une moitié, dudit Jean, leur père, décédé à. . . . . . ., le. . . . .

Dressé par M° Lapratique, notaire à Sérieux, commis à cet effet par jugement du tribunal civil de première instance de. . . . . .¹ . . ., en date du. . . . . . ., ci-après analysé.

PREMIÈRE PARTIE

OBSERVATIONS PRÉLIMINAIRES

1re OBSERVATION

Mariage des époux Jean-Marie. — *Contrat de mariage.*
Les époux Jean-Marie se sont mariés à la mairie de. . . . .
. . . .
. . . .

2° OBSERVATION

Vente d'immeubles propres à Marie, épouse Jean.

Pendant leur mariage, les époux Jean-Marie ont vendu divers immeubles propres à Mme Jean, et dont le détail suit :
. . . .
. . . .

3° OBSERVATION

Vente d'immeubles propres à Jean,

Pendant le même mariage. . . . .
. . . .
. . . .

4° OBSERVATION

Réparations faites aux immeubles propres à Jean.

Au cours de l'année . . . .
. . . .
. . . .

5° OBSERVATION

Décès de Jean. — *Qualités des héritiers.*

Jean est décédé à. . . . .
. . . .
. . . .

6° OBSERVATION

Inventaire.

A la suite du décès de Jean, il a été dressé un inventaire
. . . .
. . . .

7° OBSERVATION

Vente de meubles.

Les meubles dépendant de la communauté . . . .
. . . .
. . . .

8° OBSERVATION

Instance en partage.

Voulant arriver au partage. . . . .
. . . .
. . . .

DEUXIÈME PARTIE

COMPTES DE LIQUIDATION ET PARTAGE

SOMMAIRE:

Cette seconde partie sera divisée en cinq chapitres.

Le premier chapitre comprendra la liquidation de la communauté Jean-Marie.

Il sera divisé en trois paragraphes, l'un pour l'actif, l'autre pour le passif et le troisième pour la balance.

Le second chapitre comprendra la liquidation de la succession de Jean.

Il sera divisé de la même manière que le précédent.

Le troisième chapitre contiendra la fixation des droits des parties et les abandonnements.

Il sera divisé en trois paragraphes, le premier pour les droits de Marie, le second pour les droits de Louis, et le troisième pour les droits de Paul. Chacun de ces paragraphes sera divisé en **deux** sections, la première pour la récapitulation des droits, et la seconde pour les attributions.

Le quatrième chapitre contiendra la preuve des opérations.

Il sera divisé en deux paragraphes, le premier comprendra les sommes à partager, et le second le montant des attributions réelles.

Et le cinquième chapitre sera consacré aux clauses et conditions finales.

CHAPITRE Ier [1].

LIQUIDATION DE LA COMMUNAUTÉ JEAN-MARIE

§ 1er. — Actif.

La communauté Jean-Marie se compose activement de :

1° La somme. . . , ...

. . . .

. . . .

§ 2. — Passif.

Il convient de porter au passif de la même communauté :

1° La somme de . . . . , ...

. . . . , ...

. . . .

§ 3. — Balance.

L'actif s'élève à	»	»
Le passif s'élève à	»	»
Partant l'actif excède le passif de	»	»
Dont moitié pour la veuve et moitié pour la suc-	1/2	
cession est de.	»	»

---

[1]. La plupart de clercs liquidateurs de Paris emploient le mot *Livre* de préférence au mot *Chapitre*.

CHAPITRE II.

LIQUIDATION DE LA SUCCESSION JEAN

§ 1er. — Actif.

La succession Jean se compose activement de :
1° La somme de . . . .
. . . . , ...
. . . .

§ 2. — Passif.

Il convient de porter au passif de cette succession :
1° La somme de. . . . .
. . . .
. . . . , ...

§ 3. — Balance.

L'actif s'élève à . . . .   »   »
Le passif s'élève à . . . .   »   »

Partant l'actif excède le passif de . . . .   »   »
Dont moitié pour chaque enfant . . . . $1/2$
est de . . . .   »   »

CHAPITRE III.

FIXATION DES DROITS DES PARTIES. — ATTRIBUTIONS.

§ 1er 1. — Mme veuve Jean.

SECTION 1re. — *Fixation de ses droits.*

Mme veuve Jean a droit à :

---

1. Plusieurs personnes ici mettraient section où je mets paragraphe et *vice versâ.* Je n'y vois aucun inconvénient, chacun peut agir à sa guise.

1₀ La somme . . . .

. . . .

. . . .

))   ))

SECTION 2ᵉ. — *Attributions.*

Pour fournir à Mᵐᵉ veuve Jean le montant de ses droits, il lui est attribué :

1° La somme . . . .

. . . .

. . . .

))   ))

Égal.

§ 2ᵉ. — M. Louis.

SECTION 1ʳᵉ. — *Fixation de ses droits.*

M. Louis a droit à :

1° La somme . . . .

. . . .

. . . .

))   ))

SECTION 2ᵉ. — *Attributions.*

Pour fournir à M. Louis le montant de ses droits, il lui est attribué :

1° La somme . . . .

. . . .

. . . .

))   ))

Égal.

§ 3ᵉ. — M. Paul.

SECTION 1ʳᵉ. — *Fixation de ses droits*

Il revient à M. Paul :

1° La somme . . . .

. . . .

. . . .

))   ))

À reporter . . .   ))   ))

Report . . .   » »

SECTION 2° — *Attributions.*

Pour lui fournir le montant de ses droits, il convient de lui attribuer :

1° La somme de . . . .

. . . .

. . . .

Égal.

» »

CHAPITRE IV.

PREUVE DES OPÉRATIONS.

§ 1er. — Sommes à partager.

Dans le présent travail, nous avions à partager :
1° La somme de . . . .

. . . .

. . . .

» »

§ 2e. — Attributions.

Dans le chapitre précédent, nous avons attribué, déduction faite, bien entendu, des attributions en moins prenant :

1° A Mme veuve Jean, la somme . .

. . . .

. . . .

Égal.

CHAPITRE V.

CLAUSES ET CONDITIONS FINALES.

» »

1° Les frais de la présente . . . .

. . . .

. . . .

Fait et clos en l'étude, à . . . le . . .

LE PROCÈS-VERBAL DE CLÔTURE doit en général être passé devant le notaire commis seul; mais cependant, dans le cas où toutes les parties sont majeures, capables et d'accord, il faut le faire contre-signer et par conséquent le faire devant M° X... et son collègue, parce que cette approbation générale clôt la liquidation qui est dispensée d'homologation, et qui de judiciaire qu'elle était au début devient amiable à la fin.

Les parties qui poursuivent la liquidation font sommation aux autres de se trouver en l'étude du notaire commis pour prendre communication de son travail.

Ce procès-verbal contient tout d'abord l'énoncé très sommaire des faits qui se sont passés, puis l'analyse de la sommation donnée aux défendeurs. Après avoir donné défaut contre les parties défaillantes ou constaté leur comparution, le notaire donne lecture de son état liquidatif, dont il fait l'analyse sur ce procès-verbal de clôture, puis il constate l'approbation des intéressés ou il énonce les causes de leur improbation.

§ 4. — Procès-verbaux divers.

Les trois actes qui précèdent sont bien les seuls qui habituellement composent la liquidation ; mais cependant il en est d'autres qui se présentent de temps en temps dans le cours de ce travail ; tels sont les procès-verbaux de dires, les procès-verbaux de difficultés et les procès-verbaux de rectification.

Le procès-verbal de dires se produit assez souvent, soit pour établir d'une manière précise comment telle ou telle partie entend faire le rapport des biens qui lui ont été donnés antérieurement, c'est-à-dire pour que chaque donataire déclare s'il fera un rapport réel ou en nature, ou s'il ne fera qu'un rapport fictif ou en moins prenant ; soit pour constater la valeur de certaines reprises qui, généralement, ne sont pas assez importantes pour qu'on ait recours à une enquête ou à une expertise.

Le procès-verbal de difficultés est destiné à constater les motifs qui font que les copartageants ne sont pas d'accord sur certains points de la liquidation. Quand la difficulté ne paraît pas sérieuse au notaire liquidateur, il ne prend conseil que de lui-même et tranche la question sans se préoccuper de la manière de voir de chacun, sauf aux parties à faire valoir leurs droits devant le tribunal au moment de l'homologation, et alors le tribunal homologuera le travail du notaire ou le rectifiera. Au contraire si la difficulté paraît des plus sérieuses et laisse le notaire liquidateur dans l'incertitude, il est le premier à provoquer ce procès-verbal de difficultés pour pouvoir renvoyer les ayants droit devant le juge commis qui tranchera le point en litige, à moins que ce juge étant lui-même indécis ou trouvant la question trop importante n'en renvoie la solution au tribunal.

Ce procès-verbal de difficultés doit énoncer d'une manière bien claire et bien précise l'objet de la division et les raisons que chacun donne à l'appui de sa manière de voir.

Le procès-verbal de rectification est la conséquence du jugement qui, n'approuvant pas le travail du notaire liquidateur, ordonne qu'il sera rectifié sur tel ou tel point, et en tel ou tel sens. Si cette rectification est peu importante, on ne fait qu'un seul procès-verbal exécutant de point en point la décision judiciaire. Si au contraire cette rectification oblige à changer une grande partie des chiffres, on dresse tout d'abord un procès-verbal d'ouverture de cette rectification, puis le notaire commis dresse seul son état rectificatif, puis enfin avant de retourner à nouveau devant le tribunal on dresse un procès-verbal d'approbation ou d'improbation; observant ainsi la même procédure, la même filière d'actes que s'il s'agissait d'une nouvelle liquidation.

CHAPITRE III

On rencontre assez souvent dans les liquidations des questions obscures qu'il faut nécessairement faire éclaircir.

Il a été fait une vente de propres et le prix a subi une dissimulation.

Il a été recueilli une succession mobilière ou tout à la fois mobilière et immobilière, et aucun inventaire n'a constaté l'importance du mobilier ni du passif.

Il a été fait sur tel immeuble propre des constructions ou augmentations de construction ;

Il a été fait sur tel autre immeuble propre des améliorations quelconques ou des détériorations.

Si toutes ces causes d'indemnités ou de reprises sont de peu d'importance, le notaire tranchera seul ce point litigieux, bien que cette manière de faire ne soit pas régulière ; mais il faut quelquefois que la légalité cède devant la raison à cause de l'énormité des frais qu'occasionnerait une stricte exécution de la loi. Dans certains autres cas également de peu d'importance, le notaire qui n'ose prendre sur lui de fixer le taux de ces petites reprises dresse un procès-verbal de dires où les intéressés viennent décider eux-mêmes du chiffre qu'il convient de porter en compte. Cette manière d'agir, si elle ne se produit pas entre parties majeures et capables, n'est pas beaucoup plus régulière que la précédente.

Mais quand on veut, à cause de l'importance de l'affaire ou à cause du désaccord des ayants droit, agir régulièrement, il faut demander au tribunal, soit de commettre un juge qui fera une enquête pour constater la portion de prix simulée, ou l'importance des successions mobilières; soit de nommer des experts qui viendront estimer la plus-value ou la moins-value des immeubles.

Le notaire étant d'après l'esprit de la loi le conseil de ses clients et le protecteur de leurs intérêts doit, si on vient à lui, s'enquérir de toutes ces causes de reprises ou d'indemnités avant que le tribunal n'ait ordonné la liquidation, et faire ensuite son possible pour que le même jugement qui ordonnera le partage commette aussi un juge pour faire les enquêtes et des experts pour faire les expertises; ainsi l'on évitera de ces coïncidences malheureuses où l'on a vu le même tribunal rendre jusqu'à cinq jugements dans la même liquidation, quand deux décisions judiciaires auraient seules suffi, l'une pour ordonner et l'autre pour homologuer.

Nous avons aussi des notaires qui, prévoyant sagement l'avenir, ont soin dès l'inventaire de vider par des déclarations, pour lesquelles toutes les parties sont alors d'accord, la plupart de ces points noirs gros de frais judiciaires quand on ne sait pas les élucider à temps.

Les procès-verbaux de dires et les procès-verbaux de difficultés sont les grandes voies par où viennent passer au début ces questions embarrassantes.

Si au cours du travail on rencontre des causes de reprises ou d'indemnités indéterminées quant au chiffre, on dresse un procès-verbal de dires si la question n'est pas importante et si toutes les parties sont d'accord. Dans ce procès-verbal on explique clairement la reprise ou l'indemnité dont il s'agit et on établit la somme à laquelle les intéressés la fixent.

Quand au contraire cette reprise a une importance sérieuse ou est discutée, on fait un procès-verbal de difficultés dans lequel le notaire a soin d'établir avec toute la clarté possible l'objet du litige et la manière de voir de chaque cohéritier, puis, attendu le désaccord, il les renvoie devant le juge commis ou le tribunal pour faire décider ce qu'il appartiendra.

Je ne crois pas que l'on puisse considérer comme une difficulté, soit l'intervention à la liquidation d'un créancier du mari ou de l'un des héritiers, soit l'absence obstinée de l'un des intéressés, soit les allures plus ou moins bizarres d'un autre.

Si un créancier a fait connaître par acte extra-judiciaire qu'il entend être présent à la liquidation, on doit lui faire sommation d'assister au procès-verbal d'ouverture et au procès-verbal de clôture, comme aussi à tous les procès-verbaux de dires, de difficultés et de rectification qui pourraient avoir lieu. Dans l'exposé par où commencent ces divers actes, on mentionne qu'il a également été fait sommation à ce créancier d'assister au procès-verbal que l'on rédige, puis s'il ne comparaît pas, on donne défaut contre lui, et s'il comparaît, on

constate sa comparution et même ses dires s'il y a lieu.
De plus, dans l'en-tête de l'état liquidatif on mentionne
la présence de ce créancier; nous en donnerons des
exemples plus loin.

Quand dans l'instance en liquidation l'un des co-inté-
sessés s'obstine à ne pas répondre aux sommations qui
lui sont faites, on donne défaut contre lui à chaque procès-verbal, et il n'y a pas lieu de s'en préoccuper davan-
tage.

Il en est d'autres qui comparaissent volontiers sur
sommation, qui même y font leurs dires et leurs observations, puis qui au moment de signer se retirent. Le
notaire n'a point à s'émouvoir de cette manière de faire,
il n'a qu'à constater tout simplement les faits tels qu'ils
se sont passés.

Il en est d'autres enfin qui comparaissent aussi sur
sommation, qui font leurs dires et observations, mais
qui les accompagnent d'injures à l'adresse de Pierre ou
de Paul. Le notaire doit bien se garder de reproduire ces
injures, il se contente d'établir que l'on approuve ou
que l'on désapprouve sans avoir voulu en déduire les
motifs.

CHAPITRE IV

DES DIFFÉRENTES CAUSES DE REPRISES ET D'INDEMNITÉS

On donne le nom de reprises à toute somme ou droit que l'un des époux a à exercer contre la communauté, et le nom d'indemnité aux réclamations que la communauté a le droit de faire à chacun des époux.

Pour en faciliter l'intelligence, les reprises seront divisées en quatre paragraphes où chacune sera classée par ordre alphabétique.

Le premier paragraphe traitera des reprises en nature.

Le second paragraphe traitera des reprises ou indemnités provenant des valeurs mobilières.

Le troisième paragraphe traitera des reprises ou indemnités provenant des immeubles.

Et le quatrième paragraphe traitera des reprises ou indemnités provenant de causes diverses.

§ 1er. Des reprises en nature.

Créances diverses. Chaque époux doit faire la reprise en nature de toute créance qui provient de son chef et qui pour une cause ou pour une autre n'est pas rentrée en communauté.

Sous le régime de la communauté légale les époux ne

peuvent avoir de créances personnelles que celles qui leur ont été données ou léguées avec la stipulation formelle qu'elles n'entreraient pas en communauté (Art. 1401 du Code civil, n° 1). A ces créances il convient d'ajouter les prix de ventes encore dus des immeubles propres vendus pendant la communauté, ainsi qu'il sera expliqué plus loin.

Immeubles propres. Chaque époux reprend les immeubles qui lui sont restés propres, ainsi que ceux qui ont été achetés en remploi ou en emploi. Il les reprend dans l'état où ils sont, à la charge de tenir compte à la communauté des améliorations qui ont pu y être faites, et sous l'avantage, en certains cas, de pouvoir demander la réparation de la moins-value occasionnée pendant le mariage, ainsi que le tout sera expliqué plus loin au titre des reprises immobilières (Art. 1434 et 1595 du Code civil).

On donne le nom de remploi à toute acquisition d'immeubles faite pour remplacer un immeuble propre vendu ; et on donne le nom d'emploi à toute acquisition immobilière qui a pour but d'employer un capital qui n'entrait pas en communauté.

L'époux qui prélève l'immeuble acheté en emploi ou en remploi doit indemnité à la communauté pour le coût de ces différents contrats.

Immeubles donnés ou vendus par père et mère à la charge de payer des dettes. Les immeubles donnés par le père ou par tout autre n'entrent pas en communauté ; ils sont propres à l'époux donataire qui en fait la reprise en nature, sauf à tenir compte à la communauté des frais de contrats et des autres charges qu'elle a pu acquitter (Art. 1405 du Code civil).

Il en est de même des immeubles donnés par père, mère ou ascendant, à la charge d'acquitter des dettes de valeurs égales ou presque égales aux immeubles ; comme aussi des immeubles vendus par les mêmes en paiement ou à la charge de payer des dettes. Tous ces immeubles sont propres à l'époux donataire ou acquéreur qui les prélève en nature, sauf à tenir compte à la communauté des sommes qu'elle a déboursées (Art. 1406 du Code civil).

Mais l'immeuble acheté du père ou de l'ascendant moyennant un prix payé au vendeur ou à son cessionnaire n'est pas propre, il forme un conquêt et appartient à la communauté (Art. 1401 du Code civil, n° 3).

Part d'immeuble acquise pendant la communauté. Les parts indivises d'un immeuble dont l'un des époux possédait déjà une portion indivise n'entrent pas en communauté quand l'époux copropriétaire a comparu à l'acquisition. Ces acquisitions sont propres à cet époux, sauf récompense à la communauté pour les sommes qu'elle a déboursées (Art. 1408 du Code civil).

Il est bon de remarquer que pour qu'il en soit ainsi il faut absolument que l'époux copropriétaire ait accepté cette acquisition quand elle a été faite ; si au contraire cet époux avait été absent au moment de l'acquisition, et si par exemple le mari avait fait cette acquisition au nom de son épouse absente, cette dernière aurait le droit, lors de la dissolution de la communauté, mais alors seulement, d'opter soit pour l'acceptation soit pour l'abandon de l'immeuble entier (même art. 1408). — Nancy, 9 juin 1854. — Rodière et Pont, t. 1, n° 634, Marcadé sur l'art. 1408, n° 4.

Une question fort controversée est celle de savoir si

pour qu'il en soit ainsi il est nécessaire que cette acquisition de parts indivises fasse cesser l'indivision. Pour
l'affirmative, c'est-à-dire pour que la cessation de l'indivision soit indispensable, il faut citer un arrêt de la Cour
de Douai du 13 janvier 1852, et comme auteurs Duranton, Troplong, Mourlon. Dans le sens contraire nous
trouvons un arrêt de la Cour de cassation du 30 janvier
1865 et les auteurs dont les noms suivent : Marcadé,
Aubry et Rau et Massé et Vergé. Cette dernière opinion
nous paraît préférable.

Prix de ventes de propres faites pendant la communauté.
L'article 1401 du code civil qui énumère les valeurs
mobilières qui tombent en communauté ne parle pas
des prix de ventes de propres ; il faut en conclure qu'ils
n'entrent pas en communauté tant qu'ils n'ont pas été
touchés. La jurisprudence d'ailleurs est dans ce sens.
Ces prix de ventes tant qu'ils n'ont pas été touchés restent donc la propriété exclusive de l'époux vendeur qui
les reprend en nature lors de la dissolution de la communauté. D'où il faut décider que les prix de ventes
faites par la femme ne peuvent jamais être saisis par
les créanciers du mari (Arrêt de la Cour de Besançon
du 20 mars 1850).

§ 2. Des reprises et indemnités provenant de valeurs mobilières.

Dettes des époux antérieures au mariage. Sous le régime de la communauté légale ces dettes ne peuvent
donner lieu à aucune indemnité, à moins qu'elles ne
proviennent d'acquisitions d'immeubles, la loi ne voulant pas qu'un époux puisse faire payer à la commu-

nauté et sans recours le prix d'un immeuble qui lui serait propre (Art. 1409 du Code civil, n° 1). Mais si ces dettes ont été exclues de la communauté par le contrat de mariage, ce qui arrive souvent, leur paiement par la communauté donne ouverture à récompense. (Art. 1498 et 1510 du Code civil).

Dette de la femme n'ayant pas date certaine avant le mariage. Ces dettes ne peuvent donner lieu à aucune indemnité ; la communauté légale n'est pas tenue de les payer, et si elle les a payées elle ne peut en demander récompense (Art. 1410 du Code civil).

Cependant il en est autrement quand une clause du contrat exclut de la communauté les dettes personnelles aux époux.

Dettes à la charge des successions échues aux époux pendant le mariage. Sous le régime de la communauté légale, ces dettes sont à la charge de la communauté si la succession est purement mobilière (Art. 1411 du Code civil) ; elle donnent lieu à indemnité pour le tout au profit de la communauté quand la succession est entièrement immobilière (Art. 1412 du Code civil) ; et elles doivent être réparties au prorata d'après les deux règles ci-dessus quand la succession est tout à la fois mobilière et immobilière (Art. 1414 du Code civil).

Si au contraire le régime adopté ou une des clauses du contrat de mariage exclut de la communauté les dettes personnelles aux époux, le paiement de ces dettes, peu importe la composition de la succession, donne lieu à indemnité par l'époux héritier (Art. 1498 et 1510 du Code civil).

L'inventaire est le titre irréfutable qui doit servir à prouver la consistance du mobilier ; mais ce titre manque malheureusement trop souvent. Si ce défaut d'inventaire préjudicie au mari, il doit en supporter les conséquences ; si au contraire il préjudicie à la femme, elle a le droit de recourir aux papiers domestiques, au témoignage ou à la commune renommée pour prouver ses droits (Art. 1415 du Code civil).

Quelquefois on fait un procès-verbal de dires pour suppléer à l'enquête qui sans cela serait nécessaire.

Donation immobilière aux époux. Les immeubles compris dans cette donation étant la propriété exclusive de l'époux donataire, la communauté a le droit de se faire indemniser de toutes sommes qu'elle aurait payées par suite de cette donation, soit pour frais de contrats, soit pour toute charge imposée dans la donation (Art. 1418 du Code civil).

Donation mobilière aux époux. Les dettes qui accompagnent ces donations, ainsi que les frais de contrats, doivent être payés par la communauté, sans récompense sous le régime de la communauté légale, et à charge de récompense sous les autres régimes (Art. 1418, 1411, 1412, 1414, 1498 et 1510 du Code civil). Le montant de ces dons ne donne pas lieu à reprises sous le régime de la communauté légale ni sous le régime de la communauté universelle, mais donne lieu à reprises dans tous les autres cas, d'après les mêmes règles, à moins que le donateur n'ait expressément dit le contraire (Art. 1401 du Code civil, n° 1).

Legs faits aux époux. Il faut suivre pour ces legs les mêmes principes que pour les donations.

Le montant des legs mobiliers et des donations mobilières tombe en communauté sous le régime de la communauté légale, à moins que le testateur ou le donateur n'ait exprimé le contraire, ce qu'il a droit de faire toutes les fois que la somme donnée ou léguée n'excède pas la quotité disponible (Art. 1401 du Code civil).

Quand ces dons et legs tombent en communauté, tous les frais et droits de mutation sont également une charge de communauté.

§ 3. Des reprises et indemnités provenant de valeurs immobilières.

Améliorations aux immeubles des époux. Amélioration par la culture. Augmentation de construction. Construction nouvelle. Labours et semences. En principe, chaque époux doit récompense à la communauté des améliorations quelconques qui ont été apportées à son immeuble propre (Art. 1437 du Code civil).

Il peut se faire qu'à la dissolution de la communauté les immeubles propres à l'un des époux se trouvent ensemencés, et alors il est dû récompense à cette communauté du coût intégral des frais de labours, engrais et semences. Cette indemnité est souvent laissée de côté dans les liquidations parce que les deux époux possédant également des immeubles ensemencés, on considère que ces causes d'indemnités s'éteignent par compensation.

Par suite d'une administration plus ou moins longue et d'une culture bien entendue, il peut arriver qu'un immeuble propre à l'un des époux ait acquis une plus grande valeur; dans ce cas il est dû à la communauté récompense du montant de la plus-value et non pas du coût, qui serait d'ailleurs trop difficile à déterminer dans la plupart des cas. Régulièrement cette plus-value doit être fixée par des experts nommés judiciairement; mais bien souvent on évite cette expertise, toujours coûteuse, par un procès-verbal de dires. Il est d'habitude, soit dans le procès-verbal d'expertise, soit dans le procès-verbal de dires, de comprendre sous un même chiffre et la plus-value et les frais de labours, engrais et semence, qui concernent le même immeuble.

Dans le Nord de la France, les notaires se préoccupent, dès l'inventaire, de ces différentes causes d'indemnité, et y constatent leur valeur pour laquelle les parties intéressées sont presque toujours d'accord à cette époque, parce qu'elles s'en rapportent à l'expert que l'on croit en droit de faire cette estimation. Cette manière de procéder n'est point légale, mais nous n'hésitons pas à la recommander à tous ceux qui font des inventaires, pour le motif que, dans certaines circonstances, il faut que la loi cède devant la raison et l'économie. Si la justice était tout à fait gratuite en France, nous parlerions autrement.

Les indemnités résultant de constructions nouvelles, ou d'augmentations de constructions auxquelles on donne souvent le nom d'impenses, doivent être divisées en deux classes différentes : les constructions nécessaires et les constructions facultatives.

Les constructions nécessaires sont celles que certains faits, certaines conséquences, rendent indispensables. Par exemple : Les bâtiments d'une ferme se sont écroulés ou ont été incendiés, leur réédification devient nécessaire; un marais a été desséché, un corps de bâtiments devient indispensable pour son exploitation; par suite d'une succession ou de l'amélioration donnée à

certains immeubles, les bâtiments sont devenus insuf-
fisants pour contenir les récoltes et dès lors de nouvelles
constructions deviennent nécessaires. Dans ces différents cas l'époux sur l'immeuble duquel ont été faites
ces constructions ou impenses est débiteur de leur coût
à la communauté.

Les constructions et impenses facultatives sont celles
dont on aurait pu se dispenser. Par exemple : On se
trouve étroitement logé et on fait faire un étage de plus
à sa maison, on fait construire quelques petits bâtiments adjacents ; ou encore on fait édifier une maison
ou un château sur un immeuble propre. Toutes ces constructions et impenses étaient facultatives, et tandis
que la jurisprudence décide uniformément qu'il n'est
dû récompense que de la plus-value quand il s'agit d'immeubles propres à la femme, elle varie dans ses décisions s'il est question d'immeubles propres au mari.
Dans ce dernier cas, il est dû récompense du coût,
disent Proudhon, Demante, Rodière et Pont et Marcadé;
elle n'est que de la plus-value selon Duranton, Troplong
et Rolland de Villargues, et arrêt de la Cour de Douai
du 16 juillet 1853 (Argumentation de l'art. 1437 du
Code civil).

Nous ne sommes point partisans de l'arbitraire et
nous aimons à voir toujours les juges guidés par la
lettre de la loi ; mais, devant la rédaction peu précise
de l'article 1437 du Code civil, nous croyons que le
tribunal doit souvent distinguer dans les différentes
constructions faites par le mari sur son propre immeuble : si elles ont été faites dans un but d'agrément
personnel pour le mari, il doit, à notre avis, récompense
du coût; si, au contraire, elles ont été édifiées dans la

pensée de créer à la communauté un plus grand revenu, ou de procurer aux deux époux un agrément commun, le mari ne doit récompense à la communauté que de la plus-value.

Carrières et Mines. Les carrières et mines, en exploitation au jour du mariage, tombent en communauté pour leur revenu normal ; il n'y aurait lieu à réclamation de la part de l'époux propriétaire que dans le cas où la jouissance aurait été abusive, et encore, dans ce cas, le mari ne pourrait-il se porter créancier qu'autant que la communauté aurait réellement profité de cet abus de jouissance.

Quant aux carrières et mines ouvertes pendant la communauté, elles donnent lieu à reprises au profit de l'époux propriétaire du fonds, s'il y a eu détérioration de l'immeuble, et indemnité par cet époux à la communauté, dans le cas contraire. Marcadé et Mourlon, sur l'article 1403 du Code civil, soutiennent que, quand il est dû récompense à l'époux propriétaire du fonds, cette récompense doit être du montant des sommes produites par la carrière ou la mine, déduction faite des frais d'exploitation, comme si chaque pierre extraite devait être assimilée à l'aliénation d'une parcelle de l'immeuble propre. Ce système n'est point le nôtre : non seulement il nous paraît presque toujours impraticable, mais même il nous semble contraire tant à la lettre qu'à l'esprit de l'article 1403 du Code civil. Que l'indemnité soit due à la communauté, ou qu'elle soit due à l'époux propriétaire du fonds, elle ne peut être, dans tous les cas, que de la plus-value ou de la moins-value apportée à l'immeuble. Cette indemnité doit être fixée par une expertise judiciaire, à moins que les parties, quand elles sont majeures et capables, ne s'entendent pour en établir le taux dans un procès-verbal de dires ; ou à moins encore que, vu son peu d'importance, le notaire n'en fixe le chiffre dans l'inventaire, d'après les renseignements fournis par les intéressés.

Coupes de bois. Les coupes de bois taillis donnent lieu à reprises ou à indemnités quand, au lieu d'être faites régulièrement, elles ont été avancées ou retardées. Ainsi, si la coupe du bois propre à l'un des époux devait, selon l'aménagement, être faite en 1875, et qu'elle ait été abattue en 1873, il sera dû récompense par la communauté au propriétaire du fonds ; mais, bien entendu, pour le cas seulement où cette communauté aurait pris fin entre ces deux époques. Il serait dû récompense par l'époux à la communauté si la coupe de bois qui devait se faire en 1873 avait été repoussée à une époque postérieure à la dissolution de la société conjugale.

Il peut se faire que certains bois futaies soient également soumis à des coupes périodiques ; dans ce cas, il faut appliquer les règles qui précèdent. Dans toute autre circonstance la communauté n'a pas droit à l'abattage des futaies et, par la même raison, des grands arbres répandus çà et là sur les immeubles propres à l'un ou à l'autre des époux ; si donc un bois futaie ou quelques grands arbres venaient à être coupés, il serait dû récompense par la communauté à l'époux propriétaire du fonds. Cette récompense serait due même dans le cas où l'immeuble aurait été aliéné pendant la communauté, et après l'abattage des bois ; et, dans cette circonstance, elle viendrait s'ajouter à la reprise du prix de 'immeuble.

Cette récompense sera-t-elle de la valeur réelle des

arbres tombés, ou de la moins-value apportée à l'immeuble? c'est là une question délicate ; nous optons pour
la moins-value, qui nous paraît plus rationnelle quand
il s'agit d'un immeuble propre à la femme, car la
destruction d'une allée, d'une charmille, pourrait apporter à l'immeuble entier une dépréciation importante,
tandis que la valeur des arbres détruits serait relative-
ment minime. Si l'immeuble appartenait au mari, la
récompense ne doit être que du bénéfice que la communauté a tiré de cette opération, parce que, en dehors
du bénéfice qu'elle en retire, la communauté n'est pas
tenue de la dépréciation des immeubles du mari (**Arg.**
de l'art. 1428 du Code civil).

Dépréciation des immeubles de la femme. La communauté et dans le cas de renonciation à la communauté
le mari est tenu de toute dépréciation apportée aux
immeubles de la femme par suite de la gestion maritale.
Ici, comme dans toutes les circonstances où il s'agit de
droits immobiliers, c'est une expertise judiciaire qui
peut seule établir régulièrement la somme due, à moins
que tous les intéressés, étant majeurs, capables et
d'accord, ne s'entendent pour fixer cette somme soit par
un procès-verbal de dires, soit par tout autre acte (Art.
1428 du Code civil).

Dépréciation des immeubles du mari. En principe il
n'est pas dû dans cette circonstance d'indemnité au
mari (Arg. de l'article 1428 du Code civil). Cependant
si la communauté avait tiré un bénéfice de cette dépréciation, il serait dû récompense au mari jusqu'à concurrence du montant de ce bénéfice, en vertu de ce principe qui a été l'une des bases du régime de la communauté : « La communauté ne peut tirer aucun avantage

des « droits immobiliers des époux en dehors du revenu ».

Dettes immobilières. Toute dette par son essence est mobilière, ce n'est donc pas sous cet aspect général que nous devons traiter la question.

Par dette immobilière le législateur (Art. 1409 du Code civil) a entendu les dettes que chaque époux pourrait avoir au jour du mariage par suite d'acquisition d'immeubles. Ces dettes n'entrent point en communauté et si celle-ci les paie, elle a droit à une indemnité pour le montant intégral en capitaux des sommes déboursées.

Il est nécessaire que la nature de ces dettes soit prouvée, la chose est facile quand le contrat d'acquisition ou de licitation en contient lui-même la preuve ; mais si le contrat porte quittance et que l'époux acquéreur ait donné en paiement des billets, la recherche de la vérité est bien plus épineuse. Pourtant si ce paiement fictif peut être constaté d'une manière ou d'une autre, il n'en est pas moins vrai que le montant de ces billets constitue une dette immobilière qui donne toujours lieu à récompense au profit de la communauté.

Ce que nous venons de dire s'applique à la communauté légale pure ; car la question serait bien simplifiée si le régime adopté lui-même ou une clause modificative excluait de la communauté toutes les dettes des époux antérieures au mariage.

Dettes successorales. Sous le régime de la communauté légale, la communauté n'est point chargée du prorata des dettes se rapportant à la succession immobilière ; si donc ces dettes ont été acquittées pendant le mariage, il est dû récompense par l'époux héritier.

Donation d'immeubles propres pour doter un enfant

commun. Quelquefois deux époux constituent en dot à un enfant commun, et par moitié entre eux, un immeuble propre à l'un d'eux. Dans ce cas, dit l'article 1438 du Code civil, l'époux qui n'a pas fourni l'immeuble est débiteur envers l'autre de la moitié de la valeur de l'immeuble donné.

Toutes les fois qu'il y a liquidation de la communauté, il est d'habitude de ne point établir de comptes directs d'un époux à l'autre et de faire converger ces comptes vers la communauté. Et dans le cas qui nous occupe, par exemple, on porte l'époux, qui a fourni l'immeuble, créancier de la communauté de la moitié de la dot, et on fait l'autre époux débiteur de la même somme ; ce qui après tout produit le même résultat.

Donations immobilières faites à l'un des époux pendant le mariage. Toute donation d'immeubles faite à l'un des époux lui appartient personnellement : comme conséquence les frais du contrat et toutes les charges imposées à l'époux donataire, excepté cependant celles qui peuvent être considérées comme une charge ordinaire des revenus, telle qu'une pension viagère, sont de droit au compte de l'époux donataire. Le paiement de ces frais et de ces charges en capitaux donne donc ouverture à une indemnité au profit de la communauté par l'époux donataire.

Frais d'acquisition, de licitation, de partage et de remploi. Il est de principe en droit que l'accessoire suit le principal. Les frais d'acquisition commune sont une charge de communauté et ne peuvent donner ouverture à aucune récompense de part ni d'autre. Il en est tout différemment des frais de remploi, emploi, licitation et partage. Ceux-ci quand ils sont payés par la communauté donnent ouverture à indemnité par l'époux propriétaire de l'immeuble.

Immeubles indivis. Quand il est fait acquisition des parts d'un immeuble dont l'un des époux est déjà copropriétaire, cette acquisition ne forme point un conquêt (Art. 1408 du Code Civil), et l'époux pour le compte duquel elle a été faite doit indemniser la communauté de toutes sommes déboursées, soit pour le prix lui-même, soit pour les frais du contrat.

Immeubles provenant de père, mère ou ascendant. Ces immeubles ne forment point des conquêts, à moins que l'acquisition n'ait été faite pour un prix payé au vendeur. L'époux auquel appartient en propre cette acquisition doit indemniser la communauté de toute somme déboursée en principal et frais de contrat.

Réparations aux immeubles propres. Ces réparations sont de deux espèces, les réparations d'entretien et les grosses réparations.

Les premières sont une charge de la communauté. (Art. 1409 du Code civil, n° 4.) Elles ne peuvent donner ouverture à aucune indemnité. Quelquefois un débat s'élève entre les intéressés au sujet de ces réparations; tandis que les uns y voient de simples réparations d'entretien, d'autres les considèrent comme de grosses réparations à cause de leur importance. C'est au notaire liquidateur de trancher la question si elle ne lui paraît pas embarrassante, et dans le cas contraire à renvoyer les parties devant le juge commis et au besoin devant le tribunal pour faire statuer ce qu'il appartiendra.

Les grosses réparations sont pour leur coût, et non pas pour la plus-value, une charge personnelle de l'époux propriétaire de l'immeuble (Arg. de l'art. 1409 du Code civil). La communauté qui a payé les grosses réparations a donc droit de réclamer à l'époux propriétaire du fonds le montant intégral de la somme déboursée.

Soultes d'échange et de partage. Ce sont là des charges personnelles à l'époux propriétaire des immeubles échangés ou partagés. Il est dû récompense à la communauté de toutes sommes déboursées tant pour le paiement des soultes en capitaux que pour le paiement des frais de contrats.

Vente d'immeubles propres moyennant un prix fixe. Ce prix de vente tant qu'il n'est pas touché reste la propriété exclusive de l'époux vendeur qui le prélèvera en nature, ainsi que nous l'avons déjà dit. Mais quand ce prix de vente a été versé dans la communauté, cette dernière devient aussitôt débitrice, envers l'époux vendeur, du capital de l'aliénation (Art. 1470 et 1436 du Code civil).

La reprise n'est jamais que du prix de la vente, quelle qu'ait été d'ailleurs la valeur de l'immeuble (Art. 1436 du Code civil). Mais il arrive souvent que ce prix a été dissimulé ; dans ce cas le mari ne peut jamais réclamer que le prix porté au contrat, tandis que la jurisprudence et la doctrine accordent à la femme le droit de prouver le véritable taux du prix. Si la partie dissimulée ne dépasse pas cent cinquante francs, la femme peut en faire la preuve par témoin: si elle dépasse cent cinquante francs, il lui faut un titre régulier, ou tout au moins un commencement de preuve par écrit qui autorise alors la preuve testimoniale (Cour de Douai, 28 avril 1851. — Cour de cassation, 30 décembre 1857. — Troplong, Marcadé, Rodière et Pont, sur l'art. 1436 du Code civil).

Vente d'un immeuble propre sous réserve d'usufruit ou moyennant une rente viagère.

Dans les ventes sous réserve d'usufruit, le Code civil ne nous donne aucun texte ni précis ni même vague qui puisse nous aider à trancher la question. Nous devons donc pour arriver à une solution voir quels ont été les idées principales qui ont servi de base au régime de la communauté.

Tout d'abord nous voyons que les immeubles propres des deux époux sont exclus de la communauté et qu'il en est de même du prix qui en est tiré pendant le mariage (Art. 1402 et 1470 du Code civil). Les revenus de ces mêmes immeubles appartiennent à la communauté qui ne peut prétendre à aucun autre droit (Art. 1401, n° 2).

En partant de ces deux principes, nous sommes forcément amenés à conclure qu'un époux en vendant ses immeubles propres sous réserve d'usufruit a laissé à la communauté tout ce qui lui revenait, tout ce qu'elle avait droit d e prétendre, à savoir la jouissance des biens propres ; dès lors tout ce que l'époux vendeur recevra en plus de cette vente, soit comme capital, soit comme intérêt, formera le prix réel de la vente, sera le bénéfice que la communauté aura retiré du contrat, et donnera lieu à reprise d'autant.

Nous sommes donc d'avis qu'il faut porter aux reprises de l'époux vendeur : 1° le prix principal de cette vente ; 2° et tous les intérêts que ce prix aura produits. Il ne faudrait pas cependant pousser cette règle trop loin, et dire qu'une fois payé à la communauté ce prix entre les mains de la communauté produirait encore des intérêts au profit de l'époux vendeur ; la loi serait ici un obstacle invincible car des articles 1905 et 1906 il résulte que l'argent ne produit pas d'intérêts sans convention, et cette convention serait impossible entre les deux époux.

Mais pour les ventes d'immeubles propres moyennant une rente viagère soit sur la tête de l'époux vendeur, soit avec reversibilité sur la tête du survivant des deux époux, que convient-il de décider ?

Marcadé, s'appuyant sur la lettre de l'article 1401, n° 2, du Code civil, dit que cette rente viagère tombe en entier dans la communauté sans créer récompense au profit de l'époux vendeur. Il est bien vrai que cet article fait tomber à titre de confusion dans la communauté : *Tous les fruits, revenus, intérêts et arrérages de quelque nature qu'ils soient, échus ou perçus pendant le mariage, et provenant des biens qui appartenaient aux époux, etc.* Mais si arrérages est l'expression technique des redevances périodiques d'une rente viagère, ce mot est aussi l'expression technique du revenu que produit un capital non exigible ; et de même qu'on dit les arrérages d'une rente viagère, on dit aussi les arrérages d'une rente constituée, les arrérages d'une rente foncière, et les arrérages des rentes sur l'État. Et en classant ce mot arrérages à la suite des mots fruits, revenus et intérêts, sans aucune autre explication, le législateur n'a entendu parler que des différents fruits que peut produire un capital mobilier ou immobilier, abstraction faite de toute fraction du capital ; c'est dans ce sens d'ailleurs que se prononce la majeure partie de la jurisprudence,

Dans la prestation périodique de la rente viagère, nous avons autre chose que le revenu de l'immeuble aliéné, nous avons aussi une portion du capital qui s'éteint à chaque paiement et peu à peu. Un immeuble d'une valeur de 20,000 francs ne se vend pas pour une rente viagère de 1,000 francs ni pour une rente plus faible, la prestation annuelle sera bien supérieure et le plus souvent elle s'élèvera à deux mille francs. Évidemment ces 2,000 francs payés annuellement représentent autre chose que le revenu de l'immeuble, ils représentent aussi une fraction du capital. Dès lors la communauté a droit sans récompense à la somme qui représente le revenu de l'immeuble, mais elle ne peut recevoir l'excédant qu'à la charge d'une reprise au profit de l'époux vendeur.

Pour ces différentes raisons l'époux vendeur a une reprise à exercer contre la communauté pour tout ce qui a été payé dans la rente viagère en plus de ce qui peut être regardé comme le revenu annuel de l'immeuble, et cette reprise grossit au fur et à mesure des différents paiements de la rente.

Mais comment déterminer la portion de la rente viagère qui représente le revenu de l'immeuble aliéné ? Une expertise est évidemment indispensable en cas de désaccord des intéressés.

La rente viagère peut survivre à la dissolution de la communauté et alors elle est payable soit à l'époux vendeur qui vit encore, soit à l'autre époux sur la tête duquel elle a été déversée aux termes du contrat d'aliénation. Dans le premier cas l'époux vendeur la reprend et en profite ensuite exclusivement, tout en conservant le droit d'exercer contre la communauté la reprise résultant, ainsi qu'il vient d'être dit, des divers paiements faits à la communauté. Dans le second cas, l'époux survivant, qui profite d'une rente créée à l'aide d'un immeuble dans lequel il n'avait aucun droit, doit récompense à la communauté de la valeur estimative de cette rente, et la communauté redoit cette même valeur à titre de reprise à l'époux décédé.

Vente d'un immeuble de communauté, moyennant une rente viagère réversible sur la tête du survivant des époux, ou création d'une rente semblable à l'aide d'un capital mobilier appartenant à la communauté. La jurisprudence qui fut quelque temps divisée sur cette question est aujourd'hui fixée. L'époux qui profite seul après la dissolution de la communauté de la rente viagère doit récompense de la valeur ʼde cette rente au jour de la dissolution. Pour déterminer cette valeur il faut tenir compte de l'âge et des infirmités de l'époux survivant (Cassation, 29 avril 1854. — Cour de Paris, 19 février 1864).

Comme il ne s'agit point ici d'estimer un immeuble, l'expertise n'est point indispensable et le tribunal peut lui-même fixer le taux de la récompense, à moins que les intéressés ne s'entendent à cet égard, ce qui serait préférable.

§ 4. Reprises et indemnités diverses.

Amendes et dommages-intérêts. Les dommages-intérêts suivent toujours la même voie que les amendes et le débiteur des unes est forcément le débiteur des autres. Cette vérité est universellement reconnue depuis un arrêt de la Cour de Colmar du 29 décembre 1849. Ce principe adopté, nous allons nous occuper exclusivement des amendes, sachant bien que les dommages-intérêts les suivront toujours.

Les articles 1424 et 1425 du Code civil divisent les

amendes en deux classes : celles prononcées pour crimes entraînant mort civile, et celles prononcées pour crimes n'entraînant pas mort civile. Cette distinction est aujourd'hui inutile puisque la mort civile n'existe plus.

Les condamnations, même les plus terribles, n'entraînent plus de plein droit la dissolution de la communauté, et comme conséquence, les amendes prononcées contre le mari peuvent être poursuivies contre la communauté, et celles prononcées contre la femme ne peuvent être poursuivies que contre la nue propriété de ses biens personnels. Il est bien entendu qu'il reste dans la plupart des cas à l'époux non condamné le droit de demander une séparation de corps pour injures graves.

Quant aux amendes résultant des crimes, le législateur a complètement tranché la question ; mais il a gardé le silence sur les amendes résultant d'un délit ou d'un quasi-délit. Le délit est la faute commise avec intention, le quasi-délit est celle commise sans intention.

Si dans une rixe le mari a blessé un homme, la loi y voit généralement un délit. Qui paiera l'amende et les dommages-intérêts, la communauté sans récompense, ou le mari ; c'est-à-dire la communauté à charge de récompense ?

Si, dans une pareille circonstance, la femme a commis un délit semblable, qui paiera l'amende et les dommages-intérêts, la nue propriété des biens de la femme, la communauté avec récompense, ou la communauté sans récompense ?

Si à la chasse le mari a blessé derrière une haie un homme qu'il ne voyait pas, c'est un quasi-délit. Qui supportera l'amende et les dommages-intérêts ?

Si tout en travaillant pour le compte de la communauté, le mari ou la femme a, avec sa voiture, renversé un passant, c'est encore un quasi-délit ; qui paiera ?

Ces questions sont controversées, parce que le législateur ne nous a pas laissé de lois précises à ce sujet ; et il nous faut, pour les résoudre, chercher par induction quelles ont été les intentions des rédacteurs du Code.

Par l'article 1424, le législateur nous prouve qu'il n'entend pas laisser supporter à la communauté les fautes de chaque époux ; chacun d'eux est seul personnellement responsable de ce qu'il a fait en contravention des lois qui nous gouvernent : Quand ces fautes ont été commises par le mari, il engage les biens de la communauté, mais à charge de récompense.

De l'ensemble des dispositions qui règlent la communauté, il résulte qu'elle se compose en outre des valeurs énoncées en l'article 1401 du Code civil, du produit de l'industrie et du travail des deux époux. Ce que chacun peut gagner appartient à la communauté, et comme conséquence forcée les pertes qui sont occasionnées par négligence, par imprudence et par l'effet du hasard doivent être une charge naturelle de cette même communauté. Il serait par trop illogique, en effet, quand la communauté profite du produit d'une étude de notaire, que cette même communauté pût ensuite faire supporter au mari seul le coût du papier timbré qu'il aurait déchiré.

En partant de ces deux principes nous sommes amenés à conclure :

1° Que lorsqu'il s'agira d'un délit, c'est-à-dire d'une faute commise avec intention, il faut appliquer les mêmes règles que s'il s'agissait d'un crime. Comme conséquence la femme est tenue sur la nue propriété de ses biens personnels des condamnations résultant de son délit ; et si la communauté les payait, ce qu'elle n'est pas forcée de faire, elle aurait droit à récompense. De même le mari doit aussi récompense.

2° Et que lorsqu'il s'agit d'un quasi-délit il faut distinguer entre les fautes commises en travaillant dans un intérêt commun, et celles commises par l'époux qui dans ce moment ne pensait qu'à son intérêt personnel.

Dans le premier cas la communauté doit supporter sans aucun recours toutes les suites du quasi-délit. Et comme conséquence nous dirons que la communauté doit seule payer, quand par manque de surveillance assez active un ouvrier a attrapé un accident, quand en conduisant sa voiture l'homme ou la femme a occasionné un dégât quelconque.

Dans le second cas l'époux coupable est seul responsable, et si la communauté vient à payer il lui est dû récompense. A la chasse, par exemple, le mari ne travaille pas dans l'intérêt de la communauté, si donc à la chasse il blesse sans intention un homme ou un animal, c'est un quasi-délit, dont il devra récompense à la communauté qui aura payé.

Dettes alimentaires. Les articles 203 et suivants du Code civil imposent à chaque homme des dettes alimentaires. En général la communauté doit les payer sans récompense, il en serait cependant autrement si une clause spéciale du contrat avait établi expressément le contraire. Alors il faudrait suivre les règles posées par le contrat de mariage.

Deuil de la veuve. Le deuil de la veuve est une charge

des héritiers du mari sous tous les régimes (Art. 1481 et 1570 du Code civil.)

Si les parties ne peuvent s'entendre, la valeur de ce dèuil est fixée par le tribunal et dans le cours de la liquidation on le porte à l'actif des droits de la femme et au passif des droits des héritiers du mari. Dans bien des circonstances la veuve ne se prévaut pas de ces avantages que lui accorde la loi et alors il n'en est pas fait mention dans les comptes.

Emprunts et engagements solidaires. Dans tous les emprunts et engagements solidaires qui sont faits dans l'intérêt de la communauté, la loi veut que dans les comptes entre époux, la femme ne soit considérée que comme la caution de son mari (Art. 1431 du Code civil). Souvent donc et surtout dans les liquidations de reprises, la femme fait la reprise du montant de la dette qu'elle sera obligée de payer par suite de cette obligation solidaire.

Si ces engagements avaient été pris dans l'intérêt particulier du mari, l'article 1431 du Code civil veut qu'on applique la même règle.

Mais si ces engagements solidaires avaient été pris dans l'intérêt exclusif de la femme, comme si on avait souscrit une obligation pour acquitter une dette qui lui était personnelle, c'est le mari qui serait considéré comme la caution de sa femme (Art. 1432 du Code civil).

Frais du contrat de mariage. Le contrat de mariage qui ne contient aucune donation au profit de l'un des époux est une charge de la communauté sous le régime de la communauté, et une charge du mari sous le régime dotal. Mais si ce contrat contenait une donation faite par un tiers au profit de l'un des époux, il faudrait défalquer des frais généraux du contrat, le coût de cette donation en enregistrement et honoraires, et la communauté aurait le droit d'en demander récompense à l'époux donataire. De là naît quelquefois la nécessité de faire trois parts dans les frais du contrat de mariage : la première qui comprend le coût des donations faites au mari ; la seconde qui comprend le coût des donations faites à la femme, et la troisième qui se compose du surplus et incombe à la communauté seule.

Frais de partage et de liquidation. S'il s'agit du partage de la communauté ou du partage de valeurs qui tombent en communauté, les frais de liquidation et partage incombent à la communauté. S'il s'agit au contraire de biens personnels à l'un ou à l'autre des époux, les frais sont à la charge de l'époux copartageant, et la communauté qui paie ces frais a droit à récompense.

Frais de séparation de biens ou de séparation de corps. Ces frais en tant qu'ils s'appliquent à l'instance judiciaire sont à la charge de l'époux qui succombe ; mais si après séparation de biens ou séparation de corps il y avait acceptation par la femme de la communauté, il faudrait faire deux parts des frais : ceux qui s'appliqueraient directement à l'instance judiciaire seraient une charge personnelle de l'époux qui aurait succombé, et les frais de liquidation et partage seraient supportés par moitié.

Intérêts des reprises. Les intérêts des reprises sont dus à partir de l'assignation quand il y a séparation de biens (Art. 1445 du Code civil). Ils sont dus de la dissolution de la communauté, dans le cas de dissolution par décès (Art. 1473). Le point de départ des intérêts dans ces deux cas ne nous paraît plus susceptible de contestation. Mais dans le cas de séparation de corps, lequel de ces deux articles (1445 ou 1473) faut-il appliquer? On est loin d'être d'accord, et certains auteurs se trompent quand ils affirment que ces intérêts partent du jugement de séparation de corps et ne peuvent partir de l'assignation que quand l'époux demandeur a poursuivi en même temps et par le même acte judiciaire la séparation de biens et la séparation de corps, comme s'il y avait la moindre ressemblance soit dans les causes qui peuvent produire l'une ou l'autre de ces séparations, soit dans la procédure à suivre.

Il est un principe en droit processif, c'est que le jugement remonte au jour de la demande; c'est ce principe qu'il faut appliquer selon nous aux séparations de corps, et dire qu'ici comme dans la séparation de biens les intérêts sont dus du jour de l'assignation.

Insuffisance des biens de communauté. Dans ce cas le notaire liquidateur n'a pas le droit de faire des attributions à la femme avec les biens propres du mari: il ne peut que constater l'importance du chiffre que le mari redevra à son épouse. Si cette insuffisance ne se produisait que pour le règlement des reprises du mari, il n'y aurait pas à s'en préoccuper, car le mari ne peut jamais être payé, qu'autant que les biens de la communauté peuvent satisfaire à ce paiement.

Jouissance légale. Dans les liquidations de communauté, il arrive souvent que l'époux survivant a l'usufruit légal des biens de ses enfants mineurs (Art. 384 du Code civil); or cette jouissance légale a des charges, telles que le paiement des frais funéraires et de dernière maladie, comme aussi le paiement des intérêts courus antérieurement à la dissolution de la communauté (Art. 385 du Code civil) ; et ces charges peuvent apporter quelques modifications aux comptes de liquidation. Il est d'habitude de ne point se préoccuper des conséquences de cet usufruit légal lors de la liquidation, et dans ce cas la rectification nécessaire ne se fera que dans les comptes de tutelle ultérieurs. Cependant si tous les enfants de l'époux prédécédé étaient mineurs non émancipés et de moins de dix-huit ans, on pourrait tenir compte dans la liquidation de l'usufruit légal et alors on devrait exclure de tous calculs, en disant que l'époux survivant en fait son affaire personnelle : 1° tous les intérêts passifs courus avant la dissolution de la communauté ; 2° tous les frais de dernière maladie ; 3° et tous les frais funéraires.

Préciput. Les conventions préciputaires sont de droit à la charge de la communauté (Art. 1515 du Code civil). Cependant en tant qu'elles profitent à la femme elles peuvent même être prélevées sur les biens du mari si le contrat le porte ainsi.

C'est donc là une reprise que l'époux ainsi avantagé peut exercer sur la communauté. Bien souvent quand cette reprise doit se faire en nature, l'époux qui en profite doit faire constater son choix par un acte postérieur à l'inventaire mais antérieur à la vente ou à la liquidation, et alors l'état liquidatif ne fait que reproduire dans une observation le contenu de l'acte dont nous venons de parler.

CHAPITRE V

§ 1er. Des rapports.

Tout héritier venant à une succession doit rapporter ce qu'il a reçu du défunt à moins qu'il n'en ait été dispensé par le titre, et encore ce titre ne peut-il lui accorder cette dispense que jusqu'à concurrence de la quotité disponible (Art. 843 et 844 du Code civil).

L'héritier qui vient à la succession par représentation doit, *en outre*, rapporter ce qu'avait reçu le défunt qu'il représente. Il est donc possible que tout en rapportant ce qu'il a reçu, l'héritier rapporte aussi ce qu'avait reçu son père (Art. 843, 846 et 848 c. civ.)

Celui qui renonce à la succession n'étant pas héritier, ne peut plus venir à la succession, et ne peut retenir le don ou legs à lui fait, que jusqu'à concurrence de la quotité disponible (Art. 845 du Code civil). Il ne peut cumuler ses droits d'héritier avec ceux de donataire ou de légataire, car sa renonciation fait qu'il n'est plus héritier, il n'y a plus pour lui de part héréditaire (Art. 785 du Code civil. — Cour de cassation, chambres réunies, 27 novembre 1863).

Ces principes posés nous allons examiner les différentes sommes sujettes à rapport.

Dans tous les cas il n'y a pas lieu de se préoccuper de savoir si le donataire a donné une somme prise sur son capital ou une somme prise sur ses revenus ; là n'est jamais la question.

Toutes les sommes données pour l'entretien du donataire, quelque importantes qu'elles puissent être, ne sont jamais sujettes au rapport (Art. 812 du Code civil).

Au contraire, toutes sommes données pour l'établissement du donataire, quelque modiques qu'elles soient, sont sujettes au rapport. Aux sommes sujettes au rapport il faut ajouter les dettes payées pour le donataire, à moins qu'elles ne puissent être considérées comme la représentation de dépenses d'entretien tacitement autorisées par le donateur (Art. 851 du Code civil).

Dans certains cas il est assez difficile de reconnaître les sommes données pour l'entretien, de celles données pour l'établissement, c'est-à-dire les sommes sujettes à rapport : de là souvent des questions assez délicates à trancher. Les difficultés les plus nombreuses se sont élevées à l'occasion soit du paiement des dettes, soit de l'exonération du service militaire, soit des cadeaux.

Le paiement des dettes est en général sujet à rapport, les termes de l'article 851 du Code civil sont formels. Cependant il y a des exceptions toutes les fois que ces dettes, payées par un père, peuvent être considérées comme constituant une partie des frais d'entretien.

L'exonération du service militaire autrefois, et le volontariat d'un an aujourd'hui donnent lieu à bien des discussions et à bien des divisions de famille. Pour faciliter la solution, il faut tout d'abord voir dans l'intérêt de qui, du père ou du fils, a eu lieu cette exemption du service militaire. Est-ce le père qui voulait garder son fils auprès de lui, soit pour lui aider dans son travail, soit pour son agrément? Alors le rapport n'est pas dû. Au contraire cette exonération a-t-elle eu lieu pour que le fils puisse terminer plus facilement ses études ou son apprentissage, ou qu'il puisse se marier? Alors cette exonération a profité uniquement au fils qui en doit récompense. Dans toutes ces questions d'exonération du service militaire, c'est donc à ce double point de vue qu'il faut se placer pour savoir si la somme ainsi donnée est oui ou non sujette à rapport.

Quant aux immeubles donnés ils sont toujours sujets à rapport, à moins que le titre n'en contienne la dispense ; et dans ce cas la donation serait-elle encore réductible si elle excédait la quotité disponible.

Le rapport se fait de deux manières, soit réellement, soit en moins prenant, c'est-à-dire que le donataire rapporte en nature à la succession les biens qu'il a reçus, ou qu'il reçoit en moins ou fictivement une valeur égale à ce qu'il a déjà reçu.

S'il s'agit d'immeubles, le donataire est libre de faire le rapport en nature ou en moins prenant, à son choix ; cependant, dans le cas où il n'y a pas d'immeubles de même nature dans la succession, en quantité suffisante pour fournir à chaque héritier une quotité pareille, les cohéritiers ont le droit d'exiger le rapport en nature.

S'il s'agit de meubles corporels, le rapport ne se fait jamais qu'en moins prenant.

Et enfin, s'il s'agit de créances ou d'argent, le rapport

ne doit se faire aussi qu'en moins prenant. Pourtant ici le rapport se fait quelquefois en nature quand tout le le monde est d'accord et capable, et qu'il s'agit d'économiser certains droits de soultes. Mais, s'il n'y avait pas accord général, le rapport ne devrait se faire qu'en moins prenant.

Quand le donataire a vendu les immeubles donnés, il ne peut plus faire le rapport qu'en moins prenant, et ce rapport doit être de la valeur des immeubles au jour du décès du donateur (Art. 860 du Code civil).

Mais comment constater, pour le notaire liquidateur, la manière dont se fera le rapport qui dépend le plus souvent, ainsi que nous venons de l'établir, de la volonté du donataire ? Cette constatation résulte des dires que font les parties dès le procès-verbal d'ouverture de la liquidation ou du partage judiciaire. Quand cette déclaration a été omise dès le début, on dresse très souvent un procès-verbal spécial pour établir la volonté de chaque partie à cet égard.

§ 2. Des prélèvements.

Le prélèvement est le droit de prendre quelques objets ou quelques immeubles à son choix sur une masse quelconque avant tout partage.

Ce droit, très contesté par plusieurs auteurs, et même en jurisprudence, est cependant textuellement établi par les articles 830 et 831 du Code civil et 978 du Code de procédure civile.

L'erreur provient de ce que plusieurs ont confondu le prélèvement et l'attribution. L'un est permis, l'autre est défendu.

La loi veut, quand il s'agit d'immeubles, que le notaire ne puisse point procéder par attribution, et que le résultat final du partage provienne uniquement du tirage au sort ; parce qu'en effet, il n'y aurait aucun motif pour faire des attributions qui, tout en pouvant plaire aux uns, courraient grand risque de déplaire aux autres.

Dans le prélèvement, nous nous trouvons dans une toute autre position : l'un des héritiers ou plusieurs des héritiers ont déjà reçu à titre d'avancement d'hoirie des biens qu'ils entendent garder et, comme conséquence, qu'ils préfèrent à tous autres ; il n'y a donc aucune injustice, aucune anomalie à accorder aux autres héritiers le droit de choisir une pareille valeur dans la succession ; et ce droit la loi le leur donne par les articles que nous venons de citer.

Ces questions de prélèvement ne peuvent s'agiter que dans le cas de partage judiciaire, et alors il faut en avertir les experts afin qu'ils arrêtent leur travail aussitôt l'expertise et qu'ils ne fassent pas le lotissement. Puis dans un procès-verbal de dires dressé par le notaire commis, les cohéritiers qui ont droit au prélèvement viennent déclarer sur quels biens ils entendent exercer leurs droits. Après avoir pris connaissance de ce procès-verbal, les experts procèdent au lotissement du surplus des immeubles.

CHAPITRE VI

Les droits d'enregistrement à percevoir sur les liquidations sont des plus nombreux et des plus variés, aussi ne pouvons-nous que parler des plus communs.

En règle générale, si l'homologation n'est pas nécessaire parce que tous les copartageants sont capables et d'accord, les droits proportionnels ne sont exigibles que sur l'acte qui termine l'opération ; si au contraire il faut recourir au jugement d'homologation, c'est sur ce jugement qu'ils sont exigibles.

A part les droits proportionnels qui se perçoivent, ainsi que nous venons de le dire, chaque procès-verbal d'ouverture, de dires, de difficultés et de clôture et l'état liquidatif sont passibles du droit fixe aujourd'hui minimum de 3 fr.

Le procès-verbal de clôture, quand il n'y a pas lieu à homologation, est passible du droit gradué de partage, soit au minimum 7 fr. 50 c. fixe.

Droit de décharge. Ce droit seul est dû dans une liquidation de reprises, toutes les fois que le mari paie comptant les sommes dues à sa femme. Ce droit est encore dû soit quand ce paiement est fait par le mari aux héritiers de la femme, soit quand il est fait à la femme par les héritiers du mari.

Droit de cession. Le droit de cession à 1 0/0 est dû : 1° quand dans une liquidation de reprises le mari donne en paiement à sa femme des créances hypothécaires ou non ; 2° quand l'un des héritiers abandonne à l'un de ses cohéritiers des créances quelconques en paiement des sommes qu'il a avancées pour le compte commun ; 3° et quand les héritiers abandonnent à l'un d'eux des créances à charge de payer des dettes communes. Ce droit de cession n'est perçu que déduction faite de la part revenant à l'abandonataire dans les créances ainsi attribuées.

Droit d'obligation ou de titre. Ce droit est dû dans les liquidations de reprises toutes les fois qu'il résulte du travail que l'un des époux reste débiteur de l'autre d'une somme quelconque. Pour diminuer les conséquences de cette perception, quand le mari est tout à fait insolvable, les notaires négligent souvent de mentionner une partie des reprises de la femme. Ce droit est encore perçu quand il résulte de l'ensemble du travail que l'un des héritiers reste débiteur envers les autres de sommes empruntées avant le décès de l'auteur commun, à moins qu'il n'y ait un titre précédemment enregistré.

Droit de quittance. Ce droit proportionnel à 50 c. p. 0/0 est dû toutes les fois qu'il résulte du travail la libération de quelques-uns des héritiers, pour des dettes antérieures à la liquidation, et notamment quand une dot promise a été payée avant le décès de l'auteur commun, et qu'aucun titre enregistré ne constate ce paiement.

Droit de soulte. Ce droit est de 4 p. 0/0 quand il porte

sur des immeubles, et de 2 p. 0/0 s'il porte sur des meubles corporels. Il est dû : 1° quand l'un des copartageants s'oblige à payer ou paie comptant, avec des deniers personnels, une somme destinée à égaliser les lots ; 2° quand l'un des héritiers reçoit des meubles ou des immeubles, à la charge de payer des dettes communes.

Droit de vente. Ce droit est de 5,50 p. 0/0 quand il porte sur des immeubles, et de 2 p. 0/0 quand il porte sur des meubles. Cette perception ne se rencontre guère que dans les liquidations de reprises, toutes les fois que le mari donne en paiement à sa femme des meubles ou des immeubles.

Avant de terminer ce chapitre, nous devons expliquer comment on peut faire disparaître certains droits de soulte : 1° dans les partages d'immeubles ; 2° dans les liquidations précédées d'une licitation.

1° Il est rare que dans les partages d'immeubles tous les lots soient égaux ; de là des soultes que le notaire peut souvent faire disparaître en égalisant les lots à l'aide de valeurs mobilières prises dans la masse indivise.

2° Quand la liquidation a été précédée d'une licitation, il peut arriver que l'un des copartageants se soit rendu adjudicataire de quelques-uns des immeubles indivis. Si la liquidation n'est pas présentée à l'enregistrement en même temps que la licitation, il est perçu sur ce dernier acte 4 p. 0/0 sur les parts transmises. Si, au contraire, ces deux actes sont présentés en même temps, le droit de licitation disparaît toutes les fois que le notaire a pu attribuer les prix de licitation au copartageant adjudicataire.

FORMULAIRE COMMENTÉ

DES LIQUIDATIONS

ET

PARTAGES JUDICIAIRES

SOMMAIRE

Ce formulaire sera divisé en six livres :

Le premier ne comprendra que des liquidations de reprises.

Le second ne contiendra que des liquidations de communauté.

Le troisième sera affecté aux liquidations du régime dotal.

Le quatrième comprendra les liquidations d'une seule succession.

Le cinquième présentera les liquidations réunies de communauté et d'une ou plusieurs successions.

Et le sixième sera spécialement consacré aux partages judiciaires.

Dans chacune de ces six divisions, on rencontrera des formules de procès-verbaux d'ouverture, de dires, de difficultés, de clôture et de rectification [1].

---

1. Voir à la table qui est à la fin de l'ouvrage pour les différents cas traités dans chaque formule.

PREMIER LIVRE

LIQUIDATIONS DE REPRISES [1]

APERÇU DES FORMALITÉS JUDICIAIRES QUI PRÉCÈDENT CETTE LIQUIDATION.

Séparation de biens. — La séparation de biens ne peut être demandée que par la femme dont la dot est en péril, et ce, sous n'importe quel régime (Art. 1443 du Code civil). Il faut donc que la femme possède au jour de la demande une fortune quelconque que les affaires du mari mettent en danger ; d'où la conséquence que la femme qui n'a pas de reprises à faire ne peut pas obtenir sa séparation, même en vue de protéger une fortune à venir.

La jurisprudence et surtout la doctrine admettent cependant que la femme qui n'a pas de fortune peut néanmoins obtenir sa séparation de biens si elle a un état capable de lui tenir lieu de fortune (Colmar, 11 mai 1835. — Duranton, t. 14, n°ˢ 403 et 404. Rodière et Pont, n° 800). Mais le tribunal civil de première instance de La Rochelle nous semble avoir été beaucoup

---

1. La liquidation de reprises se présente soit après séparation de biens, soit après séparation de corps, soit après décès de l'un des époux, quand la femme ou ses héritiers renoncent à la communauté.

trop loin en prononçant la séparation des biens d'une femme qui n'avait ni état ni reprises (Jugement du 27 décembre 1870).

Pour obtenir sa séparation, la femme doit présenter requête au président du tribunal civil, puis cette requête est ordonnancée (Art. 865 du Code de procédure civile).

En conséquence de cette ordonnance, assignation est donnée au mari, puis, que le mari soit commerçant ou non, un extrait de cette demande est affiché au tribunal civil, au tribunal de commerce, à la chambre des notaires et à la chambre des avoués ; puis ce même extrait est inséré au journal judiciaire de l'arrondissement (Art. 866, 867 et 868 du Code de procédure civile.) Le jugement de séparation ne pourra être prononcé qu'un mois après l'accomplissement de ces formalités.

Ce jugement doit être signifié à avoué, puis à parties ; ensuite un extrait du jugement est publié tout comme l'extrait de l'assignation (Art. 872 du Code de procédure civile).

Après ces formalités la femme doit se rendre au greffe pour renoncer à la communauté ou pour l'accepter.

Toutes ces formalités doivent être accomplies avant la liquidation (Art. 872 du Code de procédure civile); et cette liquidation doit être faite ou tout au moins commencée par un procès-verbal d'ouverture dans les quinze jours du jugement (Art. 1444 du Code civil).

Séparation de corps. La séparation de corps qui peut être poursuivie aussi bien par le mari que par la femme ne peut être amenée que par l'adultère, ou par les mauvais traitements, sévices ou injures graves que l'un des époux aurait commis envers l'autre (Art. 229, 230, 231, 232 et 306 du Code civil).

L'époux qui demande la séparation doit tout d'abord présenter requête au Président du tribunal civil (Art. 875 du Code de procédure civile). Cette requête doit être suivie d'une ordonnance fixant un jour pour tenter une conciliation entre les deux époux (Art. 876 du Code de procédure civile). L'époux qui a obtenu cette ordonnance assigne l'autre à cette tentative de conciliation. Une seconde ordonnance, mise à la suite de la première, permet à l'époux demandeur d'assigner l'autre devant le tribunal. Cette assignation doit contenir l'énumération des faits sur lesquels est basée la demande, et des moyens qui devront en fournir la preuve.

Avant de rendre aucun jugement, le tribunal commet un des juges pour tenter une nouvelle conciliation, puis en cas d'échec l'affaire revient devant le tribunal qui rend un jugement préparatoire pour ordonner une enquête et une contre-enquête sur les faits articulés.

Le juge commis procède ensuite à l'enquête et à la contre-enquête et fait son rapport sur les preuves qui en découlent.

Le tribunal rend alors un second jugement qui rejette la demande ou prononce la séparation de corps.

Le jugement de séparation de corps est suivi de la même publicité et de la même procédure que le jugement de séparation de biens, mais il est bon de remarquer que la demande en séparation de corps n'est soumise à aucune publicité (Art. 880 et 872 du Code de procédure civile. La loi ne fixe ici aucun délai fatal pour commencer la liquidation des reprises ou la liquidation de communauté.

Dissolution de communauté par suite de décès. Dans ce cas l'époux survivant ou les héritiers du précédé qui veulent arriver à la liquidation assignent la partie adverse devant le tribunal civil. Sur cette assignation le tribunal rend un jugement qui ordonne la liquidation. Ce jugement est signifié à avoué et à parties.

Tout jugement qui prononce la séparation de biens ou la séparation de corps, ou qui est rendu après décès de l'un des époux, ordonne la liquidation, commet un notaire pour rédiger le travail, des experts s'il y a lieu, et un juge pour surveiller les opérations.

Liquidation de reprises après séparation de biens.

EXPOSÉ DES FAITS.

Pierre Dubois et Louise Maurin se sont mariés sans contrat à la mairie de Dijon, le 12 janvier 1868. Au jour du mariage la femme possédait différentes valeurs mobilières [1] et 1° 50 ares de vignes à Nuits ; 2° 40 ares de terre à Dijon ; 3° et une maison à Dijon.

Le mari possédait [2]:

En 1869, la vigne de Nuits a été vendue à Parent pour 1,200 fr. payés comptant.

---

1. Il est inutile de donner l'énumération de ces valeurs parce que sous le régime de la communauté légale tout le mobilier que possèdent les deux époux se fusionne dans la communauté sans créer aucun droit de reprises.
2. Il est inutile de mentionner ce que le mari pouvait posséder, car la liquidation de reprises n'a pour but que d'établir ce qui est dû à la femme et ce qu'elle doit.

La même année, la terre de Dijon a été vendue à Potier pour 500 fr. payés comptant.

En 1870 il a été fait différentes impenses à la maison de Dijon qui ont donné à cet immeuble une plus value de 900 francs.

Le 2 janvier 1874, jugement du tribunal de Dijon qui prononce la séparation de biens : coût des frais du jugement 350 fr. Le jugement commet Mᵉ Lapratique, notaire à Sérieux, pour faire la liquidation, et M. Langlois, juge, pour surveiller les opérations.

Les deux époux sont majeurs, capables et d'accord, comme conséquence l'homologation ne sera pas nécessaire.

1ʳᵉ FORMULE ¹. — Liquidation de reprises.

Devant Mᵉ Lapratique ², notaire à Sérieux, arrondissement de Dijon (Côte-d'Or), et son collègue ³, notaire au même canton, soussignés ;

Ont comparu :

Mᵐᵉ Louise Maurin, sans profession, épouse séparée de biens de M. Pierre Dubois, avec lequel elle demeure à Dijon, faubourg de Paris, nº 17,

D'une part ;

1. Nous avons dit au début de cet ouvrage que la liquidation se compose habituellement de trois actes : le procès-verbal d'ouverture, l'état liquidatif et le procès-verbal de clôture ; mais que quelquefois on ne faisait qu'un seul acte, surtout quand la liquidation est très facile et qu'on est fixé sur toutes les causes de reprises et d'indemnité, et que d'ailleurs, les deux époux sont d'accord. C'est cette dernière marche que nous allons suivre.

2. Le notaire commis est celui qui doit forcément faire la liquidation quand il y a incapacité ou désaccord ; mais si les époux étaient capables et d'accord, ils pourraient sans inconvénient choisir un autre notaire.

3. Quand la liquidation doit être homologuée, un seul notaire suffit ; mais dans le cas contraire, il faut deux notaires pour constater conformément à la loi de ventôse, les conventions des parties qui feront loi entre elles, sans avoir besoin de la sanction du tribunal,

Et M. Pierre Dubois, forgeron, demeurant à Dijon, faubourg de Paris, n° 17,

D'autre part ;

Lesquels, avant d'arriver à la liquidation de reprises, qui fait l'objet des présentes, ont exposé ce qui suit :

Mme Dubois, désirant obtenir sa séparation de biens d'avec son mari, présenta requête à M. le président du tribunal civil de première instance de Dijon, et, en conséquence de l'ordonnance mise au bas de cette requête, assigna ledit M. Dubois devant le tribunal de Dijon, par exploit de Lagarde, huissier en ladite ville, en date du 18 novembre 1873. Cette demande de séparation fut publiée conformément à la loi.

Par son jugement en date du 2 janvier présent mois, ledit tribunal prononça la séparation de biens entre les époux Dubois; autorisa la dame Dubois à poursuivre la liquidation de ses reprises ; commit Me Lapratique, notaire à Sérieux, pour procéder à ces opérations et commit M. Langlois, juge, pour les surveiller.

Ce jugement fut signifié à avoué par acte du palais de Jourdain, huissier à Dijon, en date du 8 janvier 1874, et fut signifié à partie par exploit dudit Lagarde, en date du 7 du même mois.

Un extrait de ce jugement fut déposé au greffe du tribunal civil de première instance de Dijon, le 9 janvier présent mois ; un autre extrait fut déposé à la même date, au greffe du tribunal de commerce de la même ville ; un troisième extrait fut également déposé, le même jour, à la chambre des avoués, et un quatrième extrait fut encore déposé, le même jour, à la chambre des notaires du même arrondissement.

Pareil extrait fut inséré au journal l'Avenir, qui s'imprime à Dijon, dans son numéro du 9 janvier courant.

Par acte, au greffe, en date du 12 janvier, présent mois, Mme Dubois a renoncé à la communauté qui avait existé entre elle et son mari.

A l'appui des déclarations qui précèdent, Mme Dubois a remis aux notaires soussignés :

1° La grosse du jugement susdaté, qui a prononcé la séparation de biens [1] ;

2° Le rapport de la signification à avoué, du ministère de Jourdain, huissier ;

3° Le rapport de la signification à partie, du ministère de Lagarde, huissier ;

4° Les quatre certificats constatant les dépôts des quatre extraits du jugement de séparation de biens au greffe du tribunal de commerce, au greffe du tribunal civil, à la chambre des avoués et à la chambre des notaires ;

5° Le numéro de l'*Avenir* du 9 courant, portant le contenu de l'un de ces extraits ; lequel numéro certifié par l'imprimeur, dont la signature est légalisée par M. le maire de Dijon, porte la mention suivante : Enregistré à Dijon, le onze janvier mil huit cent soixante-quatorze ; reçu un franc, décimes, vingt-cinq centimes. Signé : Léon [2] ;

6° Et la copie de l'acte de renonciation à la communauté ci-dessus daté.

Lesquelles pièces sont demeurées ci-annexées après mention.

Ce fait, M. et Mme Dubois, d'un commun accord, ont requis les notaires soussignés de procéder à la liquidation des reprises que Mme Dubois a à exercer contre son mari, et pour lesquelles opérations, d'ailleurs, Mᵉ Lapratique a été commis.

---

1. On pourrait aussi faire déposer toutes les pièces justificatives de la procédure qui a précédé le jugement ; mais le plus souvent on le néglige. Il arrive même qu'on fait la liquidation sans opérer le dépôt d'aucune pièce. Ce dernier mode de procéder est parfois obligatoire à cause de l'impossibilité où on peut se trouver de réunir tous les titres nécessaires ; alors on annexe seulement les pièces que l'on peut se procurer.

La loi veut que toute la procédure que nous avons analysée ait été faite avant la liquidation ; le meilleur moyen de prouver que la loi a été exécutée, est de déposer les pièces justificatives.

Si, d'ailleurs, ces pièces ne sont pas présentées, le notaire a à craindre que quelques-unes ne soient pas enregistrées, et, comme conséquence, des amendes.

2. Le journal annexé doit être enregistré sous peine d'amende, et, comme ce n'est pas un acte authentique, il faut copier textuellement cette mention d'enregistrement, pour éviter une autre amende.

En conséquence de cette réquisition, les dits notaires ont procédé aux opérations dont s'agit de la manière suivante :

OBSERVATIONS PRÉLIMINAIRES.

Mariage des époux Dubois.

Les époux Dubois-Maurin se sont mariés à la mairie de Dijon, le douze janvier mil huit cent soixante-huit, sans avoir fait précéder leur union d'un contrat en réglant les clauses et conditions et par suite ils se sont trouvés soumis au régime de la communauté légale.

Au jour de son mariage, Mme Dubois possédait différentes valeurs mobilières qui toutes sont tombées en communauté sans donner ouverture à reprises par suite du régime auquel sont soumis les époux. Elle possédait, en outre, trois immeubles qui étaient : 1° une vigne d'une contenance de cinquante ares, située au plantier du Gros-Terrier, commune de Nuits ; 2° une terre contenant quarante ares située aux Grandes-Versennes, commune de Dijon ; 3° et une maison située à Dijon, faubourg de Paris, n° 17.

A l'époque de son mariage, M. Dubois possédait également des meubles et des immeubles ; mais nous n'avons pas à nous préoccuper ni de la valeur ni de la consistance de cet apport.

Vente d'immeubles propres à Mme Dubois.

En mil huit cent soixante-neuf, à la date du seize mars et par acte reçu par M° Lapratique, l'un des notaires soussignés, les époux Dubois ont vendu à un sieur Louis Vaillant, demeurant à Nuits, la vigne que Mme Dubois possédait au jour de son mariage. Cette vente fut faite pour le prix de douze cents francs payés comptant.

Le quatorze avril de la même année et par acte reçu par le même notaire, les époux Dubois vendirent à un sieur Léopold

Jocob, la terre de Dijon, propre à Mme Dubois, pour le prix de cinq cents francs qui fut payé comptant.

Ces deux prix de vente de douze cents francs et de cinq cents francs donnent ouverture à reprises de pareilles sommes au profit de Mme Dubois.

Impenses faites à la maison de Mme Dubois.

Dans le courant de l'année mil huit cent soixante-dix, il fut fait à la maison propre à M^{mo} Dubois. située à Dijon, diverses impenses et améliorations qui donnèrent à cet immeuble une plus value que M. et Mme Dubois estiment d'un commun accord à neuf cents francs.

D'où résulte au profit de la communauté droit à une indemnité de pareille somme.

Frais de l'instance et de liquidation.

Les frais de l'instance en séparation de biens se sont élevés à la somme de trois cent cinquante francs qui sont à la charge de M. Dubois, mais qui, dans les comptes ci-après, seront ajoutés aux reprises de Mme Dubois, à la charge par elle d'en acquitter le montant.

Les frais de la présente liquidation sont évalués à deux cents francs. Cette somme est de droit à la charge de M. Dubois, cependant elle sera portée aux reprises de M^{mo} Dubois, qui par suite devra l'acquitter.

RÈGLEMENT DES REPRISES.

Décompte des reprises.

Mme Dubois a le droit de faire la reprise de :

1° La somme de douze cents francs, prix de la vente de la vigne de Nuits ; ci.   1,200   »

2° La somme de cinq cents francs, prix de vente de la terre de Dijon ; ci.   500   »

A quoi il convient d'ajouter :

2° Les frais de la séparation de biens s'élevant à trois cent cinquante francs ; ci.   350   »

2° Et les frais de la présente liquidation, soit deux cents francs ; ci.   200   »

Total des reprises, deux mille deux cent cinquante francs ; ci   2,250   »

Mme Dubois est débitrice de la plus-value apportée à son immeuble, ainsi qu'il a été dit ci-dessus, et s'élevant à neuf cents francs ; ci.   900   »

Par suite les reprises excèdent les indemnités de treize cent cinquante francs ; ci.   1,350   »

En conséquence des chiffres qui précèdent, Mme Dubois est créancière de son mari de la somme de treize cent cinquante francs, à la charge par elle de payer personnellement les frais de l'instance en séparation de biens et les frais de la présente liquidation de reprises.

Paiement partiel des reprises.

Pour se libérer autant que possible, M. Dubois vend et donne en paiement avec toutes garanties à Mme Dubois, son épouse, qui accepte :

Tous les meubles garnissant la maison qu'ils habitent ensemble à Dijon et qui consistent en :

1° Deux lits garnis composés chacun d'un bois de lit à bateau en acajou, un sommier, deux matelas, un lit de plumes recouvert d'un coutil à raies blanches et bleues, un traversin et deux oreillers remplis de plumes, deux couvertures en laine blanche, une couverture en coton et un couvre-pied en indienne à fleurs rouges, rideaux pareils, d'une valeur ensemble de quatre cents francs ; ci.   400   »

2° Deux tables de nuit et une table de toilette, le tout en acajou, d'une valeur ensemble de cinquante-cinq francs ; ci. . . . . , ...   55   »

3° Une pendule montée sur bronze à sujet et une pendule borne en marbre, d'une valeur de soixante francs ; ci. . . . , ...   60   »

4° Etc., etc.

Désigner le surplus du mobilier que nous supposons d'une valeur de cinq cents francs.   500   »

Total, mille quinze francs ; ci.   1,015   »

Cette vente est faite moyennant la dite somme de mille quinze francs qui se compensera, jusqu'à due concurrence, avec pareille somme, à prendre sur les reprises de Mme Dubois.

Par suite de cette vente, Mme Dubois sera seule propriétaire, à partir de ce jour, de tous les objets mobiliers ci-dessus désignés.

Solde des reprises.

La dation en paiements qui précède réduit le solde des reprises de Mme Dubois à la somme de trois cent trente-cinq francs, dont elle restera créancière de son mari.

Élection de domicile.

Pour l'exécution de tout ce que dessus, les parties élisent domicile en leurs demeures susdites,

Dont acte :

Fait et passé à Sérieux, en l'étude,

Le seize janvier [1].

---

1. La liquidation de reprises doit être faite ou tout au moins commencée par un procès-verbal d'ouverture dans la quinzaine du jugement de séparation de biens. (Art. 1444 du Code civil.)

Enregistrement. — Cet acte sera passible à l'enregistrement d'un droit de 2 pour °/₀ sur le prix de la vente de meubles, et de 1 pour °/₀ sur le reliquat des reprises.

Autre liquidation de reprises, après séparation de biens.

EXPOSÉ DES FAITS.

Nous prendrons, pour point de départ, les mêmes noms et les mêmes causes de reprises, que dans la formule précédente, seulement nous supposerons que les époux n'étaient pas d'accord à l'ouverture de la liquidation, pour déterminer la plus-value de la maison de Dijon, et nous ferons quatre actes : un procès-verbal d'ouverture pour ne pas laisser écouler le délai de quinzaine, puis un procès-verbal de dires pour fixer le montant de la plus-value dont s'agit, puis ensuite un état liquidatif, et enfin un procès-verbal de clôture.

2° FORMULE. — Procès-verbal d'ouverture.

L'an mil huit cent soixante-quatorze, le seize janvier, à huit heures du matin.

Devant Mᵉ Lapratique, notaire à Sérieux, arrondissement de Dijon (Côte-d'Or), et en son étude,

Ledit Mᵉ Lapratique, commis à l'effet des présentes par jugement du tribunal civil de première instance de Dijon, en date du deux janvier présent mois :

A comparu :

Mme Louise Maurin[1], sans profession, épouse séparée de biens de M. Pierre Dubois, avec lequel elle demeure à Dijon, faubourg de Paris, n° 17 ;

Laquelle a exposé les faits suivants [2] :

Désirant obtenir sa séparation de biens d'avec son mari, la comparante a présenté requête à M. le président du tribunal civil de première instance de Dijon, et en conséquence de l'ordonnance mise au bas de cette requête, elle a assigné ledit M. Dubois devant le tribunal de Dijon, par exploit de M° Lagarde, huissier en la dite ville, à la date du dix-huit novembre mil huit cent soixante-treize. Cette demande en séparation fut publiée conformément à la loi.

Par son jugement en date du deux janvier présent mois, le tribunal civil de Dijon prononça la séparation de biens entre les époux Dubois ; autorisa la dame Dubois à poursuivre la liquidation de ses reprises ; commit M° Lapratique, notaire soussigné, pour procéder à ces opérations, et M. Langlois, juge, pour les surveiller.

Ce jugement fut signifié à avoué par acte du palais de Jourdain, huissier à Dijon, en date du huit janvier mil huit cent soixante-quatorze, et fut signifié à partie par exploit dudit Lagarde huissier, en date du sept du même mois.

Un extrait de ce jugement fut déposé au greffe du tribunal civil de première instance de Dijon, le neuf janvier présent mois ; un autre extrait fut déposé, à la même date, au greffe du tribunal de commerce de la même ville ; un troisième extrait fut également déposé, le même jour, à la chambre des

1. Il suffit de faire comparaître la femme seule ; cependant, on fait souvent aussi comparaître son avoué, qui vient l'assister ; cette assistance, toujours coûteuse, n'est point nécessaire.

2. On peut allonger ou raccourcir à sa guise l'énoncé des formalités qui ont précédé le jugement car le jugement lui-même prouve suffisamment que les formalités antérieures ont été régulièrement remplies, mais il est indispensable d'analyser une à une toutes les formalités remplies postérieurement à ce jugement.

avoués, et un quatrième extrait fut encore déposé, le même jour, à la chambre des notaires du même arrondissement.

Pareil extrait fut inséré au journal l'*Avenir*, qui s'imprime à Dijon, dans son numéro du neuf janvier courant.

Par acte, au greffe, en date du douze janvier présent mois, M^mᵉ Dubois a renoncé à la communauté qui avait existé entre elle et son mari.

Et enfin, par exploit dudit Lagarde, huissier à Dijon, en date du treize janvier courant, elle a fait sommation à M. Dubois, son mari, d'avoir à se trouver aujourd'hui, à huit heures du matin, en l'étude du notaire soussigné, pour assister à l'ouverture des opérations de liquidation de reprises pour lesquelles ce notaire a été commis, lui déclarant que faute de comparaître en personne ou par mandataire, il serait donné défaut contre lui et procédé, tant en son absence qu'en sa présence, à l'ouverture des opérations des comptes et liquidation de reprises dont s'agit.

A l'appui de ses dires, la comparante a remis au notaire soussigné :

1° La grosse du jugement susdaté, qui a prononcé la séparation des biens ;

2° Le rapport de la signification à avoué du ministère de Jourdain, huissier ;

3° Le rapport de la signification à partie du ministère de Lagarde, huissier ;

4° Les quatre certificats constatant les dépôts de quatre extraits de jugement de séparation de biens, au greffe du tribunal civil, au greffe du tribunal de commerce, à la chambre des avoués et à la chambre des notaires ;

5° Un exemplaire du numéro de l'*Avenir* du neuf janvier présent mois, contenant l'insertion du même extrait ; lequel exemplaire certifié par l'imprimeur, dont la signature est légalisée par M. le maire de Dijon, porte la mention suivante : Enregistré à Dijon, le onze janvier mil huit soixante-quatorze ; reçu un franc, décimes, vingt-cinq centimes. Signé : Léon.

6° Une expédition de l'acte de renonciation à communauté susdaté ;

7° Et le rapport de la sommation faite à M. Dubois, pour comparaître à l'ouverture des opérations de reprises sus-énoncées.

Lesquelles pièces sont demeurées ci-annexées, après mention.

Ce fait, la comparante a requis ledit M° Lapratique, notaire soussigné, de lui donner acte de ses dires et comparution, de prononcer défaut contre M. Dubois, son mari, dans le cas où il ne comparaîtrait pas ni personne pour lui, et tant en son absence qu'en sa présence de procéder à l'ouverture des opérations de liquidation des reprises qu'elle a le droit d'exercer contre son dit mari.

Et après lecture elle a signé.

(Signature.)

Et à l'instant a comparu M. Pierre Dubois, forgeron, demeurant à Dijon, faubourg de Paris, n° 17.

Lequel a dit qu'il comparaît pour obéir à la sommation qui lui a été faite et pour assister à l'ouverture des opérations dont s'agit, requérant au besoin le notaire soussigné d'y procéder immédiatement, et de lui donner acte de ses dires et comparution.

Et après lecture il a signé.

(Signature).

Déférant aux réquisitions qui précèdent, M. Lapratique, notaire à Sérieux, soussigné, a donné acte à M. et Mᵐᵉ Dubois de leurs dires et comparutions, et en conséquence de la commission qui lui a été donnée par le jugement du tribunal civil de première instance de la ville de Dijon, susdaté, a déclaré ouvrir à partir de ce jour les opérations de comptes et liquidation des reprises que Mᵐᵉ Dubois peut avoir à exercer contre son mari.

Et de plus M° Lapratique a averti M. et Mᵐᵉ Dubois d'avoir à lui fournir, dans le délai de huit jours au plus [1], tous titres,

1. Le notaire ne peut pas dresser son état liquidatif avant l'expiration du délai qu'il donne aux intéressés, pour produire les divers renseigne-

pièces, notes et renseignements pouvant intéresser ladite liquidation.

De tout quoi il a été dressé le présent procès-verbal les jour, mois et an en tête des présentes.

Lecture faite, M. et Mme Dubois ont signé avec ledit notaire.

(Signatures.)

Enregistrement : Cet acte sera soumis au droit fixe de 3 francs.

3ᵉ FORMULE. — Procès-verbal de dires.

L'an mil huit cent soixante-quatorze le quinze février,

Devant M° Lapratique, notaire à Sérieux, arrondissement de Dijon (Côte d'Or), et son collègue [1], soussignés,

Ont comparu :

Mme Louise Maurin, sans profession, épouse séparée de biens de M. Dubois avec lequel elle demeure à Dijon, faubourg de Paris, n° 17,

D'une part ;

M. Pierre Dubois, forgeron, demeurant à Dijon, faubourg de Paris, n° 17,

D'autre part.

Exposé.

Lesquels ont dit :

Que suivant jugement du tribunal civil de première instance de Dijon, du deux janvier dernier, Mme Dubois a été déclarée séparée de biens d'avec le sieur son mari.

ments. Si l'opération était pressée, le notaire devrait accorder un délai moins long.

1. La présence du second notaire est indispensable ici, car le notaire n'a pas été commis pour constater la plus-value qui va être fixée. Régulièrement, cette estimation devrait résulter d'une expertise. La fixation amiable de la plus-value ne peut donc être ici que le résultat d'une convention nouvelle intervenue entre l'homme et la femme, et qui comme toute convention ne peut être constatée que d'après les règles tracées par la loi du 25 ventôse an xi, pour les actes des notaires.

Que dans le but d'arriver à la liquidation de ses reprises, il a été dressé, à la requête des comparants, par ledit M° Lapratique, notaire soussigné et commis à cet effet par le jugement précité, un procès-verbal d'ouverture desdites opérations à la date du seize janvier même mois.

Que dans le courant de l'année mil huit cent soixante-dix, il a été fait à la maison habitée par les époux Dubois et propre à Mme Dubois, différentes impenses et améliorations qui ont donné une plus-value audit immeuble.

Que cette plus-value, résultat de frais faits par la communauté, est une cause d'indemnité à la charge de Mme Dubois.

Et que pour déterminer cette plus-value une expertise judiciaire serait indispensable.

Estimation.

Ces faits exposés, les comparants, voulant éviter les frais d'une expertise, ont d'un commun accord estimé à neuf cents francs le montant des améliorations apportées à l'immeuble propre à Mme Dubois pendant la communauté.

Consentant les comparants que cette somme de neuf cents francs soit portée au passif du compte des reprises de Mme Dubois.

Dont acte :

Fait et passé à Sérieux, en l'étude

Les jours, etc.

Enregistrement : — 3 francs fixe.

4e FORMULE. — État liquidatif.

État des comptes et liquidation des reprises que Mme Louise Maurin a le droit d'exercer contre M. Pierre Dubois, son mari.

Dressé par Mᵉ Lapratique, sous-signé, notaire à Sérieux, canton de Dijon (Côte-d'Or), commis à cet effet par jugement du tribunal civil de première instance de la ville de Dijon, ci-après analysé.

Entre [1] :

Mᵐᵉ Louise Maurin, sans profession, épouse séparée de biens de M. Pierre Dubois, forgeron, avec lequel elle demeure à Dijon, faubourg de Paris, n° 17,

D'une part ;

Et ledit Pierre Dubois,

D'autre part.

PREMIÈRE PARTIE

OBSERVATIONS PRÉLIMINAIRES

1ʳᵉ OBSERVATION

Mariage des époux Dubois. — Fortune immobilière de Mᵐᵉ Dubois lors de son mariage.

Les époux Dubois-Maurin se sont mariés à la mairie de la ville de Dijon, le douze janvier mil huit cent soixante-huit. Ils n'ont point fait précéder leur union d'un contrat en réglant les clauses et conditions civiles, et par suite ils se sont trouvés soumis au régime de la communauté légale.

---

1. Il est toujours bon d'indiquer entre qui cet état est fait, car il peut arriver souvent que ce ne soit pas entre l'homme et la femme ; et, par exemple, entre cette dernière et le syndic de la faillite de son mari, ou encore entre l'un des époux et les héritiers de l'autre.

Nous n'avons point à nous préoccuper par suite de ce régime de l'importance des valeurs mobilières que Mme Dubois pouvait posséder au jour de son mariage, toutes ces valeurs étant tombées dans la communauté légale, sans donner ouverture à aucune reprise [1].

Elle possédait à cette époque les trois immeubles ci-après désignés, dont deux ont été vendus depuis, ainsi qu'il sera expliqué plus loin : 1° une vigne d'une contenance de cinquante ares, située au plantier du Gros-Terrier, commune de Nuits ; 2° une terre en nature de labours, contenant quarante ares, située aux Grandes-Versennes, commune de Dijon ; 3° et une maison située à Dijon, faubourg de Paris, n° 17, actuellement habitée par les époux Dubois.

A l'époque de son mariage, M. Dubois possédait aussi différents meubles et immeubles qu'il est inutile de mentionner ici.

2me OBSERVATION.

Vente d'immeubles propres à Mme Dubois.

Par acte reçu par Me Lapratique, notaire soussigné, le seize mars mil huit cent soixante-neuf, les époux Dubois vendirent à un sieur Louis Vaillant, demeurant à Nuits, la vigne propre à Mme Dubois, située au Gros-Terrier, commune de Nuits, et contenant cinquante ares. Cette vente fut faite pour le prix de douze cents francs payés comptant ; ci . . . . . . 1,200 [2].

---

1. Il n'y a pas lieu de se préoccuper non plus de la fortune que M. Dubois pouvait posséder au jour de son mariage, car ce n'est pas une liquidation de communauté que nous avons à faire ; mais simplement une liquidation de reprises ; nous avons uniquement à faire le compte de ce qui est dû à Mme Dubois et de ce qu'elle doit elle-même. Si Mme Dubois avait accepté la communauté, le travail eût été tout différent, car alors, avant de partager cette comunauté, il eût fallu en fixer l'importance, et pour déterminer cette importance, il eût été nécessaire de déterminer tout d'abord, aussi bien le compte de M. Dubois avec la communauté que le compte de Mme Dubois avec la même communauté.

2. Toutes les fois qu'un chiffre mentionné dans les observations doit

Par autre contrat reçu par le même notaire le quatorze avril de la même année, les époux Dubois vendirent à un sieur Léopold Jacob, la terre des Grandes-Versennes, commune de Dijon, contenant quarante ares et propre à Mme Dubois. Cette vente fut faite pour le prix de cinq cents francs payés comptant ; ci . . . . · . . . . 500 fr.

D'où résulte pour Mme Dubois un droit de reprises pour le montant de ces deux prix de vente.

3° OBSERVATION .

Impenses faites à la maison propre à Mme Dubois.

Dans le courant de l'année mil huit cent soixante-dix il fut fait à la maison propre de Mme Dubois, située à Dijon et actuellement habitée par les époux Dubois, diverses impenses et améliorations qui donnèrent une plus-value incontestable à cet immeuble ; plus-value dont Mme Dubois est aujourd'hui débitrice.

Par un procès-verbal de dires reçu par Me Lapratique, notaire soussigné et son collègue, le quinze février dernier, M. et Mme Dubois d'un commun accord fixèrent cette plus-value à neuf cents francs ; ci . . . . 900 fr.

4e OBSERVATION

Instance en séparation de biens. — Frais.—Frais de liquidation

Mme Dubois désirant obtenir sa séparation de biens, assigna son mari devant le tribunal civil de première instance de Dijon

être plus tard porté dans les comptes de la liquidation, on a l'habitude de reproduire cette somme en chiffres, au bout de la ligne, et de la souligner. Dans les liquidations importantes, beaucoup de liquidateurs soulignent de manières différentes les chiffres qui concernent le mari, et même ceux qui s'appliquent à la communauté. Nous nous garderons bien de blâmer un excès de méthode qui doit faire saisir du premier coup d'œil certains passages de la liquidation.

par exploit de Lagarde, huissier à Dijon, en date du dix-hui
novembre mil huit cent soixante-treize.

En conséquence de cette assignation ledit tribunal prononça
à la date du 2 janvier dernier la séparation de biens de
Mme Dubois d'avec son mari. Ce jugement fut suivi des formalités voulues par la loi ainsi qu'il a été expliqué dans le procès-
verbal d'ouverture ci-après énoncé [1]. Par ce même jugemen
le tribunal commit Me Lapratique, notaire soussigné, pour
faire la liquidation des reprises, et M. Langlois, juge, pour
surveiller ces opérations.

Aux termes du procès-verbal d'ouverture dressé par ledit
Me Lapratique, notaire commis, à la requête de Mme Dubois e
à la date du 16 janvier dernier, ce notaire déclara ouvrir les
opérations de compte et liquidation des reprises que Mme Dubois a à exercer contre son mari.

Les frais de l'instance en séparations de biens s'élèvent,
d'après les renseignements fournis au notaire soussigné, à la
somme de trois cent cinquante francs ; ci. . . . . . . 350 fr.

Et les frais de la présente liquidation de reprises, y compris
les procès-verbaux d'ouverture, de dires et de clôture, sont
évalués à la somme de deux cents francs ; ci. . . . . 200 fr.

Ces deux dernières sommes seront ci-après portées à l'actif
des reprises de Mme Dubois qui, par suite, demeurera seule
tenue à leur paiement vis-à-vis de son mari.

DEUXIÈME PARTIE

COMPTE ET LIQUIDATION DES REPRISES

SOMMAIRE :

Le travail suivant sera divisé en trois chapitres :

1. Dans toute liquidation tant soit peu importante, on énumère
une à une toutes les formalités de cette procédure, même avec plus de
détail que dans le procès-verbal d'ouverture. Cependant les pièces indispensables à mentionner ici sont au nombre de trois : l'assignation, le
jugement et le procès-verbal d'ouverture.

Le premier chapitre comprendra les reprises en nature de Mme Dubois.

Le deuxième chapitre comprendra les reprises en numéraire de Mme Dubois.

Ce chapitre sera subdivisé en trois paragraphes : l'un pour l'actif, l'autre pour le passif et le troisième pour la balance.

Et le troisième chapitre sera consacré aux clauses et conditions finales.

CHAPITRE Ier.

REPRISES EN NATURE.

Mme Dubois a le droit de faire la reprise en nature de sa maison située à Dijon, faubourg de Paris, n° 17, qu'elle possédait au jour de son mariage et qui n'a pas été aliénée. Elle a le droit de reprendre en même temps les différentes impenses et améliorations qui ont été faites audit immeuble (1re et 3e observations).

CHAPITRE II

REPRISES EN NUMÉRAIRE.

§ 1er. — Actif.

Il convient de porter à l'actif des reprises de Mme Dubois :

1° La somme de douze cents francs, prix de la vente de la vigne de Nuits (2° observation); ci. . . . 1,200 fr.

2° Celle de cinq cents francs, prix de la vente de la terre de Dijon (2° observation); ci. . . . . 500 »

A reporter. . . . . 1,700 fr.

Report. . . . . 1,700 fr.

3° Celle de trois cent cinquante francs, montant des frais de l'instance en séparation de biens (4° obs.) ; ci. 350 »

4° Et celle de deux cents francs, montant des frais de la présente liquidation (4° obs.); ci. . . . . . . 200 »

Ensemble deux mille deux cent cinquante francs ; ci. 2,250 fr.

§ 2. — Passif.

Il n'y a lieu de porter au passif des reprises de Mme Dubois que la somme de neuf cents francs, montant des impenses et améliorations faites à sa maison de Dijon (3° obs.); ci. . . . . . , ... , ... 900 fr.

§ 3. — Balance.

L'actif s'élève à deux mille deux cent cinquante francs ; ci. . . . . 2,250 fr.

Le passif est de neuf cents francs ; ci. . . . . . 900 »

Par suite l'actif excède le passif de treize cent cinquante francs ; ci . . . , ... 1,350 fr.

CHAPITRE III

CLAUSES ET CONDITIONS FINALES.

Montant des reprises.

Ainsi qu'il vient d'être établi aux deux chapitres précédents, Mme Dubois reprend en nature sa maison de Dijon, et en numéraire elle reste créancière de son mari de treize cent cinquante francs.

Frais de justice et de liquidation.

Jusqu'à concurrence de la somme de cinq cent cinquante francs, ainsi qu'il a été établi aux comptes qui précèdent, Mme Dubois sera seule tenue d'acquitter tous les frais de justice et de liquidation. Si cette somme excédait lesdits frais Mme Dubois devrait tenir compte de la différence à son mari ; si au contraire cette somme était insuffisante M. Dubois devrait parfaire le surplus.

Intérêts des reprises.

Les intérêts des reprises n'ont point été portés en compte pour deux raisons ; d'abord à cause de leur peu d'importance, et ensuite à cause des déclarations formelles des parties à cet égard.

Fait et clos le présent état liquidatif à Sérieux, en l'étude, le trois mars mil huit cent soixante quatorze.

(Signature.)

Enregistrement : Droit fixe,   francs.

5° FORMULE. — Procès-verbal de clôture (1).

L'an mil huit cent soixante-quatorze, le sept mars.

Devant M° Lapratique, notaire à Sérieux, canton et arrondissement de Dijon (Côte-d'Or), et son collègue, notaire au même canton, soussignés ;

Ledit M° Lapratique, commis par jugement du tribunal civil de Dijon du deux janvier dernier, pour procéder à la liquidation des reprises

---

1. Ce procès-verbal est soumis à des variations qui résultent des trois hypothèses ci-après : 1° ou les deux époux sont tout à fait d'accord, et comme ils sont majeurs et capables, leur accord dispensera de l'homologation ; alors ils comparaissent à l'amiable, font eux-mêmes le règlement de leur compte, et le procès-verbal se fait devant deux notaires, car le notaire commis n'a pas capacité pour constater seul ce règlement amiable. C'est dans cette première hypothèse que nous allons dresser notre acte ; 2° ou les deux époux ne savent pas s'ils seront d'accord, et alors la comparution du mari se fait sur sommation ; mais en prévision de l'accord des deux époux, ce procès-verbal se fait devant deux notaires ; 3° ou on est certain qu'il n'y aura pas accord entre les deux époux, alors le mari comparaît sur sommation, et le notaire commis peut seul dresser le procès-verbal, car il sera suivi d'homologation.

que Mme Dubois peut avoir à exercer contre son mari.

Ont comparu :

1° Mme Louise Maurin, sans profession, épouse séparée quant aux biens de M. Pierre Dubois, avec lequel elle demeure à Dijon, faubourg de Paris, n° 17,

D'une part.

2° M. Pierre Dubois, forgeron, demeurant à Dijon, faubourg de Paris, n° 17,

D'autre part.

Exposé préliminaire.

Lesquels ont exposé ce qui suit :

Par jugement du tribunal civil de première instance de Dijon, du deux janvier dernier, Mme Dubois a été déclarée séparée de biens d'avec son mari. Ce jugement a commis M° Lapratique, l'un des notaires soussignés, pour procéder à la liquidation des reprises que Mme Dubois aurait le droit d'exercer contre son mari.

En conséquence de ce jugement, M° Lapratique dressa, à la date du seize janvier dernier, un procès-verbal aux termes duquel il déclara ouvrir les opérations de comptes et liquidation des reprises dont s'agit.

Dans le but d'éviter les frais d'une expertise, les époux Dubois fixèrent la plus-value apportée pendant la communauté à un immeuble propre à Mme Dubois, ainsi qu'il résulte d'un procès-verbal amiable fait entre eux, par acte reçu par ledit M° Lapratique, et son collègue, à la date du quinze février dernier.

Et à la date du trois mars présent mois, M° Lapratique, l'un des notaires soussignés, dressa l'état des comptes et liquidation des reprises que Mme Dubois a le droit d'exercer contre son mari, et pour lequel travail ledit notaire avait été commis.

Ces faits exposés, M. et Mme Dubois ont requis les notaires soussignés de leur donner communication et lecture entière dudit état de comptes et liquidation des reprises.

Et, après lecture, ils ont signé [1].

(Signatures.)

Analyse de l'état liquidatif.

Déférant à cette réquisition, M° Lapratique, l'un des notaires soussignés, a donné communication et lecture entière aux époux Dubois de l'état de comptes et liquidation des reprises dressé par lui à la date du trois mars présent mois; lequel état est d'ailleurs demeuré ci-annexé après mention et sera enregistré en même temps que ces présentes.

De cet état il résulte que les reprises en numéraire de Mme Dubois, par suite de la vente de deux de ses immeubles propres, s'élèvent à dix-sept cents francs; ci . . . . 1,700 fr.

A quoi il convient d'ajouter pour le montant de différents frais de séparation de biens, que Mme Dubois devra payer en l'acquit de son mari, soit cinq cent cinquante francs; ci . . . . 550 »

Total, deux mille deux cent cinquante francs; ci . 2,250 fr.

D'où il a été déduit pour indemnité résultant d'améliorations faites à un immeuble propre à Mme Dubois, la somme de neuf cents francs; ci . . . . 900 »

Balance faite, les reprises excèdent les indemnités de treize cent cinquante francs; ci . . . . 1,350 fr.

De plus, il résulte du même état que M^mo Dubois fait la reprise en nature d'une maison située à Dijon, qu'elle possédait au jour de son mariage.

1. Cette signature n'est point ici indispensable, on pourrait fort bien ne point faire signer ici le procès-verbal, et la rédaction resterait la même, excepté la dernière ligne qui n'existerait pas. Si plusieurs notaires font signer ici ce procès-verbal amiable, c'est uniquement pour lui laisser la tournure du procès-verbal judiciaire.

Approbation. — Règlement des reprises.

M. et Mme Dubois déclarent approuver ledit état de comptes et liquidation des reprises que Mme Dubois a le droit d'exercer contre son mari, et par suite ils reconnaissent que le solde actif des reprises de Mme Dubois s'élève à la somme de treize cent cinquante francs, dont M. Dubois est débiteur envers son épouse.

Pour se libérer d'autant, M. Dubois a, par ces présentes, donné en paiement et cédé avec toutes garanties à Mme Dubois, qui accepte, les objets mobiliers dont le détail suit :

1° Deux lits garnis, composés chacun de (etc., etc.), estimés quatre cents francs ; ci . . . .   400 fr.

2° Etc., etc., (mettre le détail des meubles abandonnés en paiement.)

Estimation du surplus des meubles ; ci   950   »

Total de l'estimation des meubles donnés en paiment, treize cent cinquante francs ; ci . . . . 1,350 fr.

Par suite de la dation en paiement qui précède, M. Dubois se trouvera entièrement libéré envers Mme son épouse du montant des reprises de cette dernière qui n'aura plus aucune réclamation à faire à son mari à cet égard.

Dont acte :

Fait et passé à Sérieux, en l'étude,

Les jour, mois et an en tête des présentes, etc., etc.

Enregistrement : 2 pour 0/0 sur 1,350 francs.

Autre liquidation de reprises après séparation de biens et faillite du mari.

EXPOSÉ DES FAITS

Pierre Dubois et Louise Maurin se sont mariés à

Paris, sixième arrondissement, le **22** janvier **1860**; après avoir fait précéder leur union d'un contrat reçu par M⁰ Lapratique, notaire à Paris, le **20** du même mois.

Aux termes de ce contrat, les futurs époux adoptèrent le régime de la communauté avec exclusion de ladite communauté de tout leur mobilier présent et futur et de toutes leurs dettes présentes et futures. La future épouse se constitua en dot différents meubles d'une valeur de **6,500** fr., — et une maison située à Paris, n° **16**, rue Hautefeuille. Son père lui constitua en dot une somme de **20,000** francs payable dans le délai de deux ans, à partir du mariage. Cette somme fut payée le **15** avril **1862**. Quant à l'apport du mari, il est inutile d'en parler puisqu'il ne s'agit que d'une liquidation de reprises.

En **1865**, Mᵐᵉ Dubois recueillit la succession de Nicolas Maurin, son oncle, décédé le **20** janvier **1869**, et dont elle était seule légataire. Inventaire fait, le mobilier de cette succession s'éleva à **18,450** francs et le passif y compris les droits de succession à **15,500** francs. Les immeubles de cette succession consistaient en une ferme à Vendôme et six parcelles de terre à Monnaie.

En **1868**, un incendie détruisit les bâtiments de la ferme de Vendôme. Ils furent reconstruits la même année, frais **27,000** francs.

En **1869**, les six parcelles d'immeubles furent vendues à six acquéreurs différents, la première pour **6,200** francs payés, la seconde pour **4,500** francs payés, la troisième pour **4,200** francs payés, la quatrième pour **3,600** francs payés, la cinquième pour **1,800** francs dûs, et la sixième pour 5,850 francs encore dûs également.

En 1870, la ferme de Vendôme fut affermée pour neuf ans, moyennant 4,500 francs par an. Les époux Dubois exceptèrent de cette ferme un hectare de terre destinée à faire une carrière.

En 1872, la carrière fut ouverte, et à cet effet on arracha 25 grands arbres qui étaient sur la bordure du terrain. Les arbres abattus avaient une valeur de 3,200 francs, et la carrière a déprécié l'immeuble de 1,600 francs.

Le 12 mars 1872, obligation solidaire par les époux Dubois de la somme de 12,000 francs.

Le 1er décembre 1873, faillite du mari. Demande en séparation de biens, jugement qui prononce cette séparation, formalités ordinaires; renonciation à communauté.

6e FORMULE. — Procès-verbal d'ouverture.

L'an mil hui cent soixante-quatorze le trois février à midi,

Devant Me Lapratique, notaire à Paris, soussigné, et en l'étude dudit notaire.

Ont comparu :

1° Mme Louise Maurin, sans profession, épouse séparée de biens de M. Pierre Dubois, ancien négociant, avec lequel elle demeure à Paris, 16, rue Hautefeuille.

2° Et Me Éloi Chicannier, avoué, exerçant près le tribunal civil de première instance de la Seine, demeurant à Paris, rue de l'Appel, n° 2.

Agissant ce dernier pour assister en tant que de besoin Mme Dubois sa cliente.

Lesquels ont exposé ce qui suit :

Par jugement du tribunal de commerce du premier décembre dernier, M. Dubois fut déclaré en faillite, et M. Robin, demeurant à Paris, rue Lalongue, n° 14, fut nommé syndic.

Alors Mme Dubois désirant obtenir sa séparation de biens présenta requête à M. le président du tribunal civil de la Seine, pour être autorisée à assigner son mari en séparation de biens.

Cette requête fut ordonnancée à la date du six décembre dernier.

En conséquence de cette ordonnance, et par exploit de Griffon, huissier à Paris, à la date du neuf du même mois de décembre, Mme Dubois fit assigner ledit M. Dubois, son mari et M. Robin, son syndic, devant le tribunal civil de la Seine, pour entendre prononcer sa séparation de biens.

Cette demande en séparation de biens fut publiée conformément à la loi.

Et par son jugement en date du vingt janvier mil huit cent soixante-quatorze, le tribunal civil de première instance de la Seine, quatrième chambre, déclara Mme Dubois séparée de biens d'avec son mari, commit Me Lapratique, notaire, soussigné, pour procéder aux comptes et liquidation de reprises que Mme Dubois aurait à exercer contre son mari, et commit M. Jardin, l'un des juges, pour surveiller ces opérations. Et par le même jugement ledit tribunal commit M. M....., demeurant à Vendôme, pour procéder à toute expertise des évaluations ou détériorations apportées pendant le mariage à la ferme de Vendôme, propre à Mme Dubois, par suite de l'ouverture d'une carrière sur ladite propriété; et M. Gilet, juge au tribunal de Vendôme, pour recevoir le serment des experts et surveiller leur travail.

Ce jugement fut signifié à avoués par acte du Palais de Duret, huissier, en date du vingt-six du même mois de janvier, et signifié à parties par exploit de Griffon, huissier, en date du lendemain vingt-sept.

Un extrait dudit jugement fut déposé, conformément à la loi, à la même date du vingt-sept janvier : 1° au greffe du tribunal civil de la Seine, 2° au greffe du tribunal de commerce, 3° à la chambre des notaires ; 4° à la chambre des avoués de Paris. Pareil extrait fut inséré au journal *Le Droit*, qui s'imprime à Paris, dans son numéro du vingt-huit janvier.

Par acte au greffe, à la date du vingt-neuf janvier, Mme Dubois déclara renoncer à la communauté qui avait existé entre elle et son mari.

Et à la même date du vingt-neuf janvier, Mme Dubois présenta requête, par le ministère de son avoué, à M. Jardin, juge commis, pour faire fixer le jour de l'ouverture de la liquidation des reprises dont il s'agit, et par son ordonnance mise le même jour au bas de cette requête. M. Jardin fixa le jour de l'ouverture des opérations de liquidation des reprises à aujourd'hui trois février à midi [1].

Par suite de cette ordonnance, Mme Dubois fit sommation à son mari et à M. Robin, syndic de sa faillite, par exploit dudit Griffon, huissier, en date du premier février présent mois, d'avoir à se trouver aujourd'hui à midi en l'étude du notaire soussigné, pour assister à l'ouverture des opérations des comptes et liquidation des reprises que Mme Dubois a à exercer contre la faillite de son mari et contre lui-même, opérations pour lesquelles ledit notaire a été commis, leur déclarant qu'en cas d'absence il serait donné défaut contre eux, et procédé néanmoins auxdites opérations.

A l'appui de leurs dires, Mme Dubois et son avoué ont présenté au notaire soussigné :

1° La grosse du jugement de séparation de biens dont s'agit ;

2° Les rapports de significations à avoués et à parties sus-datées ;

3° Les quatre certificats constatant le dépôt aux lieux voulus par la loi des quatre extraits dudit jugement ;

---

1. C'est une habitude à Paris de faire fixer par un juge commis le jour de l'ouverture de la liquidation. En province, on économise les frais de cette requête, et le poursuivant choisit lui-même ce jour. Ce dernier système nous paraît préférable, puisqu'il apporte une petite économie de frais.

4° Un exemplaire du n° du vingt-huit janvier dernier du journal *Le Droit*, lequel exemplaire certifié par l'imprimeur dont la signature a été légalisée par le maire, porte la mention suivante : Enregistré à Paris, le premier février 1874, reçu un franc ; décimes et demi, vingt-cinq centimes. Signé : RENAUD.

5° L'original de l'ordonnance qui a fixé le jour de l'ouverture des opérations ;

6° Et le rapport de la sommation faite le premier février à M. Dubois et à son syndic.

Toutes lesquelles pièces sont demeurées ci-annexées après mention.

Ce fait, Mme Dubois et son avoué ont requis ledit Me Lapratique de leur donner acte de leurs dires et comparution, de donner défaut contre M. Dubois et M. Robin, dans le cas où ils ne comparaîtraient pas ni personne pour eux, et tant en leur absence que présence, de procéder à l'ouverture des opérations des comptes et liquidation des reprises que Mme Dubois a le droit d'exercer et pour lesquelles opérations ledit notaire a été commis.

Et, après lecture, Mme Dubois et Me Chicanier, son avoué, ont signé.   (Signatures.)

Et à l'instant ont comparu :

1° M. Robin (Jules-Léon), syndic de faillite, demeurant à Paris, rue du Concordat, n° 4,

> Agissant comme syndic de la faillite dudit M. Dubois ;

2° M. Louis-Nicolas Bontemps, avoué près le tribunal civil de la Seine, demeurant à Paris, 7, rue du Palais,

> Agissant comme avoué de M. Robin, et pour assister ce dernier en tant que de besoin ;

3° M. Pierre Dubois, ancien négociant en fourrures, demeurant à Paris, 16, rue Hautefeuille ;

4° Et M. Grégoire Lannet, avoué près le tribunal civil de la Seine, demeurant à Paris, 3, rue du Palais [1],

1. La comparution des avoués est tout à fait inutile ; mais peut-être

Agissant, ce dernier, comme avoué de M. Dubois et pour l'assister au besoin.

Lesquels ont dit qu'ils comparaissent pour obéir à la sommation qui leur a été faite et pour assister à l'ouverture des opérations des comptes et liquidation des entreprises que Mme Dubois a le droit d'exercer contre son mari et sa faillite, requérant le notaire commis de leur donner acte de leur comparution et de procéder immédiateement à l'ouverture desdites opérations.

Et, après lecture, ils ont signé.

(Signatures.)

Déférant aux réquisitions qui précèdent, M° Lapratique, notaire soussigné, a donné acte aux requérants et aux comparants sur sommation de leurs dires et comparution, et a déclaré ouvrir à partir de ce jour les opérations des comptes et liquidation des reprises que Mme Dubois a le droit d'exercer et pour lesquelles opérations ledit notaire a été commis par le jugement susdaté.

Ledit M° Lapratique a de plus fait sommation à toutes parties présentes d'avoir à lui fournir, dans le délai de huit jours au plus, tous titres, pièces, notes et renseignements pouvant intéresser lesdites opérations.

De tout quoi il a été dressé le présent procès-verbal, les jour, mois et an que dessus.

Lecture faite, toutes les parties et leurs avoués ont de nouveau signé avec le notaire commis.

(Signatures.)

pour pouvoir percevoir des honoraires spéciaux, MM. les avoués poussent presque toujours leurs clients à réclamer leur assistance. La comparution du failli n'est pas nécessaire non plus, car le jugement qui a prononcé la faillite l'a dépouillé de tous ses droits de propriété et même de capacité ; cependant, on fait généralement comparaître le failli à tous les actes, soit pour qu'il puisse fournir des renseigements, soit pour qu'il puisse suivre pas à pas des comptes dont il aura plus tard à supporter les conséquences.

7ᵉ FORMULE. — État de liquidation.

État des comptes et liquidation des reprises que Mᵐᵉ Dubois a le droit d'exercer contre son mari.

Entre :

1° Mᵐᵉ Louise Maurin, sans profession, épouse séparée de biens de M. Pierre Dubois, avec lequel elle demeure à Paris, 16, rue Hautefeuille,

D'une part ;

2° M. Pierre Dubois, ancien négociant, actuellement en état de faillite, demeurant à Paris, 16, rue Hautefeuille ;

3° Et M. Jules-Léon Robin, syndic de faillite, demeurant à Paris, 4, rue du Concordat,

Pris ce dernier comme syndic définitif de la faillite de M. Pierre Dubois,

D'autre part ;

Dressé par Mᵉ Lapratique, notaire à Paris, soussigné, commis à cet effet par jugement du tribunal civil de la Seine, ci-après analysé.

PREMIÈRE PARTIE

OBSERVATIONS PRÉLIMINAIRES

1ʳᵉ OBSERVATION

Mariage des époux Dubois. — Contrat de mariage [1].

M. Pierre Dubois et Mˡˡᵉ Louise Maurin se sont mariés à la mairie de Paris, dixième arrondissement, le vingt-deux janvier mil huit cent soixante. Ils ont fait précéder leur union d'un

---

[1]. C'est toujours le mariage et le contrat, s'il y en a un qui font l'objet de la première observation.

contrat en réglant les clauses et conditions civiles, reçu par Mᵉ Lapratique, notaire soussigné, le vingt du même mois de janvier.

Aux termes de ce contrat de mariage, les futurs époux adoptèrent pour base de leur union le régime de la communauté légale, en excluant de ladite communauté toutes leurs valeurs mobilières présentes et futures, et toutes leurs dettes présentes et futures.

L'apport de la future consistait en : 1° différents meubles corporels et différentes créances d'une valeur de six mille cinq cents francs, d'après l'estimation portée au contrat ; 2° et une maison située à Paris, 16, rue Hautefeuille, et actuellement occupée par les époux Dubois. M. Maurin, père de la future épouse, lui constitua en dot une somme de vingt mille francs, payable dans le délai de deux ans, à partir du jour du mariage, avec intérêt à cinq pour cent l'an, à partir de la même époque. Cette somme de vingt mille francs fut payée par le donateur suivant quittance reçue par Mᵉ Lapratique, notaire soussigné, le quinze avril mil huit cent soixante-deux.

Quant aux apports du futur également constatés audit contrat, nous n'avons pas à nous en occuper.

De ce qui vient d'être dit, résulte pour Mᵐᵉ Dubois la reprise : 1° de la somme de six mille cinq cents francs, montant de son apport mobilier ; ci. . . . . 6,500 fr.

2° De la somme de vingt mille francs, montant de la constitution dotale qui lui a été faite par son père ; ci.   20,000 fr.

Les frais d'enregistrement et d'honoraires de cette donation, y compris ceux de la quittannce, s'élèvent à sept cent quatre-vingts francs, dont Mᵐᵉ Dubois doit récompense ; ci.   780 fr.

2° OBSERVATION

Grosses réparations faites à un immeuble propre à Mᵐᵉ Dubois.

En mil huit cent soixante-cinq, le mur de la façade de la

maison apportée en dot par Mme Dubois, menaçant de s'écrou-
ler, M. Dubois dut le faire reconstruire. Au préalable, M. Dubois
fit constater la nécessite de cette reconstruction par un certificat de M. Dupuis, architecte à Paris. Ce certificat, en date
du cinq mars mil huit cent soixante-cinq, porte la mention
suivante : Enregistré à Paris, le vingt février mil huit cent
soixante-quatorze, reçu deux francs; décimes, quarante centimes. Signé : (illisible).

Le coût de cette réédification, d'après les comptes fournis
par le syndic de la faillite Dubois, et non contestés par
Mme Dubois, s'élève à sept mille deux cents francs, qui ont été
acquittés par la communauté Dubois.

D'où il résulte une indemnité, à la charge de Mme Dubois,
de pareille somme de sept mille deux cents francs; ci. **7,200 fr.**

3° OBSERVATION

Succession échue à Mme Dubois.

Pendant la communauté qui a existé entre elle et son mari,
Mme Dubois a recueilli la succession de Nicolas Maurin, son
oncle, décédé à Vendôme le vingt juillet mil huit cent soixante-
cinq, et dont elle était légataire universelle, aux termes d'un
testament reçu par Me Souty, notaire à Vendôme, le deux janvier mil huit cent soixante-cinq. M. Maurin, testateur, ne possédait à son décès aucun héritier réservataire.

Cette succession se composait de meubles et d'immeubles.

Les meubles furent décrits dans un inventaire dressé par
ledit Me Souty, à la date des quinze, seize et dix-neuf juillet mil
huit cent soixante-cinq. Ces meubles, aujourd'hui disparus,
étaient d'une valeur de dix-huit mille quatre cent cinquante
francs; d'où résulte une reprise de pareille somme; ci **18,450 fr.**

Les immeubles de la même succession consistaient en : 1° une
ferme, dite ferme de Vendôme, située sur la commune de Mon-

naie, d'une contenance de quarante-deux hectares douze centiares, d'un seul tenant ; 2º un bois de cinq hectares sept ares, situé à Chanteloup, commune de Monnaie ; 3º un autre bois de trois hectares quarante-six centiares, situé sur le territoire de ladite commune, au lieu dit le Grand-Chêne ; 4º un pré de un hectare six centiares, situé à la Rivière, même commune de Monnaie ; 5º un autre pré de quatre-vingt-deux ares seize centiares, situé aux mêmes lieu et commune ; 6º une parcelle de terre labourable d'une contenance d'un hectare vingt-deux ares, située au lieu dit les Chaumes, commune de Monnaie ; 7º une autre parcelle de terre labourable d'une contenance de deux hectares trente-six ares, située au lieu dit les Rentes, même commune de Monnaie.

Les dettes de cette succession ne s'élevaient qu'à quatre mille six cents francs, acquittés depuis longtemps, et les frais d'inventaire et les droits de mutation par décès s'élevèrent à la somme de dix mille neuf cents francs. Ces deux sommes réunies forment un total de quinze mille cinq cents francs, dont Mᵐᵉ Dubois doit récompense à son mari ; ci. . . .   15,500 fr.

4º OBSERVATION

Reconstruction de la ferme de Vendôme[1].

Le seize juillet mil huit cent soixante-huit, un incendie détruisit tous les bâtiments de la ferme de Vendôme. Cette ferme n'était point assurée. Pour pouvoir affermer à nouveau cet immeuble, ou continuer le fermage existant, il fallait faire reconstruire au plus vite tous les bâtiments. On se borna à faire rééditer les nouveaux bâtiments sur les mêmes plans que les premiers, sans aucune modification.

1. On aurait pu très bien mentionner cette reconstruction sous la deuxième observation ; mais, à cause de l'importance de ces deux opérations, nous avons cru devoir en faire l'objet de deux observations différentes.

D'après les notes fournies par le syndic de la faillite Dubois, notes non contestées par Mme Dubois, les frais de cette réédification s'élevèrent à vingt-sept mille francs, dont Mme Dubois doit récompense; ci. . . . . 27,000 fr.

5e OBSERVATION

Vente d'immeubles propres à Mme Dubois.

Suivant procès-verbal d'adjudication dressé par Me Durand, notaire à Monnaie, le huit juillet mil huit cent soixante-neuf, les époux Dubois vendirent :

1° Le bois de Chanteloup à M. Louis Moineau, propriétaire à Monnaie, pour le prix de six mille deux cents francs, que l'adjudicataire paya comptant; ci. . . . . 6,200 fr.

2° Le bois du Grand-Chêne, même commune de Monnaie, audit M. Louis Moineau, pour le prix de quatre mille cinq cents francs, que l'adjudicataire paya également comptant; ci . . . . 4,500 fr.

3° Le pré de la Rivière, contenant un hectare six ares, à Julien Moreau, négociant à Monnaie, pour le prix de quatre mille deux cents francs, qui fut payé le six décembre de la même année, aux termes d'une quittance reçue par ledit Me Durand ; ci . . . . 4,200 fr.

4° L'autre pré de la Rivière, contenant quatre-vingt-deux ares seize centiares, à Aristide Poulet, fermier à Monnaie, pour le prix de trois mille six cents francs, qui fut payé comptant; ci. . . . . 3,600 fr.

5° La terre des Chaumes, commune de Monnaie, contenant un hectare vingt-deux ares, audit Aristide Poulet, pour le prix de dix-huit cents francs encore dus ; ci . . . . . . 1,800 fr.

6° Et la terre des Rentes, même commune, d'une contenance de deux hectares trente-six ares, à Léon Lapaix, pharmacien à

Monnaie, pour le prix de cinq mille huit cent cinquante francs qui sont encore dus ; ci. . . . . __5,850 fr.__

Aux termes du même procès-verbal d'adjudication, ces deux derniers prix de vente ont été stipulés payables dans cinq ans de la date du titre d'aliénation, avec intérêt à partir de la même époque au taux de 5 pour 0/0 par an. Les capitaux et les intérêts sont payables en l'étude dudit M° Durand.

La grosse de ce procès-verbal a été transcrite au bureau des hypothèques de Vendôme, le six août suivant, et à la même date il fut pris inscription d'office au profit des époux Dubois, vendeurs, vol. 452, n° 7, contre Aristide Poulet, et vol. 452, n° 8, contre Léon Lapaix.

Ces six parcelles d'immeubles ainsi vendues étaient propres à Mme Dubois pour lui provenir du legs universel que lui avait fait M. Nicolas Maurin, son oncle, ainsi qu'il a été expliqué sous la troisième observation. Par suite Mme Dubois fera la reprise en nature des prix de vente encore dus, et la reprise en numéraire de ceux qui ont été payés.

6e OBSERVATION

Bail à ferme de la propriété de Vendôme.

Suivant contrat reçu par ledit M° Durand, notaire à Monnaie, le onze juin mil huit cent soixante-dix, M. Dubois donna à bail à ferme pour neuf années qui devaient commencer le premier octobre suivant, aux époux Jean Nicot, alors fermiers à la Tricherie, la propriété de Vendôme, pour le fermage de quatre mille cinq cents francs, stipulés payables, savoir : deux mille cinq cents francs à l'expiration de chaque année et deux mille francs le vingt-cinq décembre suivant.

Pour sûreté des neuf années de fermage dont s'agit, les époux Nicot hypothéquèrent différentes parcelles d'immeubles leur appartenant et répandues sur le territoire de la commune de la

Tricherie, arrondissement de Châteaudun ; et en conséquence inscription fut prise au profit de M. Dubois, contre les époux Nicot, au bureau des hypothèques de Châteaudun, le deux juillet mil huit cent soixante-dix, vol. 741, n° 120.

Aux termes du bail susénoncé M. Dubois excepta du fermage dont s'agit, un hectare de terre en jachère situé au Sud-Est de ladite propriété, et appelé le Rocher. Il destinait cette parcelle de l'immeuble à l'ouverture d'une carrière dont il va être parlé dans l'observation suivante.

7ᵉ OBSERVATION

Ouverture de la carrière du Rocher. — Expertise.

Dans le courant de l'année mil huit cent soixante-douze, M. Dubois fit abattre vingt-cinq arbres futaie, essence chêne, qui étaient sur la parcelle du Rocher exceptée de la ferme de Vendôme, ainsi qu'il a été dit dans l'observation qui précède. Puis M. Dubois fit ouvrir une carrière sur ledit immeuble et en poursuivit l'exploitation pendant toute l'année mil huit cent soixante-treize. L'abattage de ces arbres et l'ouverture de cette carrière apportèrent une dépréciation à l'immeuble.

Le jugement[1] qui prononça la séparation de biens chargea MM. Émile Chaurand, géomètre à Monnaie, Jules Giraud, propriétaire-rentier au même lieu, et Aphonse Martinet, ancien greffier, demeurant à Vendôme, d'expertiser la dépréciation dont s'agit. Ces messieurs, après avoir prêté serment devant M. Genraud, juge au tribunal civil de Vendôme, commis à cet effet, déposèrent leur procès-verbal d'expertise au greffe dudit tribunal, le huit mars dernier. De ce procès-verbal il

---

1. On aurait pu faire une observation spéciale pour raconter toute la procédure du procès-verbal d'expertise, c'est même ce que l'on fait toutes les fois que l'expertise a porté sur plusieurs immeubles différents. Il y a même des notaires qui font un procès-verbal de dires pour y exposer les conséquences de l'expertise, et pour y annexer l'expédition de ce procès-verbal d'expertise.

résulte que la dépréciation apportée audit immeuble s'élève à la somme de quatre mille huit cents francs, applicables jusqu'à la concurrence de trois mille deux cents francs à l'abattage des arbres, et jusqu'à concurrence de seize cents francs, au dommage causé par la carrière.

D'où résulte pour Mme Dubois une reprise de quatre mille huit cents francs ; ci. . . . . 4,800 fr.

8e OBSERVATION

Obligation solidaire par les époux Dubois.

Suivant acte reçu par Me Lamare, notaire à Routte, le douze mars mil huit cent soixante-douze, les époux Dubois ont souscrit solidairement une obligation de douze mille francs, au profit de M. Bernard, négociant à Routte. Cette somme a été stipulée payable le douze mars mil huit cent soixante-quinze et productive d'intérêt au taux de cinq pour cent par an.

Par suite de son engagement solidaire Mme Dubois sera tenue de payer cette somme à M. Bernard, et comme conséquence nous la porterons ci-après à l'actif de ses reprises (art. 1431 du Code civil) ; ci. . . . . 12,000 fr.

9e OBSERVATION

Instance en séparation de biens [1]. — Jugement.— Renonciation à communauté.

Par jugement du tribunal de commerce de la Seine, en date du premier décembre dernier, M. Dubois fut déclaré en faillite, et M. Jules-Léon Robin, demeurant à Paris, n° 4, rue du Concordat, fut nommé syndic de la faillite.

Par suite de cette faillite, Mme Dubois présenta requête à

---

1. Toute cette observation est la reproduction presque littérale du procès-verbal d'ouverture.

M. le président du tribunal civil de la Seine, à la date du six du même mois de décembre. Cette requête fut ordonnancée le même jour.

En conséquence de cette ordonnance, et par exploit de Griffon, huissier à Paris, du neuf décembre, Mme Dubois assigna son mari devant le tribunal civil de la Seine, pour voir prononcer sa séparation de biens d'avec son mari. Cette demande en séparation de biens fut publiée conformément à la loi.

Et par son jugement en date du vingt janvier mil huit cent soixante-quatorze, le tribunal civil de la Seine, quatrième chambre, prononça la séparation de biens de Mme Dubois d'avec son mari, commit Me Lapratique, notaire à Paris, soussigné, pour procéder aux comptes et liquidation des reprises que la dame Dubois a à exercer contre son mari et la faillite, et M. Jardin, l'un des juges, pour surveiller les opérations.

Par le même jugement le tribunal chargea M. Émile Chaurand, géomètre à Monnaie ; Jules Giraud, propriétaire-rentier au même lieu ; et Alphonse Martinet, ancien greffier, demeurant à Vendôme, d'expertiser toutes améliorations ou détériorations qui auraient pu être apportées à la propriété de Vendôme, commune de Monnaie, par suite de l'ouverture d'une carrière ; et commit M. Genraud, juge au tribunal de Vendôme, pour recevoir le serment des experts, et surveiller leurs opérations.

Ce jugement fut signifié à avoué par acte du palais de Duret, huissier à Paris, en date du vingt-six janvier dernier, et signifié à parties par exploit de Griffon, huissier, en date du lendemain.

Un extrait dudit jugement fut déposé à la date du vingt-sept janvier : 1° au greffe du tribunal civil de la Seine ; 2° au greffe du tribunal de commerce du même département ; 3° au secrétariat de la chambre des avoués ; 4° et au secrétariat de la chambre des notaires. Pareil extrait fut inséré dans le journal *Le Droit* qui s'imprime à Paris, dans son numéro du vingt-huit janvier.

Par acte au greffe du tribunal de la Seine, en date du vingt-neuf janvier, Mme Dubois déclara renoncer à la communauté contractuelle qui avait existé entre elle et son mari.

Le même jour vingt-neuf janvier, Mme Dubois présenta requête à M. Jardin, juge commis, pour faire fixer le jour et l'heure du procès-verbal d'ouverture des opérations des comptes et liquidation de ses reprises. L'ordonnance mise au bas de cette requête fixa l'ouverture de ce procès-verbal au trois février à midi en l'étude dudit Me Lapratique.

En exécution de cette ordonnance, Mme Dubois, par exploit de Griffon, huissier, en date du premier février mil huit cent soixante-quatorze, fit sommation à son mari et à M. Robin, le syndic de sa faillite, de se trouver en l'étude du notaire soussigné, le trois février à midi, pour assister à l'ouverture des opérations de la liquidation des reprises.

Et ledit jour trois février, Me Lapratique, agissant tant à la requête de Mme Dubois qu'à la requête de M. Dubois et de M. Robin, syndic de la faillite, déclara ouvrir la liquidation pour laquelle il avait été commis.

Le quinze février dernier, MM. Chaurand, Giraud et Martinet, experts commis, se présentèrent devant M. Genraud, juge au tribunal civil de première instance de Vendôme, et prêtèrent entre ses mains le serment voulu par la loi, et à la date du vingt-huit du même mois, ils dressèrent leur procès-verbal d'expertise. Ce procès-verbal fut déposé au greffe du tribunal de Vendôme le trois mars suivant.

Tous les frais de cette procédure, d'après les notes fournies par les avoués, s'élèvent à six cent quatre-vingts francs ; ci. . . . . 680 fr.

Les frais de la présente liquidation sont évalués à quatre cent quatre-vingts francs ; ci. . . . . 450 fr.

Ces deux sommes seront portées à l'actif des reprises de Mme Dubois, à la charge par elle de les acquitter.

DEUXIEME PARTIE

COMPTES ET LIQUIDATIONS

SOMMAIRE :

Le travail suivant sera divisé en trois chapitres.

Le premier chapitre comprendra l'énumération des reprises en nature.

Il sera divisé en deux paragraphes, l'un pour les meubles et l'autre pour les immeubles.

Le second chapitre sera consacré aux reprises en numéraire.

Il sera divisé en trois paragraphes, le premier pour l'actif, le second pour le passif et le troisième pour la balance.

Et le troisième chapitre comprendra les clauses et conditions finales.

CHAPITRE Ier.

REPRISES EN NATURE

§ 1er. — Valeurs mobilières

Mme Dubois fera la reprise en nature de :

1° La somme de dix-huit cents francs en principal, due par

M. Aristide Poulet, fermier à Monnaie, pour prix d'acquisition, ainsi qu'il a été dit à la cinquième observation ; ci.   1,800 fr.

2° Et celle de cinq mille huit cent cinquante francs, prix de vente dû par M. Léon Lapaix, pharmacien à Monnaie (5° obs.) ; ci . . . . 5,850 »

Ensemble sept mille six cent cinquante francs ; ci. 7,650 fr.

§ 2. — Immeubles

Mme Dubois reprendra encore en nature :

1° La maison stuée à Paris, 16, rue Hautefeuile, qu'elle possédait au jour de son mariage et qui n'a pas été aliénée. Cette maison n'est point louée et est entièrement occupée par les époux Dubois.

2° Et la ferme de Vendôme, commune de Monnaie, qu'elle a recueillie dans la succession de Nicolas Maurin, son oncle (3° obs.) et qui n'a pas été vendue. Cette propriété est aujourd'hui affermée aux époux Nicot, ainsi qu'il a éte expliqué dans la sixième observation.

3° Elle reprend également en nature la parcelle de terre appelée le Rocher où a été ouverte une carrière. Cette parcelle qui dépend de la propriété de Vendôme n'a point été comprise dans la ferme consentie aux époux Nicot.

CHAPITRE II.

REPRISES EN NUMÉRAIRE

§ 1er. — Actif

Il convient de porter à l'actif des reprises de Mme Dubois :

1° La somme de six mille cinq cents francs, valeur des meubles que Mme Dubois possédait au jour de son mariage et

qui ont été constatés dans son contrat de mariage (1re obs.),
ci . . . . 6,500 fr.

2° La somme de vingt mille francs, montant de
la dot mobilière qui lui fut constituée en dot par
son père, aux termes du même contrat (1re obs.) ;
ci . . . . 20,000 »

3° La somme de dix-huit mille quatre cent cinquante francs, montant de la valeur des meubles
trouvés dans la succession de Nicolas Maurin
(3° obs.); ci. . . . . 18,450 »

4° La somme de six mille deux cents francs, prix
de l'immeuble vendu à Louis Maurin (5° obs.); ci. 6,200 »

5° La somme de quatre mille cinq cents francs,
prix d'un autre immeuble vendu au même (5°ob.);
ci . . . . 4,500 »

6° La somme de quatre mille deux cents francs,
prix de l'immeuble vendu à Moreau (5° obs.); ci. 4,200 »

7° La somme de trois mille six cents francs,
prix d'un immeuble vendu à Poulet (5° obs.); ci. 3,600 »

8° La somme de quatre mille huit cents francs,
montant de la détérioration apportée à la propriété de Vendôme (7° obs.) ; ci. . . . . 4,800 »

9° La somme de douze mille francs, montant de
l'obligation solidaire souscrite par les époux Dubois à M. Bernard (8° obs.); ci. . . . . 12,000 »

10° La somme de quatre cent quarante-cinq
francs dix centimes pour intérêts courus sur ce
dernier capital du douze mars mil huit cent soixante-treize au jour de la demande en séparation
de biens [1] ; ci. 445 10

11° La somme de six cent quatre-vingts francs,

A *reporter*. 80,695 10

1. L'article 1445 du Code civil dit que le jugement de séparation de biens
remonte, quant à ses effets, au jour de la demande, c'est-à-dire au jour de

Report. 80,695 10

montant des frais de l'instance judiciaire en séparation de biens (9ᵉ obs.); ci . . . . 680 »

12° Et celle de quatre cent cinquante francs,
montant approximatif des frais de la présente liquidation (9ᵉ obs.)[1] ; ci . . . . 450 »

Total de l'actif des reprises, quatre-vingt-un
mille huit cent vingt-cinq francs dix centimes; ci. 81,825 10

§ 2. — Passif.

Il y a lieu de porter au passif des reprises de Mᵐᵉ Dubois :

1° La somme de sept cent quatre-vingts francs, part pour
laquelle Mᵐᵉ Dubois doit contribuer aux frais de son contrat
de mariage (1ʳᵉ obs.); ci . . . . 780 »

2° La somme de sept mille deux cents francs,
coût des grosses réparations faites à la maison de
la rue Hautefeuille (2ᵉ obs.); ci . . . . , . . 7,200 »

3° La somme de quinze mille cinq cents francs,
montant des charges provenant de la succession
de Nicolas Maurin (3ᵉ obs.); ci . . . . 15,500 »

4° La somme de vingt-sept mille francs, coût de
la reconstruction des bâtiments de la ferme de
Vendôme (4ᵉ obs.); ci . . . . 27,000 »

Total du passif des reprises, cinquante mille
quatre cent quatre-vingts francs; ci . . . . 50,480 »

§ 3. — Balance.

L'actif des reprises étant de quatre-vingt-un mille huit cent
vingt-cinq francs dix centimes; ci 81,825 10

A reporter 81,825 10

l'assignation; il est donc juste d'arrêter le cours des intérêts de cette obligation au jour de la demande judiciaire. Quant aux intérêts courus depuis,
ils sont à la charge de Mᵐᵉ Dubois, qui recevra en compensation l'intérêt de ses reprises.

1. Dans toute l'énonciation de l'actif, comme dans celle du passif, il
faut toujours suivre les observations, c'est le meilleur système pour ne
rien oublier.

Report **81,825 10**

Et le passif de cinquante mille quatre cent quatre-vingts francs ; ci. . . . . 50,480 »

Partant l'actif excède le passif de trente et un
mille trois cent quarante-cinq francs dix centimes ;
ci. **31,445 10**

En conséquence, les reprises que Mme Dubois a le droit d'exercer contre son mari s'élèvent à ladite somme de trente et un
mille trois cent quarante-cinq francs dix centimes, avec intérêts
à partir du neuf décembre dernier jusqu'au jour du paiement.

CHAPITRE III.

CLAUSES ET CONDITIONS FINALES

1° Mme Dubois aura seule droit à partir du neuf décembre
dernier aux fermages de la propriété de Vendôme (6e obs.), tous
fermages antérieurs restant la propriété du mari[1]. Elle aura
également droit aux intérêts de toutes ses reprises à partir de
la même époque.

2° Mme Dubois devra exécuter dans tout son contenu le bail
consenti au profit des époux Nicot et analysé sous la sixième
observation.

3° Mme Dubois devra seule payer et sans aucun autre recours
contre son mari que celui résultant des comptes qui précèdent :
1° la somme de douze mille francs, due à M. Bernard ; 2° les
intérêts de cette somme depuis le douze mars dernier ; 3° les
frais de l'instance judiciaire en séparation de biens ; 4° et les

---

1. Malgré un arrêt de la Cour de cassation, du 28 mars 1848, malgré
Troplong, t. 2, n° 1384, nous sommes d'avis que les intérêts de la dot, et
les intérêts des revenus des biens repris en nature, remontent au jour de
l'assignation en séparation de biens. Et nous avons d'ailleurs dans notre
sens, Toullier, t. 13 n° 105, — Rodière et Pont, t. 2, n° 859, — Marcadé sur l'article 1448.

frais de la présente liquidation. Dans le cas où ces frais excè-
deraient les chiffres établis au présent état, elle aurait pour le
surplus un recours contre son mari.

Fait le présent état, en l'étude à Paris, le quinze avril mil huit
cent soixante-quatorze.

(Signatures.)

Enregistrement : — Droit fixe, 3 francs.

8° FORMULE. — Procès-verbal de clôture

L'an mil huit cent soixante-quatorze, le vingt avril, à midi ;
Devant M° Lapratique, notaire à Paris, et en son étude,
Ledit M° Lapratique, commis à l'effet des
présentes, par jugement du tribunal civil de
la Seine, quatrième chambre, du vingt janvier dernier ;
Ont comparu :

1° Mme Louise Maurin, sans profession, épouse séparée de
biens de M. Pierre Dubois, avec lequel elle demeure à Paris,
16, rue Hautefeuille ;

2° M° Élie Chicannier, avoué près le tribunal civil de première instance de la Seine, demeurant à Paris, n° 2, rue de
l'Appel,
Agissant ce dernier comme avoué de ladite
dame Dubois, et pour l'assister en tant que
de besoin.

Lesquels ont exposé ce qui suit :

Par son jugement en date du premier décembre dernier, le
tribunal de commerce de la Seine déclara la faillite de M. Pierre
Dubois et lui donna pour syndic M. Robin, demeurant à
Paris, 4, rue du Concordat.

Le tribunal civil de la Seine, quatrième chambre, par son
jugement en date du vingt janvier mil huit cent soixante-quatorze, a déclaré Mme Dubois, comparante, séparée de biens

d'avec son mari ; a commis M° Lapratique, notaire à Paris, soussigné, pour procéder aux opérations des comptes et liquidation des reprises que ladite dame avait à exercer contre son mari, et M. Jardin, juge, pour surveiller ces opérations. Ce jugement fut suivi des formalités judiciaires voulues par la loi.

Par acte, au greffe, à la date du vingt-neuf janvier dernier, Mme Dubois renonça à la communauté qui avait existé entre elle et son mari.

Suivant procès-verbal dressé par M° Lapratique, soussigné, le trois février dernier, le notaire commis déclara onvrir les opérations des comptes et liquidation des reprises que Mme Dubois avait à exercer contre son mari, travail que lui avait confié le tribunal.

A la date du quinze avril présent mois, M° Lapratique dressa en brevet l'état des comptes et liquidation des reprises que Mme Dubois a le droit d'exercer contre son mari.

Et par exploit de Griffon, huissier à Paris, du dix-sept avril présent mois, Mme Dubois a fait sommation : 1° à M. Pierre Dubois, son mari ; 2° à M. Jules-Léon Robin, son syndic, de se trouver aujourd'hui à midi, en l'étude du notaire soussigné, pour prendre communication et entendre lecture entière de l'état des comptes des reprises dont s'agit.

A l'appui de leurs dires, Mme Dubois et M° Chicannier ont présenté au notaire soussigné le rapport de la sommation au rapport de Griffon, du dix-sept avril ; laquelle pièce est demeurée ci-annexée après mention.

Ce fait, Mme Dubois et M° Chicannier ont requis le notaire soussigné de leur donner acte de leurs dires et comparution, de donner défaut contre les parties sommées, dans le cas où elles ne comparaîtraient pas, ni personne pour elles, et, tant en leur absence que présence, de donner lecture et communication de l'état des comptes et liquidation des reprises que Mme Dubois a à exercer contre son mari et sa faillite, lequel état a été dressé par ledit M° Lapratique, à la date du quinze avril présent mois ;

Et, après lecture, Mme Dubois et M° Chicannier ont signé.

(Signatures.)

Et à l'instant ont comparu :

1° M. Jules-Léon Robin, syndic de faillite, demeurant à Paris, rue du Concordat, n° 4,

Agissant comme syndic de la faillite de M. Dubois, ci-après comparant;

2° M. Pierre Dubois, ancien négociant en fourrures, demeurant à Paris, 16, rue Hautefeuille [1].

Lesquels ont dit qu'ils comparaissaient pour obéir à la sommation qui leur a été faite, et pour prendre communication et entendre lecture entière de l'état des comptes et liquidation des reprises que Mme Dubois a le droit d'exercer, tant contre son mari que contre sa faillite ; requérant au besoin le notaire soussigné de leur donner lecture et communication dudit travail.

Et, après lecture, ils ont signé.

(Signatures.)

Déférant aux réquisitions qui précèdent, Me Lapratique, notaire soussigné, a donné acte à Mme Dubois et à son avoué, à M. Dubois et à M. Robin, syndic de sa faillite, de leurs dires et comparutions, et leur a donné ensuite communication et lecture de l'état des comptes et liquidation des reprises que Mme Dubois a le droit d'exercer, dressé par lui à la date du quinze avril présent mois.

De cet état, il résulte que Mme Dubois reprend en nature : 1° la maison située à Paris, 16, rue Hautefeuille, qu'elle possédait dès le jour de son mariage; 2° la ferme de Vendôme qu'elle a recueillie pendant son mariage, dans la succession de Nicolas Maurin, son oncle ; 3° la somme de dix-huit cents francs due par Aristide Poulet, de Monnaie, pour prix d'un immeuble propre à Mme Dubois ; 4° et celle de cinq mille huit cent cinquante francs due par M. Lapaix, de Monnaie, pour même cause.

Du même état il résulte que les reprises en numéraire que Mme Dubois a le droit d'exercer s'élèvent à la somme de quatre-

—————

1. Ajouter le nom des avoués des parties sommées quand ils comparaissent pour assister leurs clients.

vingt-un mille huit cent vingt-cinq francs dix centimes ; ci.. . . . . 81,825 10

Et que les indemnités qu'elle doit sont de cinquante mille quatre cent quatre-vingts francs ; ci. 50,480 »

Par suite le reliquat net de ses reprises en numéraire se trouve être de trente et un mille trois
cent quarante-cinq francs dix centimes ; ci.. . . . . 31,345 10

Dans les chiffres qui viennent d'être établis ont été compris
une somme de douze mille francs, principal d'une obligation
souscrite solidairement par les époux Dubois au profit de
M. Bernard, ensemble les intérêts de ce capital et tous les frais
de l'instance et de la présente liquidation ; lesquelles sommes
Mme Dubois sera par suite tenue de payer seule et sans aucun
recours contre son mari ni contre sa faillite.

Il a été dit au même état que Mme Dubois aurait droit aux
intérêts et revenus de toutes ses reprises à partir du jour de
l'assignation en séparation de biens, c'est-à-dire à partir du
neuf décembre mil huit cent soixante-treize.

Ce fait, l'état de liquidation des reprises qui vient d'être
analysé est demeuré annexé au présent procès-verbal, après
mention.

Mme Dubois a déclaré approuver dans tout son contenu l'état
dont s'agit qui fixe l'importance de ses reprises, le trouvant
dans tout son contenu conforme à ses droits. Elle a déclaré
également vouloir poursuivre devant le tribunal civil de la
Seine, l'homologation pure et simple dudit état des comptes
et liqnidation de ses reprises.

MM. Robin et Dubois ont déclaré n'avoir pour le moment, ni
à approuver, ni à contester ledit état de liquidation de reprises, se réservant de faire valoir devant le tribunal, lors de l'homologation, tous les moyens qui leur paraîtraient utiles [1].

---

1. Le syndic de la faillite n'a pas le droit d'approuver simplement la
liquidation. Toute approbation de compte est en principe une transac-

Ces dires ainsi constatés, M⁰ Lapratique a renvoyé les ayants droits devant le tribunal civil de la Seine, quatrième chambre, pour faire prononcer l'homologation ou la rectification, s'il y a lieu, du travail qui vient d'être analysé.

De tout quoi il a été dressé le présent procès-verbal les jour, mois et an, en tête des présentes.

Et après lecture, M^mo Dubois, MM. Chicannier, Robin et Dubois out signé avec ledit M⁰ Lapratique, notaire commis.

(Signatures.)

Enregistrement : Droit fixe, 3 francs.

tion, et le syndic ne saurait transiger pour une si forte somme, sans l'autorisation spéciale du tribunal de commerce. Quant à M. Dubois, son état de faillite le rend tout à fait incapable.

DEUXIÈME LIVRE

LIQUIDATION DE COMMUNAUTÉS

Liquidation de communauté après séparation de corps

EXPOSÉ DES FAITS

Hector Moulinet et Marie Courtin se marièrent à La Villedieu-des-Champs (Vienne), le 12 janvier 1864. Leur contrat de mariage, passé devant M. Lange, notaire à La Villedieu, portait le régime de la communauté d'acquêts. L'apport du futur consistait en : 1° une somme de 2,000 francs en numéraire ; 2° des meubles meublants d'une valeur de 600 francs ; 3° et une maison à La Ville-dieu. L'apport de la future consistait en : 1° un mobilier d'une valeur de 1,400 francs ; 2° une vigne de 50 ares à l'Enclos ; 3° une terre de 45 ares aux Grandes-Versennes ; 4° un pré de 16 ares à la Basse-Pleine ; 5° un autre pré de 30 ares à La Rigole ; le tout commune de La Vil-ledieu.

En 1865, Martinet fut condamné par le tribunal de Poitiers, pour coups et blessures volontaires à un nommé Georget, à 1,000 francs de dommages-intérêts, 200 francs d'amende, et aux frais s'élevant à 390 francs. Toutes ces sommes furent payées par la communauté.

La même année les époux Moulinet vendirent tous leurs immeubles de La Villedieu. La maison fut vendue 4,600 francs; la vigne 1,250 francs; la terre 900 francs; le pré de la Basse-Pleine 780 francs, et le pré de la Rigole 1,700 francs. Tous ces prix ont été payés comptant.

En 1869, Moulinet acheta à Villejésus une maison pour le prix de 6,800 francs, sans déclaration de remploi.

Le 20 février 1874, jugement du tribunal de Ruffec qui prononce la séparation de corps sur la demande de Mme Moulinet.

Puis inventaire, vente de meubles et licitation de la maison de Villejésus.

9° FORMULE. — Procès-verbal d'ouverture.

L'an mil huit cent soixante-quatorze, le deux mai, à midi :

Devant M° Lapratique, notaire à Villejésus, arrondissement de Ruffec (Charente), soussigné, et en son étude.

Ledit M° Lapratique commis à l'effet des présentes, par jugement du tribunal civil de Ruffec, en date du vingt février dernier.

A comparu :

Mme Marie Courtin, sans profession, épouse séparée de corps et de biens de M. Hector Moulinet, cafetier, demeurant la comparante à Villejésus.

Laquelle a exposé ce qui suit :

Analyser (1) : 1° La procédure qui a précédé le jugement ;
2° Le jugement ;
3° Les formalités qui ont suivi le jugement ;
Puis constater le dépôt des pièces présentées.

Ce fait, Mme Moulinet a requis le notaire soussigné de lui donner acte de ses dires et comparution, de donner défaut contre M. Moulinet dans le cas où il ne comparaîtrait pas, ni personne pour lui, et, tant en son absence que présence, de déclarer ouvertes les opérations des comptes et liquidation de la communauté qui a existé entre la réquérante et son mari, communauté qu'elle a déclaré accepter, ainsi qu'il a été expliqué plus haut.

Et, après lecture, elle a signé.

(Signature.)

Et à l'instant a comparu :

M. Hector Moulinet, cafetier, demeurant à Villejésus.

Lequel a dit qu'il comparaît pour obéir à la sommation qui lui a été faite, et pour assister à l'ouverture des opérations des comptes et liquidation de la communauté qui a existé entre son épouse et lui ; requérant le notaire soussigné de lui donner acte de sa comparution, et de procéder à l'ouverture desdites opérations pour lesquelles il a été commis.

Et, après lecture, il a signé.

(Signature.)

Déférant aux réquisitions qui précèdent, Me Lapratique, notaire soussigné, a donné acte à Mme et à M. Dubois de leurs dires et comparution, et a déclaré ouvrir, à partir de ce jour, les opérations de comptes, liquidation et partage de la communauté contractuelle qui a existé entre les époux Dubois ; faisant sommation aux deux parties présentes d'avoir à lui fournir dans le plus

---

1. En ce qui concerne les formalités qui ont précédé le jugement, l'analyse peut être très succincte. Dans l'analyse du jugement, il importe surtout d'en faire ressortir le dispositif qui commet le notaire et le juge. Quand aux formalités subséquentes, voir leur énumération page 67 ; et ne pas oublier surtout de dire que la femme a accepté la communauté et qu'il a été fait inventaire.

prochain délai tous titres, notes et renseignements pouvant intéresser ledit travail.

De tout quoi il a été dressé le présent procès-verbal, les jour,
mois et an, en têtes des présentes.

Lecture faite, M. et Mme Dubois ont signé avec les notaires.
(Signatures.)

10ᵉ FORMULE. — Etat de liquidation.

Etat des comptes, liquidation et partage
de la communauté qui a existé entre
M. Hector Moulinet et Marie Courtin,
aujourd'hui séparés de corps et de biens,

Entre :

M. Hector Moulinet, cafetier, demeurant au chef-lieu
de la commune de Villejésus, canton d'Aigre (Charente),
D'une part ;

Et Mme Marie Courtin, sans profession, épouse séparée
dudit Hector Moulinet, demeurant aussi à Villejésus,
D'autre part.

Dressé par Mᵉ Lapratique, notaire à Villejésus, canton d'Aigre,
arrondissement de Ruffec (Charente), soussigné, commis à cet
effet par jugement du tribunal civil
de Ruffec, ci-après analysé.

PREMIÈRE PARTIE

OBSERVATIONS PRÉLIMINAIRES

1ʳᵉ OBSERVATION

Mariage des époux Moulinet-Courtin. — Contrat de mariage.

Les époux Moulinet se sont mariés à la mairie de La Villedieu-des-Champs (Vienne), le douze janvier mil huit cent soixante-quatre. Ils ont fait précéder leur union d'un contrat en réglant les clausses et conditions civiles, reçu par Mᵉ Lange, notaire à La Villedieu, le dix du même mois.

Aux termes de ce contrat, les futurs époux ont adopté le régime de la communauté réduite aux acquêts. L'apport de la future épouse consistait en un mobilier estimé audit contrat à la somme de quatorze cents francs, et en les immeubles dont le détail suit : 1° une vigne de cinquante ares, située à l'Enclos, commune de la Villedieu ; 2° une terre de quarante-cinq ares, située aux Grandes-Versennes, même commune ; 3° un pré de seize ares, situé au lieu dit la Basse-Pleine, même commune ; 4° un autre pré de trente ares, situé à la Rigole, même commune. — L'apport du futur époux consistait en une somme de deux mille francs en numéraire, en divers effets mobiliers d'une valeur de six cents francs, et en une maison située au bourg de la Villedieu-des-Champs.

L'apport mobilier de la future épouse a été fusionné dans la communauté où il a disparu, et donnera par suite ouverture à son profit d'une reprise de quatorze cents francs ; ci. **1,400 fr.**

Son apport immobilier a été vendu pendant le mariage, ainsi qu'il sera expliqué dans l'une des observations subséquentes, ce qui donnera lieu à une reprise desdits prix de vente ; ci. mémoire

L'apport mobilier du futur époux a été également confondu dans la communauté où il a disparu ; par suite M. Moulinet aura le droit de faire la reprise de :

1° La somme de deux mille francs, montant de son apport en numéraire ; ci. . . . . 2,000 »

2° Et de la somme de six cents francs, valeur des différents meubles qu'il possédait au jour de son mariage ; ci. 600 »

Total des reprises mobilières résultant pour le mari de son contrat de mariage, deux mille six cents francs ; ci. . . . . 2,600 »

Quant à la maison formant son apport immobilier, elle a également été vendue, ainsi qu'il sera expliqué plus bas ; ci . . . . mémoire.

Aucune donation ne fut faite aux futurs époux par ce contrat de mariage qui ne contenait non plus aucune stipulation préciputaire.

2° OBSERVATION

Condamnation prononcée contre M. Moulinet.

Dans une rixe qui eut lieu le sept janvier mil huit cent soixante-cinq, M. Moulinet fit à un sieur Georget, un de ses voisins, des blessures assez graves. Sur l'action en réparation civile intentée par ce dernier, le tribunal civil de première instance de Poitiers (Vienne), par son jugement en date du vingt-cinq mai mil huit cent soixante-cinq, condamna M. Moulinet à payer au demandeur, à titre de dommages-intérêts, la somme de mille francs. Ce même jugement condamna l'intimé à deux cents francs d'amende et aux frais qui se sont élevés à trois cent quatre-vingt-dix francs. Toutes ces sommes ont été acquittées par la communauté dans le courant de juillet de la même année.

De là il résulte une indemnité à la communauté par M. Moulinet de :

1° La somme de mille francs, montant des dommages-intérêts payés à Georget ; ci . . . . 1,000 »

2° La somme de deux cent quarante francs, montant en principal et décimes de l'amende ; ci . . 240 »

3° Et de la somme de trois cent quatre-vingt-dix francs pour les frais du procès ; ci. . . . . 390 »

Total de l'indemnité, seize cent trente francs ; ci. 1,630 »

3ᶜ OBSERVATION

Vente d'immeubles propres à Mᵐᵉ Moulinet.

Suivant quatre contrats reçus par Mᶜ Lange, notaire à La

Villedieu-des-Champs, les deux et cinq septembre mil huit cent soixante-cinq, les époux Moulinet vendirent les quatre immeubles propres à Mme Moulinet, savoir :

1° La vigne de l'Enclos, à Gérome Proux, de La Villedieu. pour le prix de douze cent cinquante francs, stipulé payable dans un délai de cinq ans. — Ce prix de vente fut acquitté : six cents francs le vingt-cinq décembre mil huit cent soixante-huit, et le surplus le vingt-cinq décembre de l'année suivante aux termes de deux quittances reçues par le même notaire ; ci. **1,250** »

2° La terre des Grandes-Versennes, à Pancras Martin, de La Villedieu, pour le prix de neuf cents francs, dont moitié fut payée comptant, et l'autre moitié le vingt-cinq mars suivant, aux termes d'une quittance revue par ledit Me Lange ; ci............ **900** »

3° Le pré de la Basse-Pleine, à Antonin Lajuie, de Pomproux, pour le prix de sept cent quatre-vingts francs, qui fut payé comptant ; ci. . . . . . **780** »

4° Et le pré de la Rigole, au même, pour le prix de dix-sept cents francs. Suivant autre acte reçu par ledit Me Lange, le vingt-cinq mars mil huit cent soixante-dix, cette somme fut cédée à un sieur Garchon, de Rouillé, et le prix de la cession fut touché par les époux Moulinet ; ci. . . . . **1,700** »

Total [1] des prix de vente des immeubles propres à Mme Moulinet, et dont elle a droit de faire la reprise, quatre mille six cent trente francs ; ci. . . . **4,630** [2]

---

1. En totalisant ainsi les prix de vente on simplifie les comptes de la seconde partie, parce qu'il n'y aura plus qu'un chiffre à reproduire, au lieu de quatre. C'est le même motif qui a fait additionner les différents frais dans la précédente observation.

2. Remarquez que le total de cette observation n'a pas été souligné de même manière que le total de la précédente ; c'est afin de mieux faire ressortir les sommes qui concernent le mari et celles qui concernent la femme. Le même système a été suivi dans la première observation pour les apports.

4ᵉ OBSERVATION

Vente d'un immeuble propre à M. Moulinet.

Aux termes d'un contrat reçu par Mᵉ Lange, le dix-huit janvier mil huit cent soixante-dix, les époux Moulinet vendirent
solidairement à Jean-Louis Laguerre, rentier à La Villedieu-
des-Champs, la maison que M. Moulinet s'était constituée en
dot, pour le prix de quatre mille six cents francs. Sur ce prix,
seize cents francs ont été payés comptant. De plus, mille francs
ont été également payés aux termes d'une quittance du même
notaire, en date du vingt-quatre juin suivant. Et enfin, par
un transport au rapport du même notaire, en date du trente
du même mois de juin, les deux mille francs restant dus sur
ce prix de vente furent cédés à M. Langlois, rentier, demeurant
à Poitiers [1].

De là résulte pour M. Moulinet la reprise d'une somme
égale au prix de la vente, soit quatre mille six cents francs :
ci. . . . . 4,600 »

5ᵉ OBSERVATION

Immeuble de communauté.

Le vingt et un mai mil huit cent soixante-neuf, et par acte
reçu par Mᵉ Lapratique, notaire soussigné, les époux Moulinet
achetèrent des héritiers Nicolas Baugrand, décédé à Aigre, une
maison avec jardin, située au Grand-Ry, près le bourg et commune de Villejésus, pour le prix de six mille huit cents francs,
dont deux mille huit cents francs furent payés comptant ;

---

1. Toutes les fois que les prix de vente sont encore dus, et que, par
suite, l'époux vendeur en exerce la reprise en nature, il convient de mentionner la transcription et l'inscription d'office, afin de prouver que le
privilège du vendeur a été régulièrement conservé.

quant aux quatre mille francs restant dus, ils furent payés, savoir : quinze cents francs le vingt décembre de la même année, ainsi qu'il résulte d'une quittance sous signature privée portant la mention suivante : Enregistré à Mansle le dix-huit janvier mil huit cent soixante-dix, reçu sept francs cinquante centimes ; décime et demi, un franc treize centimes. Signé : Faure. — Et les deux mille cinq cents francs formant le solde de ce prix suivant quittance reçue par ledit Mᵉ Lapratique le vingt et un mai mil huit cent soixante-douze.

Le contrat de vente susdaté fut transcrit au bureau des hypothèques de Ruffec, le seize juin mil huit cent soixante-neuf, vol. 482, nº 210 ; et sur cette transcription M. le Conservateur audit bureau délivra un état constatant que l'immeuble vendu était grevé de deux inscriptions ; l'une du six janvier mil huit cent soixante-trois, vol. 540, nº 16, au profit de Julien Lavocat, rentier à Aigre ; et l'autre au profit de Jean Mouton, boulanger à Villejésus, du vingt-deux décembre mil huit cent soixante-sept. Ces deux inscriptions furent rayées le dix juillet suivant sur le dépôt d'une main-levée collective reçue par le même notaire, le deux du même mois de juillet [1].

6º OBSERVATION.

Inventaire après séparation de corps.

Après le jugement de séparation de corps, Mᵐᵉ Moulinet a requis un inventaire pour constater les forces et charges de la communauté qui avait existé entre elle et son mari. Cet inventaire a été dressé par ledit Mᵉ Lapratique, aux termes d'un procès-verbal en date des neuf, douze et treize mars mil huit cent soixante-quatorze.

La prisée des meubles compris audit inventaire s'est élevée à trois mille six cent vingt-deux francs. Ce chiffre n'est point tiré

---

1. Autant que possible, il est bon d'établir que les immeubles acquis n'étaient grevés d'aucune charge. Il convient encore de relater les formalités de purge des hypothèques légales quand elles ont été accomplies.

hors ligne, parce que la véritable valeur de ce mobilier est plus exactement constatée par la vente de meubles analysée dans l'observation subséquente.

D'après le même inventaire, l'actif de la même communauté se composait encore de :

1° Un titre de rente, cinq pour cent, sur l'État français, de quatre-vingts francs, au nom de Moulinet (Hector), nᵒˢ... série... valant au jour de l'assignation en séparation de corps, quatre-vingt douze francs cinquante centimes le cinq pour cent, soit quatorze cent quatre-vingts francs ; ci.......... **1,480** »

2° Cinq actions au porteur portant les nᵒˢ....... du Crédit foncier de France, valant chacune à la même époque, la somme de mille cent soixante-quinze francs ; mais qui n'étant libérées que de moitié ne peuvent être comprises en compte que pour la somme de neuf cent vingt-cinq francs [1] ; soit un total de quatre mille six cent vingt-cinq ci............ .... **4,625** »

3° Huit obligations du chemin de fer des Charentes, au porteur, et ayant les nᵒˢ... valant chacune à la même époque, deux cent cinquante-trois francs ; soit au total deux mille vingt quatre fr. ; ci. **2,024** »

4° La somme de mille francs due par A... [2] ; ci. **1,000** »

5° Celle de six cent quarante francs due par B... ; ci .... **640** »

A Reporter.... **7,769** »

---

1. Tous les titres sont cotés à la bourse comme s'ils étaient entièrement libérés, dès lors quant un titre n'est pas entièrement libéré, tels que les actions du *Crédit foncier,* les actions du *Panama, etc.,* il faut avoir soin dans les liquidations et déclarations de succession de déduire du prix donné par la cote officielle, la somme restant à payer pour la libération entière de chaque titre.

2. Pour ne pas donner une nomenclature plus ou moins fantaisiste de débiteurs, ces derniers seront désignés par les lettres de l'alphabet; et pour simplifier les comptes, il ne sera question d'aucun intérêt.

Report..... 9,769 »

6° Celle de deux cent vingt-cinq francs, due par
C... ; ci... 225 »

7° Celle de deux cent dix francs, due par D... ; ci. 210 »

8° Celle de cent quatre-vingts francs, due par
E... ; ci... 180 »

9° Celle de cent cinquante-cinq francs, due par
F... ; ci... 155 »

10° Celle de cent huit francs, due par G... ; ci. 108 »

Total des déclarations actives, dix mille six cent
quarante-sept francs ; ci .... 10,647 »

Cet inventaire ne constate l'existence d'aucune somme en numéraire.

Aux termes du même inventaire la communauté était grevée, d'après les déclarations de M. Moulinet :

1° De la somme de deux mille quarante francs, en principal et intérêts, due à Nollet, rentier à Aigre ; ci. . . . 2,040 »

2° De celle de cent vingt francs, due à T....., boulanger à Villejésus ; ci . . . . 120 »

3° De celle de quarante-cinq francs due à R..., boucher au même lieu . . . . 45 »

4° De celle de soixante-douze francs, due à S..., épicier au même lieu ; ci. . . . . 72 »

5° Et de celle de cent quarante francs, due à V.., marchand de nouveautés au même lieu ; ci . . . 140 »

Total des déclarations passives, deux mille
quatre cent dix-sept francs ; ci. . . . . 2,417 »

Dans le même inventaire et aussitôt après l'établissement des déclarations passives faites par son mari, Mᵐᵉ Moulinet a déclaré ne point reconnaître la somme de deux mille quarante francs due à M. Nollet, et vouloir qu'elle soit défalquée du passif, jusqu'à ce que son mari ait prouvé complètement l'existence de cette dette.

Jusqu'à ce jour M. Moulinet n'a produit aucune pièce justifiant la légitimité de ses déclarations, et Mme Moulinet a continué dans son appréciation et dans sa résolution à rejeter cette dette. Dans l'incertitde qui plane sur l'existence de cet emprunt fait à M. Nollet, et que rien ne peut prouver, le notaire soussigné, considérant que l'aisance a toujours régné dans la communauté Moulinet, ainsi que le démontre l'analyse de l'inventaire, s'est décidé à ne pas admettre en compte cette somme de deux mille quarante francs, et à réduire d'autant le passif de la communauté [1].

Tous les meubles corporels et titres de créance, décrits dans cet inventaire, sont demeurés en la possession de M. Moulinet, à la charge de les représenter quand et à qui il appartiendra.

7e OBSERVATION
Vente de meubles.

Les meubles corporels dépendant de la comunauté Moulinet et décrits dans l'inventaire qui vient d'être analysé dans l'observation précédente, furent vendus à la requête mutuelle des deux époux, aux termes d'un procès-verbal dressé par Me Lapratique, notaire soussigné, le vingt-six mars dernier.

Le produit net de cette vente, déduction faite de tous les frais, s'est élevé à quatre mille cent quarante francs ; ci.   4,140   »

D'après les indications qui lui furent données verbalement par les deux époux Moulinet, Me Lapratique a payé sur cette somme [2] :

1° A T..., boulanger, la somme de cent vingt francs qui lui était due d'après l'inventaire ; ci. 120   »

A reporter 120   »   4,140   »

---

1. Au lieu d'établir dans le corps même de l'état de liquidation les raisons qui lui font admettre ou rejeter la réclamation de l'un des intéressés, le notaire liquidateur constate le mobile qui le fait agir à l'aide d'un renvoi mis au bas de la page et intitulé : *Remarque*, ou *Nota*.

2. En payant ainsi les créances non contestées, on a l'avantage de simplifier les comptes de communauté en diminuant d'autant le passif. Mais il est bon de remarquer que, pour agir ainsi, il faut absolument qu'il n'y ait pas de contestations sur l'existence et sur le chiffre de la dette.

Report . . . . . . 120 » 4,140 »

2° A R..., boucher, celle de quarante-cinq francs, portée au même inventaire ; ci . . . . . - . . . . 45 »

3° A S..., épicier, celle de soixante-douze francs, établie au même inventaire ; ci. . . . . 72 »

4° A V..., marchand de nouveautés, celle de cent quarante francs, portée également à l'inventaire ; ci. . . . . . . 140 »

Total payé, à déduire, trois cent soixante-dix-sept francs ; ci. . . . . . . 377 » 377 »

Reste net, comme produit de la vente de meubles, trois mille sept cent soixante-trois francs ; ci. 3,763 »

8° OBSERVATION

Licitation de l'immeuble de communauté.

Pour faciliter la liquidation de leur communauté, les époux Moulinet firent mettre en vente amiablement et aux enchères, en l'étude de M⁰ Lapratique, la maison qu'ils avaient achetée depuis leur mariage, et située au Grand-Ry, commune de Ville jésus.

A la date du vingt-huit mars dernier, M⁰ Lapratique et son collègue dressèrent un cahier de charges dans le but de parvenir à cette vente. Entre autres clauses, ce cahier de charges portait que le prix d'adjudication serait payé un an après l'adjudication, avec intérêts à cinq pour cent par an, et en l'étude du notaire soussigné.

Et le quinze avril suivant, aux termes d'un procès-verbal d'adjudication dressé par ledit M⁰ Lapratique et son collègue, la maison dont il s'agit fut vendue à Mˡˡᵉ Noémie-Hortense Beauchêne, demeurant à Aigre, pour le prix de neuf mille cent quarante-cinq francs ; ci. . . . . 9,145 »

Ce procès-verbal d'adjudication fut transcrit au bureau des

hypothèques de Ruffec, vol. 685, n° 18, le deux mai mil huit cent soixante-quatorze, et le même jour il fut pris inscription d'office au profit des époux Moulinet contre Mlle Beauchêne, acquéreur, vol. 602, n° 41.

9° OBSERVATION

Instance en séparation de corps. — Frais.

Mme Moulinet, désirant arriver à sa séparation de corps d'avec son mari, présenta requête à la date du vingt-cinq octobre mil huit cent soixante-treize, à M. le président du tribunal civil de première instance de Ruffec, pour être autorisée à poursuivre son mari. Cette requête fut répondue d'une ordonnance le même jour, autorisant Mme Moulinet à appeler son mari en conciliation devant M. le Président.

Le même jour, par exploit de Gringaud, huissier à Aigre, elle donna citation à son mari de comparaître le trente octobre, même mois, devant M. le Président du tribunal de Ruffec, pour assister à la tentative de conciliation qui serait faite par ce magistrat.

Et ledit jour, trente octobre, l'intimé ayant fait défaut, M. le Président visa à nouveau la requête et permit de l'assigner devant le tribunal. En conséquence, et par exploit dudit Gringaud, Mme Moulinet assigna son mari à huitaine franche devant le tribunal compétent, pour voir prononcer leur séparation de corps, exposant dans cet exploit tant les faits sur lesquels reposait sa demande, que les moyens de preuve sur lesquels elle les appuyait.

En conséquence de cette assignation, le tribunal civil de Ruffec, après avoir fait procéder par un de ses membres à une seconde tentative de conciliation, rendit un jugement préparatoire à la date du quinze décembre mil huit cent soixante-treize, ordonnant les enquête et contre-enquête, d'où devaient résulter les preuves de la cause.

Ce jugement fut signifié à avoué, par acte du palais de Grif-

fon, huissier, en date du vingt-quatre décembre, même mois ;
et à partie, par exploit dudit Gringaud, à la même date.

Les enquête et contre-enquête, dont s'agit, eurent lieu les sept,
huit et neuf janvier mil huit cent soixante-quatorze, ainsi
qu'il appert d'un procès-verbal dressé par M⁰ Monroy, juge au
tribunal civil de Ruffec, commis à cet effet.

Et enfin par jugement définitif rendu le vingt février suivant, le tribunal civil de première instance de Ruffec déclara
les époux Moulinet séparés de corps et de biens, sur la demande
de Mᵐᵉ Moulinet, commit M⁰ Lapratique, notaire soussigné,
pour procéder aux comptes et liquidation des reprises de la
dame poursuivante, ou aux comptes, liquidation et partage de
la communauté Moulinet, suivant qu'il y aurait lieu, et commit aussi M. Monroy, juge, pour surveiller les opérations.

Ce jugement fut signifié à avoué, par acte du palais de Griffon,
huissier, du vingt-huit du même mois ; et fut signifié à partie,
par exploit dudit Graingaud, huissier, à la date du premier
mars suivant.

Et en conformité des articles 880 et 872 du code de procédure civile, un extrait dudit jugement fut déposé au greffe du
tribunal civil de Ruffec le deux mars dernier ; un second extrait fut déposé le même jour au greffe du tribunal de commerce de la même ville ; un troisième et un quatrième extrait
furent déposés le même jour aux secrétariats des Chambres
de notaires et d'avoués dudit arrondissement de Ruffec. Un
pareil extrait fut inséré dans le numéro du trois mars du journal
le *Propagateur* qui s'imprime à Ruffec.

Par acte au greffe du dix avril mil huit cent soixante-quatorze, Mᵐᵉ Moulinet déclara accepter la communauté qui avait
existé entre elle et son mari.

Enfin, aux termes d'un procès-verbal dressé par le notaire
soussigné, le deux mai présent mois, M⁰ Lapratique déclara à
la requête de Mᵐᵉ Moulinet et de son mari, ouvrir les opérations des comptes, liquidation et partage de la communauté
qui avait existé entre ces deux époux.

Tous les frais de l'instance judiciaire sont une charge personnelle de M. Moulinet qui a succombé ; ils ne seront point compris au présent état.

Quant aux frais de liquidation, ils ne seront point non plus portés aux présents comptes, et ils seront supportés par moitié entre les deux époux comme frais généraux de partage.

DEUXIÈME PARTIE

COMPTES, LIQUIDATION ET PARTAGE

SOMMAIRE:

Le travail suivant sera divisé en trois chapitres.

Le premier chapitre comprendra la liquidation de la communauté Moulinet.

Il sera subdivisé en trois paragraphes : le premier pour l'actif, le second pour le passif et le troisième pour la balance.

Le deuxième chapitre comprendra la fixation des droits des parties et les attributions.

Il sera divisé en deux sections, l'une pour Mᵐᵉ Moulinet, et l'autre pour son mari. Chaque section sera subdivisée en deux paragraphes, l'un pour la fixation des droits des parties, et l'autre pour les attributions.

Et le troisième chapitre comprendra les clauses et conditions finales.

CHAPITRE Iᵉʳ.

LIQUIDATION DE LA COMMUNAUTÉ MOULINET-COURTIN

§ 1ᵉʳ. — Actif.

La communauté des époux Moulinet-Courtin se compose activement de :

1° La somme de seize cent trente francs, montant des con-damnations prononcées contre M. Moulinet dans son procès avec Georget (2e obs.; ci. . . . .   1,630 »

2° Celle de quatorze cent quatre-vingts francs, valeur du titre de rentes cinq pour cent sur l'État français (6e obs.); ci. . . . .   1,480 »

3° Celle de quatre mille six cent vingt-cinq francs, formant le montant des cinq actions du Crédit foncier (6e obs.); ci. . . . .   4,625 »

4° Celle de deux mille vingt-quatre francs, mon-tant des huit obligations du chemin de fer des Cha-rentes (6e obs.); ci . . . .   2,024 »

5° Celle de mille francs, montant de la créance due par A... (6e obs.); ci. . . . .   1,000 »

6° Celle de six cent quarante francs, due par B... (6e obs.); ci . . . .   640 »

7° Celle de deux cent vingt-cinq francs, due par C... (6e obs.); ci . . . .   225 »

8° Celle de deux cent dix francs, due par D... (6e obs.); ci. . . . .   210 »

9° Celle de cent quatre-vingts francs, due par E... (6e obs); ci. . . . .   180 »

10° Celle de cent cinquante-cinq francs, due par F... (6e obs.); ci. . . . .   155 »

11° Celle de cent huit francs, due par G... (6e obs.); ci. . . . .   108 »

12° Celle de trois mille sept cent soixante-trois francs, reliquat actif de la vente des meubles (7e obs.); ci. . . . .   3,763 »

13° Et celle de neuf mille cent quarante-cinq francs, prix d'adjudication de la maison de Ville-jésus (8e obs.); ci. . . . .   9,145 »

Total de la masse active, vingt-cinq mille cent quatre-vingt-cinq francs; ci . . . .   25,185 »

§ 2. — Passif.

Le passif de la même communauté se compose de :

1° La somme de quatorze cents francs, montant de la constitution mobilière de Mme Moulinet dans son contrat de mariage (1re obs.) ; ci. . . . . 1,400 »

2° Celle de deux mille six cents francs, apport mobilier de M. Moulinet (1re obs.) ; ci. . . . . . 2,600 »

3° Celle de quatre mille six cent trente francs, montant des prix de vente de différents immeubles propres à Mme Moulinet (3° obs.) ; ci. . . . . 4,630 »

4° Et celle de quatre mille six cents francs, prix de vente de la maison propre à M. Moulinet (4° obs.) ; ci. 4,600 »

Total de la masse passive, treize mille deux cent trente francs ; ci. . . . . 13,230 »

§ 3. — Balance.

L'actif de la communauté est de vingt-cinq mille cent quatre-vingt-cinq francs ; ci. . . . . 25,185 »

Le passif est de treize mille deux cent trente francs ; ci. . . . . , ... 13,230 »

Par suite l'actif excède le passif de onze mille neuf cent cinquante-cinq francs ; ci. . . . . 11,955 »

Dont la moitié pour chaque époux est de cinq 1/2 mille neuf cent soixante-dix-sept francs cinquante centimes ; ci. 5,977 50

CHAPITRE II.

FIXATION DES DROITS DES PARTIES. — ATTRIBUTIONS.

1re SECTION. — *Mme Moulinet.*

§ 1er — Récapitulation de ses droits.

Mme Moulinet a droit :

1° A la somme de cinq mille neuf cent soixante-dix-sept francs cinquante centimes, formant moitié de l'actif net de la commu

nauté, ci 5,977 50

2° A la somme de quatorze cents francs, mon-
tant de sa constitution mobilière dotale; ci. . . . 1,400 »

3° Et à celle de quatre mille six cent trente
francs, montant de la vente de ses immeubles
propres; ci . . . . . . , ... 4,630 »

Total lui revenant, douze mille sept francs
cinquante centimes; ci. 12,007 50

§ 2ᵉ. — Attributions.

Pour fournir à Mᵐᵉ Moulinet le montant de ses
droits, il lui est attribué :

1° Quarante francs de rente cinq pour cent sur
l'État français, à prendre sur le titre de quatre-
vingts francs décrit dans l'inventaire, valant cette
moitié sept cent quarante francs; ci. . 740 »

2° Trois actions du Crédit foncier,
portant les nᵒˢ. . . . . ., à prendre sur
les cinq actions décrites dans l'inventaire, valant ces trois actions deux mille
sept cent soixante-quinze francs; ci. 2,775 »

3° Quatre obligations du chemin de
fer des Charentes, portant les nᵒˢ . .,
à prendre dans les huit obligations décrites dans l'inventaire, valant mille
douze francs; ci. . . . . 1,012 »

4° La créance chirographaire de
mille francs, due par A, et décrite
dans l'inventaire; ci. . . . . 1,000 »

5° La somme de deux cent vingt-
cinq francs, due par C, et décrite dans
le même inventaire; ci. . . . . . . 225 »

A reporter . . . . . 5,752 » 12,007 50

Reports	5,752 »	12,007 50

6° La somme de cinq mille francs à prendre dans celle de neuf mille cent quarante-cinq francs, prix d'adjudication, dû par Mlle Beauchêne (8° obs.); ci. . . . . 5,000 »

7° Et celle de douze cent cinquante-cinq francs cinquante centimes, à prendre sur le reliquat net de la vente de meubles (7° obs.) ; ci. 1,255 50

Total des attributions égal à ses droits, douze mille sept francs cinquante centimes ; ci 12,007 50

Égal.

2° SECTION. — *M. Moulinet.*

§ 1er. — Fixation de ses droits.

Il revient à M. Moulinet :

1° La somme de cinq mille neuf cent soixante-dix-sept francs cinquante centimes, formant la moitié de l'actif net de communauté ; ci 5,977 50

2° Celle de deux mille six cents francs, montant de son apport mobilier au jour de son mariage ; ci 2,600 »

3° Et celle de quatre mille six cents francs, prix de vente de l'immeuble propre à M. Moulinet; ci. 4,600 »

Ensemble, treize mille cent soixante-dix-sept francs cinquante centimes ; ci. 13,177 50

§ 2. — Attributions

Pour remplir M. Moulinet de ses droits, il convient de lui attribuer :

1° La somme de seize cent trente francs par lui due à la communauté (2° obs.), et qui se confondra en lui-même ; ci. . . . . . . 1,630 »

A reporter	1,630 »	13,177 50

Reports	1,630 »	13,177 50

2° Celle de quarante francs de rentes cinq pour cent sur l'État français, formant le complément du titre dont le surplus a été attribué à Mme Moulinet, valant ces quarante francs de rente, sept cent quarante francs ; ci. . . . .   740 »

3° Les deux autres actions du Crédit foncier français, portant les n^os........ et valant ensemble dix-huit cent cinquante francs ; ci. . . . .   1,850 »

4° Les quatre obligations restant des chemins de fer des Charentes, portant les n^os........, et valant ensemble mille douze francs ; ci. . . . .   1,012 »

5° La somme de six cent quarante francs, due par B, et portée dans l'inventaire ; ci. . . . .   640 »

6° Celle de deux cent dix francs, due par D, aux termes du même inventaire ; ci . . . .   210 »

7° Celle de cent quatre-vingts francs due par E, aux termes du même inventaire ; ci. . . . .   180 »

8° Celle de cent cinquante-cinq francs, due par F, et portée au même inventaire ; ci. . . . .   155 »

9° Celle de cent huit francs, due par G, portée au même inventaire ; ci. . . .   108 »

10° Celle de quatre mille cent quarante-cinq francs, formant le solde du prix d'adjudication dû par Melle Beauchêne ; ci. . . . .   4,145 »

11° Et celle de deux mille cinq cent

A reporter.	10,670 »	13,177 50

Reports.	10,670 »	13,177 50

sept francs cinquante centimes, formant le reliquat net de la vente de
meubles ; ci 2,507 50

Total égal à ses droits, treize mille
cent soixante-dix-sept francs cinquante

centimes ; ci. 13,177 50

Égal.

CHAPITRE III

CLAUSES ET CONDITIONS FINALES

1° Les titres des créances attribuées ci-dessus à Mme Moulinet lui seront remis par son mari, qui en est dépositaire, dans les huit jours qui suivront l'homologation du présent travail.

2° Chacun des attributaires aura droit aux intérêts, arrérages et dividendes des attributions à lui faites, à partir du jour où ils en produisent, sans que cette période puisse cependant remonter à une date antérieure à l'assignation en séparation de corps.

3° Les frais de l'instance en séparation de corps seront sup-portés par M. Moulinet seul, et les frais de la présente liquida-tion seront supportés par moitié entre les époux Moulinet.

Fait et clos le présent état, à Villejésus, en l'étude, le quinze mai mil huit cent soixante-quatorze.

(Signature.)

11e FORMULE. — Procès-verbal de clôture.

L'an mil huit cent soixante-quatorze, le vingt et un mai à midi. Devant Me Lapratique, notaire à Villejésus, soussigné, et en son étude à Villejésus,

Ledit Me Lapratique commis à l'effet des présentes, par jugement du tribunal civil de Ruffec, du vingt février dernier.

A comparu :

Mᵐ °Marie Courtin, sans profession, épouse séparée de corps et de biens de M. Hector Moulinet, cafetier, demeurant à Ville-jésus.

Laquelle a exposé ce qui suit :

La comparante ayant obtenu sa séparation de corps d'avec son mari, aux termes d'un jugement rendu par le tribunal civil de première instance de Ruffec, du vingt février dernier, a accepté la communauté qui avait existé entre eux, et poursuivi devant ledit Mᵉ Lapratique, notaire commis, la liquidation de cette communauté.

Aux termes d'un procès-verbal dressé par ce notaire à la requête de la comparante, et à la date du deux mai présent mois, Mᵒ Lapratique a déclaré ouvrir à partir du même jour les opérations de comptes, liquidation et partage de la communauté Moulinet, opérations pour lesquelles il avait été commis.

Suivant acte en date du quinze mai présent mois, Mᵉ Lapratique a dressé l'état des comptes, liquidation et partage de la communauté qui a existé entre M. Hector Moulinet et Marie Courtin.

Et enfin par exploit de Mᵒ Gringaud, huissier à Aigre, en date du dix-huit de ce mois, elle a fait sommation à son mari de se trouver aujourd'hui à midi en l'étude de Mᵉ Lapratique, notaire soussigné, pour prendre communication et entendre la lecture de l'état de comptes et liquidation dont s'agit : lui déclarant que faute de comparaître, il serait donné défaut contre lui, et procédé quand même aux communications et lecture susmentionnées.

A l'appui de ses dires Mᵐᵉ Moulinet a présenté au notaire soussigné le rapport de la sommation dont il vient d'être parlé ; laquelle pièce est demeurée ci-annexée.

Puis la comparante a requis ledit notaire de lui donner acte de ses dires et comparution, de donner défaut contre son mari dans le cas où il ne comparaîtrait pas ni personne pour lui ;

et tant en son absence que présence de donner lecture de l'état de comptes et liquidation dont il s'agit.

Et, après lecture, elle a signé :

(Signature.)

Et à l'instant a comparu M. Hector Moulinet, cafetier, demeurant à Villejésus.

Lequel a dit qu'il comparaît pour obéir à la sommation qui lui a été faite, pour prendre communication et entendre la lecture de l'état de liquidation de la communauté qui a existé entre lui et son épouse, requérant au besoin ledit M⁰ Lapratique de procéder immédiatement à ces opérations, et de lui donner acte de ses dires et comparution.

Et, après lecture, il a signé.

(Signature.)

Déférant aux réquisitions qui précèdent, M⁰ Lapratique, notaire à Villejésus, soussigné, a donné acte à Mᵐ⁰ et M. Moulinet de leurs dires et comparution, puis leur a donné communication et lecture entière de l'état des comptes, liquidation et partage de leur communauté.

De cet état de compte, il résulte que :

La masse active de communauté, y compris une indemnité due par M. Moulinet par suite d'une condamnation prononcée contre lui, s'élève à vingt-cinq mille cent quatre-vingt-cinq francs ; ci. . . . . 25,185 »

La masse passive où ne figure que les reprises des deux époux s'élève à treize mille deux cent trente francs ; ci. . . . ., 13,230 »

En conséquence l'actif excède le passif de onze mille neuf cent cinquante-cinq francs ; ci . . . , . 11,955 »

Dont moitié pour chaque époux est de cinq mille   1/2
six cent soixante-dix-sept francs cinquante centimes ; ci 5,677 50

On ne voit dans ce passif figurer aucune somme due à des tiers, parce que les petites dettes des fournisseurs, s'élevant ensemble à trois cent soixante dix-sept francs, ont été prélevées sur le produit de la vente de meubles dont elles ont diminué d'autant le reliquat ; et ensuite parce que le notaire soussigné n'a pas cru devoir admettre en compte une somme de deux mille quarante francs, que M. Moulinet déclarait devoir à M. Nollet, rentier à Aigre, tandis que Mme Moulinet en niait l'existence.

Du même état de comptes il résulte que les droits généraux de Mme Moulinet s'élèvent au total de douze mille sept francs cinquante centimes pour lequel il lui est attribué autant en rentes sur l'État français, actions, obligations et diverses créances ; ci 12,007 50

Et que les droits de M. Moulinet s'élèvent à la somme de treize mille cent soixante-dix-sept francs cinquante centimes, en paiement desquels il lui est attribué d'abord la somme de seize cent trente francs, dont il était débiteur envers la communauté, puis des rentes sur l'État français, actions obligations et diverses créances ; ci 13,177 50

Total égal à la masse générale de communauté vingt-cinq mille cent quatre-vingt-cinq francs ; ci . . . . 25,185 »

Lequel état de liquidation est demeuré annexé au présent procès-verbal.

Ce fait, Mme Moulinet a déclaré approuver ledit état de comptes et liquidation dans tout son contenu, le trouver en tous points conforme à ses droits, et agréer toutes les attributions qui lui sont faites.

Et, après lecture de ce dire, elle a signé.

(Signature.)

Quant à M. Moulinet il a déclaré ne point approuver l'état de comptes dont s'agit, parce que le notaire liquidateur n'a pas porté à la masse passive de communauté la somme de deux mille quarante francs, due à M. Nollet, que cette manière de procéder, en excluant cette dette de la communauté, la laisse uniquement à sa charge, ce qui lui cause un préjudice.

Puis, sans vouloir entendre la lecture de ses dires ni signer il s'est retiré.

De tout quoi, il a été dressé le présent procès-verbal les jour, mois et an en tête des présentes.

Lecture faite, Mme Moulinet a signé avec ledit Me Lapratique.

(Signature.)

Enregistrement : 3 francs, droit fixe.

12e FORMULE. — Procès-verbal de rectification (1).

L'an mil huit cent soixante-quatorze, le vingt-huit juin.

Devant Me Lapratique, notaire à Villejésus, canton d'Aigre (Charente), et son collègue (2), notaire au même canton, soussignés.

(1). Nous supposons que sur la demande en homologation de la dame Moulinet, le tribunal, faisant droit aux réclamations du mari, a ordonné la rectification du travail liquidatif, en disant qu'il convenait de porter au passif de la communauté la créance Nollet, dont l'existence lui paraissait certaine.

Comme cette rectification est dans l'espèce facile à faire, nous la faisons dans le même procès-verbal ; si, au contraire, elle avait dû modifier tous les comptes, le notaire aurait pu dresser un procès-verbal d'ouverture des opérations de rectification, puis l'état rectificatif, puis enfin un procès-verbal de clôture, absolument comme pour la première liquidation. D'autres notaires, de ces trois derniers actes, exceptent le premier ; nous aimons autant ce dernier système.

(2) Comme nous supposons que les parties sont d'accord pour faire la rectification ordonnée par le tribunal, il convient de faire l'acte devant deux notaires, pour constater d'une manière régulière cet accord, et pour éviter aussi les frais d'une homologation qui devient par suite inutile.

Ont comparu ;

1° M. Hector Moulinet, cafetier, demeurant à Villejésus,

D'une part,

2° Mme Marie Courtin, sans profession, épouse séparée de corps et de biens dudit M. Moulinet, demeurant également à Villejésus,

D'autre part.

Exposé.

Lesquels ont exposé ce qui suit :

Un jugement du tribunal civil de première instance de Ruffec, en date du vingt février mil huit cent soixante quatorze, a déclaré les époux Moulinet séparés de corps et de biens.

En exécution de ce jugement, Me Lapratique, notaire commis, dressa, à la date du quinze mai dernier, l'état des comptes, liquidation et partage de la communauté qui avait existé entre les époux Moulinet. Dans son travail liquidatif ledit notaire refusa de comprendre à la masse passive une somme de deux mille quarante francs que M. Moulinet prétendait être due à M. Nollet, rentier à Aigre, et dont Mme Moulinet contestait l'existence et la véracité. Par suite de l'exclusion de cette somme de deux mille quarante francs du passif de communauté, le reliquat de l'actif de communauté s'est accru d'autant ; et Mme Moulinet, en prenant la moitié de l'actif de communauté, a pris en trop la moitié de cette somme de deux mille quarante francs, soit mille vingt francs ; ci . . . . . 1,020 »

Mme Moulinet a poursuivi, devant le tribunal civil de Ruffec, l'homologation de l'état de liquidation dont il vient d'être parlé et tel qu'il avait été fait ; mais ledit tribunal, faisant sur ce point droit aux réclamations de M. Moulinet, a, par son jugement du cinq juin présent mois, ordonné la rectification de l'état de liquidation dont s'agit, en ce sens que cette somme de deux mille quarante francs serait comprise dans la masse passive de communauté.

Ces faits exposés, les époux Moulinet, voulant enfin terminer la procédure judiciaire de la liquidation de leur communauté, ont amiablement procédé, ainsi qu'il suit, à la rectification ordonnée par le jugement du cinq juin présent mois.

Rectification.

L'omission au passif de la communauté de cette somme de deux mille quarante francs a profité par moitié à Mme Moulinet et a grossi ses attributions d'une somme de mille vingt francs ; ci.   1,020   »

Pour réparer cette erreur, Mme Moulinet consent que l'attribution qui lui a été faite sur le reliquat net de la vente de meubles d'une somme de douze cent cinquante-cinq francs cinquante centimes soit réduite de ladite somme de mille vingt francs ; ci [1] 1,020   »

Par suite de cette opération, Mme Moulinet n'aura plus droit sur le produit de la vente de meubles qu'à la somme de deux cent trente-cinq francs cinquante centimes ; ci. . .   235   50

Et M. Moulinet, aura droit lui à tout le surplus du produit de ladite vente, soit trois mille cinq cent vingt-sept francs cinquante centimes ; ci . . 3,527   50

Total égal au produit net de la vente de meubles, trois mille sept cent soixante-trois francs ; ci 3,763   »

Et comme conséquence M. Moulinet sera seul chargé de payer à M. Nollet, sans aucun recours contre son épouse, ladite somme de deux mille quarante francs, dont il trouve la compensation, d'après les comptes qui précèdent, dans les attributions qui lui sont faites sur la vente de meubles.

1. Nous lui faisons une attribution sur les deniers libres de la vente de meubles pour éviter un droit de cession de créance, droit qui serait dû si on lui attribuait des créances.

Toutes les autres attributions qui sont faites dans l'état de liquidation de leur communauté sont maintenues dans leur entier.

M. et Mme Moulinet déclarent approuver dans tout son contenu l'état de liquidation rectifié, et le reconnaître maintenant conforme à leurs droits dans toutes ses parties.

Et à l'instant M. Moulinet a remis à son épouse : 1° les titres des trois actions du Crédit foncier qui lui ont été attribuées, portant les n^os... ; 2° les titres des quatre obligations du chemin de fer des Charentes, portant les n^os, qui lui ont également été attribuées ; 3° et tous les autres titres en sa possession, des créances à elle attribuées, excepté toutefois le titre de quarante francs de rente sur l'État français, et l'ampliation pour la somme de cinq mille francs de la créance sur Mlle Beauchêne, les formalités voulues par la loi n'ayant pas encore été remplies pour ces deux dernières pièces. Dont décharge d'autant.

Dont acte :

Fait et passé à. . . . .

Les jour, mois et an, en tête des présentes.

Lecture faite. . . . . .

Enregistrement : — Droit gradué de partage sur la masse active de communauté qui est de 25,185 fr., soit pour l'enregistrement 40 francs plus les décimes.

Autre liquidation de communauté [1].

EXPOSÉ DES FAITS

Léon Leblanc s'est marié en 1860 à Mélanie Lapleige

---

1. Dans la suite de notre travail, nous ne donnerons plus de procès-verbaux d'ouverture, de dires, de clôture ou de rectification, pensant que nos lecteurs en trouveront un choix suffisant dans les formules précédentes. Nous ne donnerons maintenant que les états liquidatifs, et, vers la fin du volume, des formules de procès-verbaux de prélèvements.

Leur contrat de mariage passé devant M° Roux, notaire à Marseille portait le régime de la communauté, avec exclusion de cette communauté de tous leurs biens, meubles présents et avenir, de toutes leurs dettes. L'apport du futur consistait en une somme de 6,000 francs, valeur du fonds d'épicerie qu'il exploitait à Marseille. L'apport de la future consistait en différents meubles meublants d'une valeur de 1,000 francs, et en une somme de 10,000 francs.

En 1862, succession de Pierre Lapleige, frère de l'épouse Leblanc dont elle était héritière pour un quart La liquidation de cette succession lui a attribué une maison à Marseille et différentes créances s'élevant à 25,000 francs. Le passif à sa charge était de 4,200 francs.

En 1863, vente du fonds de commerce d'épicerie pour 14,000 francs et vente de la maison pour 12,500 francs.

En 1864, acquisition d'une maison à Avignon pour 11,000 francs, avec déclaration de remploi au profit de la femme. Aussitôt il fut fait à cet immeuble différentes additions de construction et améliorations qui lui donnèrent une plus-value de 6,500 francs, et coûtèrent 10,000 francs.

En 1865, incendie de cet immeuble, qui n'était pas assuré. Il fut réédifié aussitôt, et la nouvelle dépense coûta 16,500 francs, tout en ne donnant à l'immeuble incendié qu'une plus-value de 8,000 francs [1].

En 1866, nouvelle succession échue à la femme, seule légataire. Elle trouva dans cette succession des valeurs mobilières non inventoriées d'une valeur de 15,000 francs, et une petite ferme à Tarascon.

---

1. Cette plus-value est la différence de valeur entre l'immeuble après l'incendie et le même immeuble après sa réédification.

La même année, vente d'une partie de la ferme pour 11,000 francs.

En 1867, un oncle de M. Leblanc lui légua 20,000 francs, à prendre dans sa succession et payables par son légataire universel un an après son décès. Six mois plus tard, le débiteur de ce legs particulier fit faillite et obtint son concordat aux termes duquel il profita d'une réduction de 60 pour %. Les seules charges de ce legs étaient les droits de mutation par décès.

En 1870, nouvelle succession échue entièrement au mari ; les meubles non inventoriés étaient d'une valeur de 9,000 francs. Ces immeubles consistaient en trois parcelles de terre à Chatte (Isère). Les charges de cette succession, y compris les droits de mutation, étaient de 803 francs.

La même année, ces trois immeubles furent vendus, le premier pour 2,400 francs, le second pour 5,400 francs, et le troisième pour 7,800 francs : ce dernier prix est encore dû.

Le 1er février 1874, décès à Avignon de M. Leblanc, laissant pour légataire universel Marius Potauvin, négociant à Avignon.

Le 20 février, inventaire relevant l'existence de différents meubles meublants et de cent actions du Crédit foncier, d'une valeur de 92,000 francs [1]. Le passif de communauté est de 4,000 francs, et le passif de succession de 2,300 francs.

Le 12 mars, vente de meubles s'élevant à 18,500 francs.

Le 20 mars, jugement qui ordonne la liquidation de

---

1. Nous ne prenons qu'un seul chiffre afin de simplifier les comptes : mais que ces 92,000 fr. résultent d'une seule créance ou de vingt, ce ne peut pas être là une cause d'embarras pour nos lecteurs.

communauté et commet Mᵉ Jarraud, notaire à Avignon, pour faire le travail.

13ᵉ FORMULE. — État de liquidation de communauté.

Etat des comptes de liquidation et partage de la communauté qui a existé entre M. Léon Leblanc, décédé à Avignon, le premier février dernier, et Mᵐᵉ Mélanie Lapleige, aujourd'hui sa veuve.

Entre :

1º Mᵐᵉ Mélanie Lapleige, sans profession, veuve de Léon Leblanc, demeurant à Avignon, rue de Grenoble, nº 12 ;

D'une part ;

2º Et M. Marius Potauvin, négociant, demeurant à Avignon, rue des Buttes, nº 4 ;

Ce dernier pris comme légataire universel de M. Léon Leblanc,

D'autre part.

Dressé par Mᵉ Jarraud, notaire à Avignon, commis à cet effet par jugement du tribunal civil de première instance d'Avignon, du vingt mars mil huit cent soixante-quatorze.

PREMIÈRE PARTIE

OBSERVATIONS PRÉLIMINAIRES

1ʳᵉ OBSERVATION

Mariage des époux Leblanc. — Contrat de mariage.

M. Léon Leblanc et Mᵐᵉ Mélanie Lapleige se sont mariés à la mairie de Marseille le douze mai mil huit cent soixante, après avoir fait précéder leur union d'un contrat en réglant les clauses et conditions civiles, passé devant M° Couland, notaire à Marseille, le huit du même mois.

Par ce contrat, les futurs époux adoptèrent le régime de la communauté, et ont exclu de cette communauté tous leurs biens meubles présents et futurs et toutes dettes présentes et futures.

Le futur époux s'est constitué en dot une somme de six mille francs, valeur d'un fonds d'épicerie qu'il exploitait à Marseille, rue des Bateaux, n° 17 ; ci.   6,000   »

Et la future épouse s'est constitué également en dot différents meubles meublants d'une valeur de douze cents francs ; ci   1,200   »

Elle s'est en plus constitué en dot une somme de dix mille francs en numéraire ; ci.   10,000   »

Total de l'apport de la future épouse, onze mille deux cents francs ; ci.   11,200   »

Il ne fut stipulé audit contrat ni droit de préciput ni donation entre époux.

Le fonds de commerce que le futur époux exploitait au jour de son mariage fut vendu l'année suivante pour une somme bien supérieure à celle qui fut portée au contrat de mariage ; mais nous n'aurons pas à nous occuper de cette aliénation, parce que par suite du régime adopté, les apports en nature des deux époux sont tombés dans la communauté, qui est devenue débitrice de leurs valeurs vis-à-vis de chaque époux ; et aussi parce que les modifications apportées à ce fonds de commerce provenaient des faits et actes de la communauté.

2° OBSERVATION

Successions échues à Mme Leblanc.

SUCCESSION DE PIERRE LAPLEIGE

Le six septembre mil huit cent soixante-deux, Pierre Lapeige, négociant à Aix et frère de Mme Leblanc, décéda en laissant cette dernière héritière pour un quart. Aussitôt son décès, il fut fait un inventaire ; et, suivant un partage amiable passé entre M^mo Leblanc et les autres héritiers de son frère, devant Me Lamit, notaire à Aix, le vingt-deux décembre mil huit cent soixante-deux, il fut attribué à ladite dame le troisième lot, composé d'une maison située à Marseille, rue du Port, n° 46, et diverses créances, qui aujourd'hui sont toutes payées, et s'élevaient alors à vingt-cinq mille francs ; ci. . .   25,000 »

Le passif de cette succession, à la charge de Mme Leblanc, consistait uniquement en une somme de dix-neuf cents francs, payée depuis longtemps ; ci. . . . .   1,900 »

Depuis, il fut payé pour le quart des frais de l'acte de partage, une somme de six cent vingt francs ; ci. . . . .   620 »

Et enfin les droits de mutation par décès, à l'occasion de cette succession, s'élevaient à seize cent quatre-vingts francs ; ci. . . . .   1,680 »

Total du passif de cette succession, quatre mille deux cents francs ; ci. . . . .   4,200 »

SUCCESSION DE LÉONIE LAPLEIGE [1]

En mil huit cent soixante-dix et le sept mars, décéda à Avignon Léonie Lapleige, en son vivant célibataire et tante de M^mo Leblanc. Elle institua cette dernière sa légataire universelle.

Les valeurs mobilières de cette succession furent confondues dans la communauté Leblanc, sans inventaire prélable,

---

1. Nous avons déjà dit qu'il fallait, dans les observations préliminaires, suivre autant que possible l'ordre chronologique des faits ; mais cette règle générale souffre exception toutes les fois que dans l'ensemble de la liquidation on rencontre certains faits séparés, mais se rattachant cependant au même genre de reprises ; car alors il convient de réunir sous une même observation toutes les causes identiques de reprises.

pour en déterminer la consistance et valeur. Cette succession se composait, en outre, d'un seul immeuble, qui était un corps de ferme d'une contenance de dix-huit hectares, situé sur le territoire de Tarascon, au lieu dit l'Enclos-du-Monastère.

M\ue Leblanc était sur le point de provoquer une enquête pour prouver judiciairement par témoins et par commune renommée, quelle était la valeur à elle échue dans cette succession, quand, tombant d'accord avec M. Potauvin, elle fit dresser par ledit Me Jarraud, et son collègue, un procès-verbal de dires, en date du 10 mai dernier, où il fut établi que les meubles de la succession dont il s'agit étaient d'une valeur de quinze mille francs ; ci. . . . . 15,000 »

Au même procès-verbal de dires, on déclara que le passif de cette succession, y compris les droits de mutation par décès, était de cinq mille huit cents francs ; ci. . . . . . . 5,800 »

3e OBSERVATION

Vente d'immeubles propres à Mme Leblanc.

La maison située à Marseille, rue du Port, n° 46, que M\mc Leblanc avait recueillie dans la succession de Pierre Lapleige, son frère, ainsi qu'il vient d'être expliqué dans l'observation précédente, fut vendue à M. Mahel Moirot, négociant à Marseille, pour le prix de douze mille cinq cents francs, ainsi qu'il résulte d'un contrat reçu par Me Saubret, notaire à Marseille, et son collègue, le vingt-trois février mil huit cent soixante-trois.

Après les formalitée de transcription et de purge d'hypothèques légales, M. Noirot paya son prix d'acquisition aux vendeurs, suivant quittance reçue par le même notaire, le quinze juin de la même année ; ci. . . . . 12,500 »

Nous avons expliqué dans l'observation précédente que

Mme Leblanc avait recueilli dans la succession de Léonie Lapleige une ferme située sur la commune de Tarascon ; partie au sud de cette ferme, contenant cette partie cinq hectares seize ares, fut vendue à M. Nicolet, docteur-médecin à Tarascon, aux termes d'un acte aux minutes de Me Legrand, notaire à Tarascon, du douze septembre mil huit cent soixante-douze. Cette vente fut faite pour le prix de onze mille francs dont moitié fut payée comptant, et l'autre moitié le douze septembre mil huit cent soixante-neuf ; ci   11,000   »

4e OBSERVATION

Acquisition en remploi. — Réparations. — Incendies. — Reconstruction.

En mil huit cent soixante-quatre, c'est-à-dire dans l'année qui suivit celle de l'aliénation de la maison de Marseille, propre à Mme Leblanc (3° obs.), et par acte reçu par Me Jarraud, notaire soussigné et son collègue, le quinze mai, les époux Leblanc achetèrent de Victorien Muret, demeurant à Dijon, une maison située à Avignon, rue des Prêtres, n° 68, pour le prix de onze mille francs. Ce prix fut payé comptant et il fut déclaré en même temps que cette acquisition était faite par Mme Leblanc en remploi jusqu'à due concurrence de sa maison de Marseille, vendue à M. Noirot, lequel remploi fut régulièrement accepté ; ci   11,000   »

Les frais de ce contrat s'élevèrent à neuf cent cinquante francs ; ci . . . . , , .   950   »

Total des sommes dépensées pour ce remploi, ————— onze mille neuf cent cinquante francs [1]   11,950   »

1. On pourrait immédiatement compenser ce total avec le prix de la vente de la maison de Marseille, pour ne laisser survivre que le reliquat qui seul serait plus tard compris dans les comptes ultérieurs.

Aussitôt cette acquisition, il fut fait à cet immeuble différentes impenses et améliorations, qui d'après les notes fournies par les intéressés s'élevèrent à dix mille francs, et ne donnèrent cependant à l'immeuble qu'une plus-value de six mille cinq cents francs. Ces divers travaux n'étant point alors nécessaires, Mᵐᵉ Leblanc ne devrait compte que de la plus-value, si cette plus-value avait survécu à la communuuté ; mais un incendie ayant détruit dans la nuit du quatre août mil huit cent soixante-cinq la totalité des constructions, il n'y a lieu de porter en compte aucun des chiffres qui précèdent. La femme en effet ne doit récompense que de la plus-value résultant de constructions facultatives qui existent au jour de la dissolution de la communauté. La maison dont s'agit n'était pas assurée et il ne fut par suite touché aucune indemnité.

Après cet incendie M. Leblanc fit reconstruire la maison incendiée, et les frais de cette reconstruction, d'après les notes fournies au notaire liquidateur, s'élevèrent à seize mille cinq cents francs. Si cette maison eût été un corps de bâtiment nécessaire à l'exploitation d'une ferme, cette reconstruction eût été indispensable, et c'est le chiffre que nous venons de donner qui devrait être porté en ligne de comptes ; mais bien au contraire cette maison formait la totalité de l'immeuble propre à Mᵐᵉ Leblanc, et par suite la reconstruction n'était que facultative ; dès lors c'est de la plus-value seulement que Mᵐᵉ Leblanc doit récompense à la communauté. Dans le procès-verbal de dires déjà mentionné, du dix mai dernier, Mᵐᵉ veuve Leblanc et M. Potauvin fixèrent cette plus-value à huit mille francs, qui donne lieu à indemnité d'autant par Mᵐᵉ veuve Leblanc au profit de la communauté ; ci . . . . , . , .   8,000   »

5ᵉ OBSERVATION

Successions échues à M. Leblanc.

SUCCESSION NICOLAS LEBLANC.

M. Nicolas Leblanc, marchand mercier, demeurant à Mar-

seille, rue des Nids, n° 7, décéda le vingt-deux janvier mil huit
cent soixante-sept, laissant pour légataire universel M. X...,
banquier à Marseille, à la charge de payer à M. Léon Leblanc
une somme de vingt mille francs un an après le décès du testateur, sans intérêts. Il fut payé par M. Léon Leblanc pour droit
de mutation par décès sur ce legs, une somme de quatorze cent
trente francs dont il est dû récompense à la communauté ;
ci.   1,430   »

Peu de mois après M. X..., légataire universel, fit faillite,
et dans le vote du quinze septembre suivant, auquel prit par
M. Leblanc, la masse de ses créanciers lui accorda son concordat avec réduction de soixante pour cent sur son passif ; ce qui
réduisit le legs de vingt mille francs fait à M. Leblanc, à la
somme de huit mille francs. Cette somme de huit mille francs
fut payée aux époques fixées par le concordat et donne lieu à
reprise d'autant par M. Leblanc contre la communauté ;
ci   8,000   »

SUCCESSION MAGLOIRE LEBLANC.

M. Magloire Leblanc, frère de M. Léon Leblanc et huissier
à Hyères, décéda le trois avril mil huit cent soixante-dix, laissant pour seul héritier son frère. Ce dernier ne fit point faire
inventaire pour constater les forces et charges de cette succession. Il trouva dans cette succession différentes valeurs mobilières, dont nous n'avons pas à rechercher la consistance
devant les termes précis des articles 1499 et 1504 du code civil.

Cette succession se composait encore des trois immeubles ci-
après, tous les trois répandus sur le territoire de la commune
de Chatte (Isère) : 1° une terre en culture d'une contenance
de soixante-sept ares, située au Rossignol ; 2° une autre terre
labourable, d'une contenance d'un hectare quarante ares,
située à Chantoiseau ; 3° et une autre terre de trois hectares
située à Chantemerle.

D'après les prix de vente de ces immeubles énoncés dans l'observation qui va suivre, et d'après les déclarations de Mme Leblanc, les droits de mutation par décès payés par M. Leblanc, au sujet de ces immeubles, se sont élevés à huit cent trois francs, dont il est dû récompense à la communauté : ci. 803   »

6° OBSERVATION

Vente d'immeubles propres à M. Leblanc.

Suivant procès-verbal d'adjudication, dressé par M° Michonneau, notaire à Chatte, le vingt-huit juin mil huit cent soixante-dix, M. Leblanc vendit les trois immeubles qui lui provenaient de la succession de Magloire Leblanc, son frère.

La terre du Rossignol fut adjugée à Noël Poulain, de Chatte, pour le prix de deux mille quatre cents francs payé comptant ; ci 2,400   »

La terre de Chantoiseau fut adjugée à M. Julien Prier, négociant à Chatte, pour le prix de cinq mille quatre cents francs qui est encore dû ; ci 5,400   »

Et la terre de Chantemerle fut adjugée à Jean Pinaud, menuisier, demeurant à La Courbe, commune de Chatte, pour le prix de sept mille huit cents francs.

Sur cette dernière somme, cinq mille francs furent payés aux termes d'une quittance reçue par ledit M° Michonneau, le vingt juin mil huit cent soixante-quatorze ; 5,000   »

Et le surplus, soit deux mille huit cents francs est encore dû ; ci 2,800   »

Ce procès-verbal d'adjudication fut transcrit au bureau des hypothèques de Saint-Marcellin, le deux août mil huit cent soixante-dix, vol. 582, n° 12 ; et à la même date, il fut pris inscription d'office au profit de M. Léon Leblanc, contre M. Prier, vol. 412, n° 87 ; et contre M. Pinaud, même volume, n° 88.

7ᵉ OBSERVATION

Décès de M. Léon Leblanc. — Testament. — Inventaire.

M. Léon Leblanc est décédé à Avignon, où il demeurait, le vingt février mil huit cent soixante-quatorze, instituant pour son légataire universel M. Marius Potauvin, négociant, demeurant à Avignon, aux termes de son testament authentique aux minutes dudit Mᵉ Jarraud, notaire soussigné, en date du trois du même mois de février. M. Leblanc n'avait pas d'héritier à réserve, et par suite M. Potauvin se trouva saisi de la totalité de la succession.

Inventaire des forces et charges tant de la communauté Leblanc-Lapleige que de la succession Leblanc, fut dressé par le même notaire, les douze, treize et seize mars mil huit cent soixante-quatorze.

Les meubles meublants trouvés lors de cet inventaire furent estimés dix-sept mille deux cent vingt-cinq francs, chiffre dont nous n'avons pas à nous préoccuper, parce que ces mêmes meubles furent ensuite vendus ainsi qu'il va être expliqué dans l'observation suivante :

Ce même inventaire releva l'existence de cent actions du Crédit foncier de France, portant les nᵒˢ 55,201 à 55,300, d'une valeur au jour du décès de M. Leblanc de quatre-vingt-douze mille francs ; ci . . . . 92,000 »

Le passif relevé audit inventaire consistait en :

1° La somme de six cents francs, due à A..., boucher à Avignon ; ci . . . . 600 »

2° La somme de huit cents francs, due à B..., docteur-médecin à Avignon ; ci . . . . 800 »

3° La somme de mille francs, due à C..., pharmacien à Avignon ; ci . . . . 1,000 »

4° La somme de seize cents francs, due à D..., docteur médecin à Lyon ; ci . . . . , ... 1,600 »

Total du passif de communauté, quatre mille francs ; ci . . . . 4,000 »

De plus, il fut établi aussi que le passif de ladite succession s'élevait à deux mille trois cents francs, montant des frais funéraires. Nous n'aurons pas à nous occuper de cette dernière somme qui est une dette personnelle à M. Potauvin et que ce dernier a déjà payée depuis longtemps [1].

8e OBSERVATION

Vente de meubles.

Les meubles meublants dépendant de la communauté Leblanc-Lapleige et décrits dans l'inventaire qui vient d'être analysé, ont été vendus aux enchères, aux termes d'un procès-verbal dressé par ledit Me Jarraud les vingt-six et vingt-sept mars dernier.

Cette vente s'est élevée à la somme totale de dix-neuf mille trois cents francs ; ci. . . . . 19,300 »
D'où il a fallu déduire les frais de cette vente s'élevant à huit cents francs ; ci. . . . . 800 »
Reste comme produit net de ladite vente, dix-huit mille cinq cents francs ; ci. . . . . 18,500 »

Ce dernier chiffre sera seul porté à la masse active de communauté [2].

9e OBSERVATION

Instance en liquidation et partage.

Mme Leblanc, voulant arriver à la liquidation et au partage de la communauté qui avait existé entre elle et son mari, a,

1. Chaque lecteur comprendra pourquoi nous avons raccourci outre mesure cette observation qui est habituellement une des plus longues, puisqu'elle doit contenir toute la nomenclature des forces et charges de la communauté et de la succession, l'énonciation de tout ce qui est dû, de tout ce qu'elles doivent.
2. Pour la même raison, cette observation a aussi été écourtée.

par exploit de Petit, huissier à Avignon, du vingt mars dernier, assigné M. Potauvin, légataire universel de son dit mari, devant le tribunal civil de première instance d'Avignon pour voir ordonner qu'il serait procédé judiciairement à la liquidation et au partage de la communauté dont s'agit.

Et le tribunal d'Avignon, par son jugement du six avril dernier, faisant droit à la demande de la poursuivante, a ordonné qu'il serait procédé judiciairement à la liquidation et au partage de la communauté qui avait existé entre M. Léon Leblanc, aujourd'hui décédé, et Mme Mélanie Lapleige, sa veuve, a commis Me Jarraud, notaire à Avignon, soussigné, pour procéder aux opérations des comptes de liquidation et partage, et M. Jaudeau, juge, pour surveiller ces opérations.

Ce jugement a été signifié à avoué par acte du Palais de Jouet, huissier à Avignon, en date du quinze avril même mois, et a été signifié à M. Potauvin par exploit de Petit, huissier en la même ville, à la date du lendemain.

Par autre exploit dudit Petit, du dix-huit avril même mois, Mme Leblanc fit sommation à M. Potauvin de se trouver le vingt avril mil huit cent soixante-quatorze, en l'étude dudit M° Jarraud, notaire commis, pour assister à l'ouverture des opérations qui lui avaient été confiées par le tribunal, aux termes du jugement précité.

Et à la date du vingt avril, tant à la requête de la dame veuve Leblanc qu'à celle de M. Potauvin, ledit Me Jarraud dressa un procès-verbal aux termes duquel il déclara ouvrir les opérations des comptes de liquidation et partage qui lui avaient été confiés.

Pendant le cours de ces opérations, Mme veuve Leblanc et M. Potauvin tombèrent d'accord pour évaluer certaines causes de reprises dont le défaut d'évaluation arrêtait le travail du notaire liquidateur. Et par un procès-verbal de dires reçu par Me Jarraud, notaire commis, et son collègue, le dix mai mil huit cent soixante-quatorze, les copartageants firent établir d'une manière précise les chiffres de reprises ou d'indemnités qui étaient indéterminés, et dont il a été question dans les observations qui précèdent.

Les frais de l'instance en liquidation faits devant le tribunal s'élèvent jusqu'à ce jour à six cent quatre-vingts francs ; ci. . . . . 680 «

Et les frais de la présente liquidation, y compris tous les procès-verbaux d'ouverture, de dires et de clôture, sont évalués par le notaire soussigné à dix-huit cent cinquante francs ; ci. . . . . 1,850 »

DEUXIÈME PARTIE

COMPTES ET LIQUIDATIONS

SOMMAIRE [1] :

Le travail suivant sera divisé en six chapitres.

Le premier chapitre comprendra les reprises en nature de Mme Leblanc et de la succession de son mari.

Il sera divisé en deux paragraphes, l'un pour les reprises de Mme Leblanc, et l'autre pour la succession Leblanc.

Le deuxième chapitre comprendra la récapitulation et la balance des reprises en numéraire.

Il sera également divisé en deux paragraphes, dont l'un pour Mme Leblanc, et l'autre pour la succession Leblanc.

Le troisième chapitre comprendra la liquidation de la communauté Leblanc.

---

1. Ce sommaire, qui est mis en tête de la seconde partie, prend chez quelques-uns le titre de *Plan des opérations*. D'autres en font l'objet d'une dernière observation. D'autres, enfin, font un autre sommaire en tête de la première partie.

Il sera divisé en trois paragraphes, le premier pour l'actif, le second pour le passif et le troisième pour la balance.

Le quatrième chapitre comprendra la fixation des droits des parties et les attributions.

Il sera divisé en deux sections, l'une pour Mme Leblanc et l'autre pour la succession Leblanc.

Chaque section sera divisée en deux paragraphes, l'un pour la fixation des droits et l'autre pour les attributions.

Le cinquième chapitre comprendra la preuve des opérations.

Et le sixième chapitre comprendra les clauses et conditions finales.

CHAPITRE Ier.

REPRISES EN NATURE.

§ 1er. — Mme Leblanc.

Mme Leblanc fait la reprise en nature des deux immeubles ci-après :

1° La maison située à Avignon, rue des Prêtres, n° 68, acquise par elle à titre de remploi, ainsi qu'il a été dit à la quatrième observation. C'est cette même maison qui fut détruite par un incendie en mil huit cent soixante-cinq, puis réédifiée presque aussitôt

2° Les douze hectares quatre-vingt-quatre ares non vendus de la propriété provenant de la succession de Léonie Lepleige (4° obs.) située à l'Enclos du Monastère, commune de Tarascon.

§ 2. — M. Potauvin.

M. Potauvin, comme représentant seul l'intégralité de la

succession de M. Léon Leblanc, fait la reprise en nature des deux créances ci-après :

1° La somme de cinq mille quatre cents francs, prix de vente d'un immeuble propre à M. Léon Leblanc, due par M. Julien Prier, négociant à Chatte (6° obs.) ; ci........ 5,400 »

2° Et celle de deux mille huit cents francs, solde de prix de vente encore dû par M. Pinaud, menuisier à La Courbe (6° obs.) ; ci. . . . . 2,800 »

.Ensemble huit mille deux cents francs ; ci . . 8,200 »

CHAPITRE II.

RÉCAPITULATION ET BALANCE DES REPRISES EN NUMÉRAIRE [1].

§ 1er. — Mme Leblanc

Mme Leblanc a le droit de faire la reprise de :

1° La somme de douze cents francs, valeur des meubles meublants qu'elle s'est constitués en dot (1re obs.) : ci. 1,200 »

2° Celle de dix mille francs, montant d'une créance qu'elle s'est également constituée en dot (même obs.) ; ci. . . . . , , . . . 10,000 »

3° Celle de vingt-cinq mille francs, montant de diverses valeurs mobilières trouvées dans la succession de Pierre Lapleige (2e obs.) ; ci. . . . . 25,000 «

4° Celle de quinze mille francs, montant des valeurs mobilières dépendant de la succession de Léonie Lapleige (2e obs.) ; ci. . . . . , ... 15,000 »

Report. . . . . 51,200 »

---

1. Ce chapitre n'est pas indispensable, car toutes les causes de reprises et d'indemnités qui y sont additionnées auraient pu être portées au chapitre de la liquidation de la communauté. L'avantage du présent chapitre est de réduire à un seul chiffre toutes les reprises et indemnités concernant chaque intéressé, et de simplifier ainsi tous les comptes subséquents.

A reporter. 51,200

5° Celle de douze mille cinq cents francs, prix de vente de la maison que Mme Leblanc possédait à Marseille (3° obs.) ; ci. 12,500

6° Et celle de onze mille francs, prix de vente d'une partie de la propriété située à l'Enclos du Monastère, vendue à M. Nicolet (3° obs.) ; ci. . . . 11,000

Total des reprises de Mme Leblanc, soixante-quatorze mille sept cents francs ; ci 74,700

De ce total il convient de déduire toutes les sommes dont Mme Leblanc est débitrice envers la communauté, par suite de remploi ou de toute autre cause d'indemnité et qui consistent en :

1° La somme de quatre mille deux cents francs, formant l'ensemble du passif de la succession de Pierre Lapleige (2° obs.) ; ci . . . .   4,200 »

2° Celle de cinq mille huit cents francs, formant le passif de la succession de Léonie Lapleige (2° obs.) ; ci.   5,800 »

3° Celle de onze mille neuf cent cinquante francs, montant en prix principal et frais de contrat de la maison achetée en remploi à Mme Leblanc (4° obs.) ; ci . . . . 11,950 »

4° Et celle de huit mille francs, total de la plus-value apportée à la maison de Mme Leblanc, par la reconstruction faite après l'incendie (4° obs.) ; ci . . . . , . . .   8,000 »

Ensemble à déduire vingt-neuf mille neuf cent cinquante francs ; ci. . . . . 29,950 »   29,950

Par suite, les reprises de Mme Leblanc excèdent les indemnités qu'elle doit de quarante-quatre mille sept cent cinquante francs ; ci. 44,750

§ 2. — M. Potauvin.

M. Potauvin, comme représentant seul la succession de **M.**
Léon Leblanc, a le droit de faire la reprise de :

1° La somme de six mille francs, montant de l'apport mobilier que fit M. Leblanc, lors de son mariage (1ʳᵉ obs.) ;
ci.   6,000   »

2° Celle de huit mille francs, montant du divi-
dende touché dans la faillite de M. X... par suite du
legs fait par M. Nicolas Leblanc (5° obs.) ; ci. . . .   8,000   »

3° Celle de deux mille quatre cents francs, prix
de vente de la terre de Rossignol, provenant de la
succession de M. Magloire Leblanc (6ᵉ obs.) ; ci. .   2,400   »

4° Et celle de cinq mille francs, portion de prix
de la terre de Chantemerle, provenant de la même
succession ; ci.   5,000   »

Total des reprises, vingt et un mille quatre
cents francs ; ci.   21,400

De ce total il convient de déduire les indemnités
dues à la communauté par la succession Leblanc
et qui consistent en :

1° La somme de quatorze cent trente francs,
montant des droits de mutation par décès payés sur
la succession de Nicolas Leblanc (5°
obs.) ; ci.   1,430   »

2° Et celle de huit cent trois francs,
montant des droits de mutation par
décès payés sur la succession de Ma-
gloire Leblanc (5ᵉ obs.) ; ci.   803   »

Ensemble à déduire, deux mille
deux cent trente-trois francs ; ci. . . .   2,233   »   2,233   »

Partant, reste à l'actif des reprises de la succession Leblanc, dix-neuf mille cent soixante-sept
francs ; ci.   19,167   »

CHAPITRE III.

LIQUIDATION DE LA COMMUNAUTÉ LEBLANC

§ 1er. — Actif.

Il convient de porter à l'actif de communauté :

1° La somme de quatre-vingt-douze mille francs, valeur c cent actions du Crédit foncier de France, trouvées lors de l'in ventaire (7e obs.) ; ci.   92,000

2° Et celle de dix-huit mille cinq cents francs, reliquat net de la vente de meubles ; ci.   18,500

Total de l'actif de communauté, cent dix mille cinq cents francs ; ci.   110,500

§ 2. — Passif.

Le passif de la communauté se compose de :

1° La somme de six cents francs, due à A..., boucher à Av gnon, et portée dans l'inventaire (7e obs.) ; ci. .   600

2° Celle de huit cents francs due à B..., docteur médecin à Avignon, inscrite au même inventaire ; ci. . . . . . , ...   800

3° Celle de mille francs, due à C..., pharma- cien, à Avignon, inscrite au même inventaire ; ci.   1,000

4° Celle de seize cents francs, due à D..., doc- teur médecin à Lyon, inscrite au même inven- taire ; ci.   1,600

5° Celle de six cent quatre-vingts francs, mon- tant des frais de l'instance en partage (9e obs.) ; ci.   680

A reporter.   4,680

Report.   4,680   »

6° Celle de dix-huit cent cinquante francs, montant des frais de la présente liquidation (9ᵉ obs.) : ci.   1,850   »

7° Celle de quarante-quatre mille sept cent cinquante francs, excédant actif des reprises de Mᵐᵉ veuve Leblanc (chap. 2ᵉ) ; ci   44,750   »

8° Et celle de dix-neuf mille cent soixante-sept francs, excédant actif des reprises de la succession Leblanc (chap. 2ᵉ) ; ci..   19,167   »

Total de la masse passive, soixante-dix mille quatre cent quarante-sept francs ; ci.   70,447   »

§ 3. — Balance.

L'actif de communauté est de cent dix mille cinq cents francs ; ci. 110,500   »

Le passif est de soixante-dix mille quatre cent quarante-sept francs ; ci.   70,447   »

Partant l'actif excède le passif de quarante mille cinquante-trois francs ; ci   40,053   »

Dont moitié pour Mᵐᵉ veuve Leblanc et pour   1/2
M. Potauvin est de vingt mille vingt-six francs cinquante centimes ; ci.   20,026   50

CHAPITRE IV.

FIXATION DES DROITS DES PARTIES. — ATTRIBUTIONS.

1ʳᵉ SECTION. — *Mᵐᵉ veuve Leblanc.*

§ 1ᵉʳ. — Fixation de ses droits.

Il revient à Mᵐᵉ Leblanc pour tous droits :

1° La moitié de l'actif net de communauté, soit vingt mille

vingt-six francs cinquante centimes; ci. 20,026 50

   2° Et la somme de quarante-quatre mille sept cent cinquante francs, formant l'excédant actif de ses reprises (chap. 2°); ci. . . . . 44,750 »

Total lui revenant, soixante-quatre mille sept cent soixante-seize francs cinquante centimes; ci. 64,776 50

§ 2. — Attributions.

Pour lui fournir le montant de ses droits, il convient de lui attribuer :

1° Soixante-cinq actions du Crédit foncier de France, portant les n°° 55,204 à 55,265, à prendre dans les cent actions portées dans l'inventaire et valant ensemble au jour du décès cinquante-neuf mille huit cents francs; ci. . 59,800 »

La somme de quatre mille neuf cent soixante-seize fr. cinquante c. à prendre sur le produit net des meubles vendus, ci. 4,976 50

Ensemble égal à ses droits, soixante-quatre mille sept cent soixante-seize francs cinquante centimes; ci. 64,776 50

Egal

2° Section. — *M. Potauvin (succession Leblanc).*

§ 1er. — Fixation de ses droits.

Il revient à M. Potauvin, comme représentant seul la succession de M. Léon Leblanc :

1º Moitié de l'actif net de communauté, soit vingt mille vingt-six francs cinquante centimes ; ci. 20,026 50

2º Et la somme de dix-neuf mille cent soixante-sept francs, formant l'excédant actif des reprises de M. Léon Leblanc (chap. 2ᵉ) ; ci. . . . . 19,167 »

Total de ses droits, trente-neuf mille cent quatre-vingt-treize francs cinquante centimes; ci. 39,193 50

§ 2. — Attributions.

Pour le remplir de ses droits, il convient de lui attribuer :

1º Les trente-cinq actions restant du Crédit foncier de France, portant les nᵒˢ 55,266 à 55,300, et mentionnées dans l'inventaire (7ᵉ obs.), valant ensemble trente-deux mille deux cents francs ; ci . . . . 32,200 »

2º Et la somme de six mille neuf cent quatre-vingt-treize francs cinquante centimes, à prendre dans le reliquat de la vente de meubles (8ᵉ ob.); ci. 6,993 50

Ensemble égal à ses droits, trente-neuf mille cent quatre-vingt-treize francs cinquante centimes ; ci. . . . 39,193 50

Egal

De plus, il est attribué à M. Potauvin le complément du produit net de la vente de meubles, s'élevant à six mille cinq cent trente francs ; ci. . . . . 6,530 »

A la charge par M. Potauvin d'acquitter les dettes de communauté ci-après :

1º La somme de six cents francs, due à A..., boucher à Avignon, d'après l'inventaire ; ci. . . . . 600 »

A reporter . . . . 600 » 6,530 »

Report.	600 »	6,530 »

2° Celle de huit cents francs, due à B..., docteur médecin à Avignon, d'après l'inventaire ; ci. . . . .   800 »

3° Celle de mille francs, due à C..., pharmacien à Avignon, d'après le même inventaire ; ci. . . . .   1,000 »

4° Celle de seize cents francs, due à D..., docteur médecin à Lyon, d'après l'inventaire ; ci. . . . .   1,600 »

5° Celle de six cent quatre-vingts francs, montant des frais de l'instance en liquidation ; ci. . . . .   680 »

6° Et celle de dix-huit cent cinquante francs, pour les frais de la présente liquidation ; ci. . . . .   1,850 »

Total à payer égal à l'attribution, six mille cinq cent trente francs ; ci. . .   6,530 »

Egal

CHAPITRE V

PREUVE DES OPÉRATIONS.

§ 1er. — Somme à partager.

Nous avions à partager.

1° Cent actions du crédit foncier de France, mentionnées dans l'inventaire et valant au jour du décès de M. Léon Leblanc, quatre-vingt-douze mille francs ; ci. . . . . . .   92,000 »

2° Et le produit net de la vente de meubles, s'élevant à dix-huit mille cinq cents francs ; ci.   18,500 »

Total à distribuer, cent dix mille cinq cents francs ; ci. . . . .   110,500 »

Report. . . . . 110,500 »

§ 5. — Attributions.

Dans le chapitre qui précède il a été attribué :

1° A Mme Leblanc, cinquante-neuf mille huit cents francs, formant la valeur de soixante-cinq actions du Crédit foncier ; . . . . 59,800 »

2° A la même, à prendre sur le produit net de la vente de meubles, quatre mille neuf cent soixante-seize francs cinquante centimes ; ci. . . 4,976 50

3° A M. Potauvin, trente-deux mille deux cents francs, formant la valeur de trente-cinq autres actions du Crédit foncier ; ci. . . . . 32,200 »

4° Au même, pour le complément de ses droits, six mille neuf cent quatre-vingt-treize francs cinquante centimes, à prendre sur le reliquat de la vente de meubles ; ci. 6,993 50

5° Et encore au même, à la charge d'acquitter les dettes de communauté, six mille cinq cent trente francs ; ci. . . . . 6,530 »

Total égal aux sommes à partager, cent dix mille cinq cents francs, ci [1]. 110,500 »

Égal

1. Ce système de preuve nous paraît excellent, parce qu'il est facile d'abord, exact ensuite. En effet, si nous avons attribué en différentes fois un total de sommes égal au total de la masse à partager, c'est que nous avons bien opéré.

Mais il existe encore un autre système de preuve très usité et qui se fait au moyen d'un tableau dont voici d'ailleurs un exemple :

(Voir le tableau à la page suivante.)

CHAPITRE VI

CLAUSES ET CONDITIONS FINALES

1° Mme veuve Leblanc étant, aux termes de l'inventaire, restée dépositaire de toutes les actions du Crédit foncier, devra aussitôt l'homologation du présent état de liquidation, remettre à M. Potauvin tous les numéros qui lui ont été attribuées ci-dessus.

2° Chaque attributaire aura seul droit à tous les dividendes actuellement dus sur tous les titres à lui attribués.

3° M. Potauvin, étant seul chargé du paiement de toutes les dettes de communauté et de tous les frais de l'instance judiciaire et de liquidation, devra effectuer tous ces paiements dans le délai d'un mois, à partir de l'homologation des présentes, et justifier dans le même délai de ces divers paiements.

Fait et clos le présent état de liquidation en l'étude, à Avignon, le...

(Signature.)

Enregistrement : 3 francs, droit fixe.

CHAPITRE V

PREUVE DES OPÉRATIONS

SOMMES A PARTAGER		ATTRIBUTIONS			
Dénomination des créances	Totaux	Mme veuve Leblanc	M. Potauvin	Dettes	Totaux
Crédit foncier de France.	92,000 »	59,800 »	32,200 »	»	92,00 »
Vente de meubles......	18.500 »	4,976 50	6,993 50	6,530 »	18,500 »
	110,500 »	64,776 50	39,193 50	6,530 »	110,500 »
			110,500 »		

Ce système de preuve, ainsi que l'autre, tend au même but, c'est-à-dire à prouver que le total des sommes à partager est égal au total des sommes attribuées. Ce dernier genre de preuve a cependant un avantage particulier qui consiste à indiquer immédiatement en quelles mains sont passées telle ou telles créances.

TROISIÈME LIVRE

LIQUIDATIONS DU RÉGIME DOTAL [1]

Liquidation d'un régime dotal où tous les biens présents et à venir, meubles et immeubles sont dotaux. Cette liquidation faite après séparation de corps.

EXPOSÉ DES FAITS

Louis-Emile Marret et Marguerite Toutain se sont mariés le 2 mai 1851. Ils avaient fait précéder leur union d'un contrat en réglant les conditions civiles. Aux termes de ce contrat ils avaient adopté le regime dotal pour tous les biens meubles et immeubles présents et à venir de la future épouse. Celle-ci s'est constitué en dot : 1° la ferme des Allouettes située à Beaugency (Loiret),

---

1. Quand le régime dotal est accompagné d'une société d'acquêts, sa liquidation est en tous points semblable à une liquidation de communauté ; il n'y a donc pas nécessité de donner à ce sujet des formules particulières. Aussi l'exemple qui va suivre ne portera que sur le régime dotal pur. Si ce n'était le partage des fruits de la dernière année, les liquidations du régime dotal pur ne seraient que des liquidations de reprises.

affermée à Junin pour une période de 15 ans dont 9 restaient à courir. Le bail avait été commencé le 29 septembre 1845, et le fermage qui était de 800 francs par an était payable le 25 décembre ; 2° une créance de 12,000 francs due par Gentil, produisant intérêt du 1ᵉʳ juillet et venant à échéance le 1ᵉʳ juillet 1353 ; 3° différents meubles meublants estimés au contrat 2,800 francs ; 4° un trousseau estimé 1,500 francs [1].

En 1862, Mᵐᵉ Marret a recueilli la succession de Nicolas Toutain, son père dont elle était fille unique. La liquidation de cette succession faite avec la veuve de Nicolas Toutain, a attribué à l'épouse Marret une petite maison située à Paris, avenue d'Orléans, n° 4. Cette liquidation a mis à la charge de l'épouse Marret une soulte de 4,500 francs payée pendant le mariage. Les frais de cette liquidation et les droits de mutation par décès se sont élevés à 4,520 francs qui ont été payés par M. Marret.

En 1875, Mᵐᵉ Marret a recueilli la succession de Grégoire Toutain son oncle. Ce dernier l'avait instituée sa légataire universelle, sous la condition expresse que tous les biens légués, meubles et immeubles, seraient paraphernaux et non dotaux.

En 1880, instance en séparation de corps, jugement, liquidation.

---

1. Il n'y a pas lieu de s'occuper de l'apport du mari, la liquidation ne pouvant porter sous ce régime que sur la fortune de la femme. Nous avons déjà dit que sans le partage des fruits de la dernière année, nous n'aurions jamais à faire qu'une liquidation de reprises du genre de celles que nous avons déjà vues. Et ce partage des fruits ne peut jamais porter que sur les biens de la femme, la fortune du mari ne donnant lieu, en aucun cas à un partage de revenus.

14e FORMULE. — Procès-verbal d'ouverture

L'an mil huit cent quatre-vingt-un, le dix mars ;

Devant Me Baudin, notaire à Beaugency, arrondissement d'Orléans, soussigné,

Et en l'étude dudit Me Baudin ;

> Ledit Me Baudin, commis à l'effet des présentes, suivant jugement du tribunal civil d'Orléans, en date du douze février dernier.

A comparu :

Mme Margerite Toutain, sans profession, épouse séparée de corps de M. Louis-Émile Marret, négociant, demeurant ladite dame à Beaugency, 7, rue de la Loire.

Laquelle a exposé ce qui suit :

Ayant à se plaindre de la conduite de son mari, elle a présenté requête à M. le Président du tribunal civil d'Orléans pour être autorisée à poursuivre sa séparation de corps. Cette requête a été ordonnancée à la date du six mai mil huit cent quatre-vingt.

En vertu de cette ordonnance, la comparante a fait, par exploit de Griffe, huissier à Beaugency, en date du dix dudit mois de mai, citer son mari en conciliation devant M. le président du tribunal civil. Cette tentative de conciliation étant demeurée sans effet, la requérante a été autorisée à continuer les poursuites, et, par autre exploit du même huissier, en date du deux juin dernier, Mme Marret a fait assigner son mari devant le tribunal civil de première instance d'Orléans pour voir dire qu'ils seraient séparés de corps.

Faisant droit à cette demande, le tribunal a rendu, le seize juillet dernier, un jugement préparatoire et contradictoire ordonnant une enquête et une contre-enquête pour faire la preuve des faits articulés de part et d'autre.

A la suite des enquêtes, un second jugement rendu par le même tribunal, à la date du douze février dernier, a déclaré la l ime comparante séparée de corps d'avec son mari et a condamné ce dernier en tous les dépens. Ce même jugement a commis M. Baudin, notaire soussigné, pour faire les opérations de comptes et liquidation des sommes revenant à l'épouse Marret, et M. Sagace, juge, pour surveiller ces opérations.

Ce jugement a été signifié à avoué par acte du Palais, au rapport de Gentil, huissier, en date du vingt février même mois, et à partie par un exploit dudit Griffe, huissier, à la date du vingt-quatre même mois.

Un extrait dudit jugement a été déposé au greffe du tribunal civil d'Orléans, au greffe du tribunal de commerce, à la chambre des notaires et à la chambre des avoués de la même ville, à la date du deux mars présent mois. Puis un extrait a été inséré au journal *La Pensée du Loiret*, qui s'imprime à Orléans, dans son numéro du même jour deux mars.

Enfin, par exploit dudit Me Griffe, huissier à Beaugency, du cinq mars présent mois, la requérante a fait sommation audit sieur Louis-Émile Marret, son mari, d'avoir à se trouver à ces jour, heure et lieu, pour assister à l'ouverture des opérations de comptes et liquidation des sommes qui peuvent être dues à ladite requérante. Déclarant audit M. Marret que faute par lui de comparaître, il serait donné défaut contre lui et passé outre.

A l'appui de ses dires, Mme Marret a remis au notaire soussigné :

1° La grosse du jugement précité ;

2° Le rapport de la signification à avoué, en date du vingt février dernier ;

3° Le rapport de la signification à partie, en date du vingt-quatre février même mois ;

4° Les quatre certificats de dépôt délivrés par le greffier du tribunal civil, le greffier du tribunal de commerce, le secrétaire de la chambre des notaires et le secrétaire de la chambre des avoués;

5° Un exemplaire du journal *La Pensée du Loiret*, numéro du deux mars, certifié par l'imprimeur dont la signature est légalisée par le maire d'Orléans ; lequel exemplaire porte la mention suivante : « Enregistré à Orléans, le 4 mars 1881, folio 120, recto case 3. Reçu un franc cinquante centimes, décimes trente-huit centimes. Signé : Percet » ;

6° Et le rapport de la sommation faite à M. Marret par M. Griffe, huissier, le cinq mars courant.

Toutes lesquelles pièces sont demeurées ci-annexées après mention.

Ce fait, Mme Marret a requis le notaire soussigné de lui donner acte de ses dires, dépôt et réquisition, de donner défaut contre ledit sieur son mari dans le cas où il ne comparaîtrait pas ni personne pour lui ; et tant en son absence que présence de déclarer ouvertes les opérations de comptes et liquidation dont il s'agit et pour lesquelles Me Baudin a été commis.

Et après lecture elle a signé.

(Signature.)

Et à l'instant a comparu M. Louis-Émile Marret, négociant, demeurant à Beaugency, rue du Bel-Air, n° 14.

Lequel a dit qu'il comparaît pour obéir à la sommation qui lui a été faite et pour assister à l'ouverture des opérations de comptes et liquidation des sommes qu'il peut devoir à la dame son épouse ; requérant au besoin Me Baudin de procéder immédiatement à ce travail.

Et après lecture, il a signé.

(Signature.)

Déférant aux requisitions qui précèdent, Me Baudin, notaire soussigné, a donné acte à M. et Mme Marret de leurs dires, dépôt et comparution, et a déclaré ouvertes, à partir de ce jour, les opérations de comptes et liquidation des sommes que M. Marret peut devoir à ladite dame, son épouse.

Puis Me Baudin a requis les époux Marret d'avoir à lui remettre dans un délai de trois jours, tous titres, notes et renseignements pouvant intéresser le travail dont il est chargé.

De tout quoi il a été dressé le présent procès-verbal les jour, mois et an en tête des présentes.

Lecture faite, M. et Mme Marret ont signé avec le notaire.

(Signatures.)

15e FORMULE. — État des comptes et liquidation

État des comptes et liquidation des sommes et droits dus par M. Louis-Émile Marret, à Mme Marguerite Toutain, son épouse.

Entre :

1° M. Louis-Émile Marret, négociant, demeurant à Beaugency, rue du Bel-Air, n° 14 ;

2° Et Mme Marguerite Toutain, sans profession, demeurant aussi à Beaugency, rue de la Loire, n° 7.

Les époux Marret, séparés de corps aux termes d'un jugement du tribunal civil de première instance d'Orléans, en date du douze février mil huit cent quatre-vingt-un, rendu sur les poursuites de Mme Marret.

Dressé par Me Baudin, notaire à Beaugency, soussigné, commis à l'effet des présentes par le jugement susdaté.

PREMIÈRE PARTIE

OBSERVATIONS PRÉLIMINAIRES

1re OBSERVATION

Mariage des époux Marret. — Contrat de mariage.

M. Louis-Émile Marret et Mlle Marguerite Toutain se sont mariés à la mairie de Beaugency, le deux mai mil huit cent cinquante et un. Ils avaient fait précéder leur union d'un contrat en réglant les clauses et conditions civiles, reçu par

M⁰ Baudin, notaire soussigné, le vingt-six avril précédent.

Aux termes de ce contrat, les futurs époux avaient adopté le régime dotal, et ils avaient soumis à la dotalité tous les biens présents et à venir, meubles et immeubles de la future épouse.

La constitution de dot de la future épouse, au jour de son mariage, comprenait :

1° La ferme des Allouettes, située sur la commune de Beaugency, contenant trente-huit hectares quarante ares. Cet immeuble était alors affermé à Henri Junin, moyennant le fermage annuel de huit cents francs payables le vingt-cinq décembre de chaque année. Aux termes du contrat de bail, passé devant M⁰ Giron, prédécesseur immédiat du notaire soussigné, la jouissance avait commencé le vingt-neuf septembre mil huit cent quarante-cinq, pour finir à pareille époque de l'année mil huit cent soixante et un.

Au deux mai, jour du mariage, la période de l'année courante, alors écoulée, était de 213 jours, et le prorata de fermage s'appliquant à cette époque s'élevait à 445 fr. 55 cent. Cette somme ayant été touchée par M. Marret dans le fermage couru du 29 septembre 1850, il en est comptable envers la dame, son épouse [1]; ci. 445 55

2° Une créance de 12,000 fr., due par Adrien Gentil, clerc de notaire à Beaugency, en vertu d'un contrat reçu, M⁰ Giron, notaire prénommé, à la date du 3 juillet 1847. Cette somme de 12,000 fr. était productive d'intérêts au taux de cinq pour cent par an, payable chaque année le premier juillet. Cette somme, ainsi qu'il résulte des déclarations faites par les

---

1. Sous le régime de la communauté avec exclusion du mobilier, on ne décompte les intérêts ou fermage courus avant le mariage, qu'autant que les époux ont fait ressortir leurs intentions par les termes du contrat, soit en portant le chiffre exact de ces intérêts ou fermages, soit en ne les faisant inscrire que pour mémoire. Mais quand il n'a été nullement question de ces droits on considère que chaque époux les a abandonnés à la communauté. — On raisonne tout autrement sous le régime dotal.

époux Marret, a été touchée par M. Marret pendant le mariage; ci. , ... 12,000

Au capital qui précède, il convient d'ajouter le prorata
d'intérêts courus du 1er juillet 1850 au jour du mariage (2 mai
1851), soit pour cette période, comprenant 301 jours, une
somme de 500 fr. 30 c. M. Marret se trouve également comptable de cette somme, ci. 500 30

3° Différents meubles meublants détaillés et estimés au
contrat à la somme de 2,800 fr. Aucune restriction n'ayant
été faite au sujet de ces meubles, M. Marret en est devenu
propriétaire (art. 1551 C. civil), et est par suite débiteur de
leur valeur, soit 2,800 fr.; ci. 2,800

4° Et un trousseau composé de linges, vêtements et bijoux
à l'usage personnel de la future épouse, estimé au contrat à la
somme de 1,500 fr. Mme Marret ayant pris en quittant le domicile conjugal et sans aucune estimation préalable tous les
linges, vêtements et bijoux actuellement à son usage personnel, et ladite dame Marret n'ayant d'ailleurs élevé aucune réclamation à ce sujet, le notaire liquidateur doit admettre que
les linges, vêtements et bijoux que détient aujourd'hui
Mme Marret sont de même valeur que le trousseau qu'elle a
apporté lors de son mariage; et, par suite, cet article n'est
porté ici que pour ordre et ne figurera plus dans la suite du
présent travail; ci. . . . . *ordre*

Résumé.

De la présente observation, il résulte que M. Marret est débiteur envers la dame son épouse des sommes ci-après :

1° La somme de 445 fr. 55 c. pour prorata de fermage couru
au jour du mariage; ci. 445 55

2° Celle de 12,000 fr., principal de la créance
Adrien Gentil; ci. 12,000 00

A reporter. 12,445 55

Report.	12,445,55
3° Celle de 500 fr. 30 c. pour prorata d'intérêts courus sur cette créance au jour du mariage ; ci. .	500 30
4° Et celle de 2,800 fr. formant la valeur des meubles-meublants que possédait Mme Marret au moment de son mariage ; ci.	2,800 00
Total dû par M. Marret, 15,745 fr. 85 c. ; ci .	15,745 85

2° OBSERVATION

Successions échues à Mme Marret.

Depuis son mariage, Mme Marret a recueilli deux successions, celle de Nicolas Toutain, son père, dont elle était seule héritière, et celle de Grégoire Toutain, son oncle, dont elle était légataire universel.

§ 1er. — Succession Nicolas Toutain.

M. Nicolas Toutain est décédé à Beaugency le cinq mars mil huit cent soixante-deux, laissant Mme Esther Barreau, sa veuve commune en biens, et laissant Mme Marret, sa fille unique, pour seule héritière. Il n'avait fait avant son décès aucune disposition à cause de mort ou testamentaire.

Nicolas Toutain ne possédait aucune fortune personnelle en outre de ses droits dans la communauté qui avait existé entre lui et la dame son épouse restée sa veuve.

Le partage de la communauté Toutain-Barreau a été fait à l'amiable ainsi que le permettait l'article cinq du contrat de mariage des époux Marret, entre lesdits époux Marret d'une part et la veuve Toutain d'autre part, ainsi qu'il résulte d'un contrat reçu M° Nicou, notaire à Paris, le trente mars mil huit cent soixante-deux. Aux termes de ce contrat, il a été attribué à Mme Marret, pour tous droits dans la succession de son père, une maison située à Paris, avenue d'Orléans, 4, avec droit aux revenus à partir du premier avril suivant. Cette maison était alors, d'après les indications portées en l'acte de partage, d'un revenu total de 6,400 fr.

Aux termes du même acte de partage, attendu la plus-value de la maison dont s'agit, M. Marret a payé à la veuve Toutain, sa belle-mère, et à titre de soulte, une somme de 4,500 fr. ; ci. . . . .   4,500 »

Il a, en outre, payé à la même époque, ainsi qu'il en a justifié au notaire liquidateur, une somme de 2,450 fr. pour frais d'acte et droits de mutation par décès ; ci. 2,450 00

De plus, il est bon de remarquer que M. Marret avait droit à la jouissance des biens revenant à son épouse à partir du cinq mars, jour du décès de Nicolas Toutain. Les conditions du partage n'ayant fait partir cette jouissance que du premier avril suivant, il est dû indemnité audit M. Marret pour le prorata de loyer couru entre ces deux dates, soit pour vingt-cinq jours une somme de 444 fr. 45 c. ; ci. 444 45

Total des sommes dues à M. Marret par son épouse, par suite de la succession de Nicolas Toutain, 7,394 fr. 45 c. ; ci. 7,394 45

§ 2. — Succession Grégoire Toutain.

M. Grégoire Toutain est décédé à Orléans, où il demeurait, le cinq juin mil huit cent soixante-quinze, laissant un testament authentique aux minutes de Me Jaloux, notaire en ladite ville, et en date du six février précédent.

Par ce testament il instituait Marguerite Toutain, épouse de Louis-Émile Marret, sa nièce, sa légataire universelle. Il ne laissait aucun héritier à réserve, ainsi que le constate un acte de notoriété dressé par le même notaire, le sept mars suivant. Ce testament portait la clause suivante : « J'entends que tous » les biens meubles et immeubles que je viens de léguer à ma » nièce seront paraphernaux, et que par suite elle en aura » seule la jouissance et l'administration. »

Dans cette succession, Mme Marret a trouvé :

1° Une maison, située à Orléans, rue des Jeannettes, n° 3, qui existe encore ;

2° La terre de Chauvigny, commune d'Arthenay, qui n'a point été aliénée ;

3° Différents meubles meublants qui ont été vendus suivant procès-verbal de M. Rigaud, commissaire-priseur à Orléans, en date du quinze mars mil huit cent soixante-quinze. Cette vente a produit net une somme de sept mille quatre cent vingt francs, touchée par Mme Marret, qui l'a employée en grande partie à acquitter les droits de mutation par décès.

4° Différents titres de créances nominatives qui, d'après les déclarations de Mme Marret, existent encore tous aujourd'hui.

Cette succession ayant été en entier touchée par Mme Marret, son mari n'a absolument aucun compte à lui rendre de ce chef.

3e OBSERVATON

Revenus des immeubles dotaux. — Partage de ces revenus.
Revenus des immeubles dotaux.

Les immeubles dotaux et par suite soumis à l'administration et à la jouissance du mari, pendant le mariage, consistent en :

1° La ferme des Allouettes, située sur la commune de Beaugency.

Cet immeuble est aujourd'hui affermé pour une période de neuf ans qui a commencé le vingt-neuf septembre mil huit

çent soixante-dix-huit, à Jean-Pierre Maulet, ainsi qu'il résulte
d'un bail reçu le premier août mil huit cent soixante-dix-sept,
par Mᵉ Baudin, notaire soussigné. Le fermage est de douze
francs payable le vingt-cinq décembre qui suit chaque année de
fermage. Les impositions de toute nature ont été mises à
la charge du fermier.

2° Et la maison située à Paris, 4, avenue d'Orléans, provenant de la succession de Nicolas Toutain.

Cette maison est aujourd'hui louée en totalité à M. Sylvain
Boissec, marchand de vins et maître d'hôtel, suivant bail aux
minutes de Mᵉ Giblain, notaire à Paris, en date du quatre octobre mil huit cent soixante-quinze. Ce bail a été consenti pour
neuf années qui ont commencé le premier janvier mil huit
cent soixante-treize et pour le loyer de neuf mille francs par an,
payable par quart le quinze des mois d'avril, juillet, octobre
et janvier de chaque année. Tous les impôts sont à la charge
du locataire.

Partage des revenus.

Le notaire liquidateur devant le silence de la loi au sujet de
l'époque à laquelle doivent remonter les effets de la séparation
de corps, considérant que depuis la demande en séparation
M. Marret n'a servi aucune pension à son épouse, est d'avis
qu'il faut appliquer ici ce principe du droit de procédure qui
veut que chaque jugement, quant à ses effets, remonte au jour
de la demande. Ce raisonnement peut d'ailleurs se déduire
jusqu'à un certain point des règles qui régissent la séparation
de biens (Art. 1445 C. civil).

L'assignation à fin de séparation donnée par Mᵐᵉ Marret à
son mari étant du deux juin mil huit cent quatre-vingt, c'est
à partir de cette époque que Mᵐᵉ Marret a droit à tous les revenus de ses biens dotaux, et par suite, M. Marret se trouve
comptable envers son épouse des portions de revenus ci-après :

1° La ferme des Allouettes. M. Marret ayant touché le fermage de douze cents francs couru du vingt-neuf septembre mil huit cent soixante-dix-neuf au vingt-neuf septembre mil huit cent quatre-vingt, il doit restituer le prorata de ce fermage du deux juin au vingt-neuf septembre mil huit cent quatre-vingts, soit trois cent quatre-vingt-dix francs   390 »

2° La maison de Paris. M. Marret a touché les termes de loyer échus les quinze juillet, quinze octobre mil huit cent quatre-vingt et quinze janvier mil huit cent quatre-vingt-un. Il est par suite comptable des loyers courus depuis le deux juin au premier janvier dernier, soit pour cette période cinq mille deux cents francs. 5,200 00

Total des revenus dont M. Marret est comptable, cinq mille cinq cent quatre-vingt-dix francs ; ci. 5,590 00

D'après les renseignements fournis par M. Marret, tous ces revenus ont été touchés longtemps après leur échéance par suite des causes du procès en séparation de corps. Pour cette raison, le notaire liquidateur ne porte M. Marret débiteur que des sommes qu'il a reçues, sans y ajouter les intérêts depuis leur encaissement.

4e OBSERVATION

Instance en séparation. — Frais.

Mme Marret voulant arriver à sa séparation de corps d'avec M. Marret, son mari, a..... (*Enoncer ici toute la procédure analysée dans le procès-verbal d'ouverture. — Nos lecteurs comprendront très bien qu'il est inutile de répéter dans ce livre les mêmes choses*).

M. Marret ayant succombé dans cette instance, tous les frais qui ont été faits jusqu'à ce jour et même ceux de la présente liquidation sont à sa charge.

Les frais de l'instance judiciaire en ce qui concerne ceux dûs à Mᵉ Chicaneau, avoué de M. Marret, seront payés directement à ce dernier sans que nous ayons besoin de nous en occuper, puisque Mᵐᵉ Marret ne peut pas en être tenue.

Les frais dûs à Mᵉ Petitjean, avoué de Mᵐᵉ Marret, y compris ceux des enquêtes et jugement, s'élèvent, d'après la note fournie par cet avoué, à deux mille cent soixante-cinq francs, ci. 2,165 00

Et les frais de la présente liquidation et d'homologation, sauf compte à faire, sont évalués par le notaire soussigné à la somme de. 1,200 00

Ensemble des frais dont M. Marret sera comptable envers son épouse, trois mille trois cent soixante-cinq francs; ci. 3,365 00

DEUXIÈME PARTIE

COMPTES ET LIQUIDATIONS

SOMMAIRE:

Le travail suivant sera divisé en deux chapitres.

Le premier chapitre comprendra les comptes et la liquidation des sommes dues à Mᵐᵉ Marret.

Il sera divisé en trois paragraphes : le premier pour l'actif, le second pour le passif et le troisième pour la balance.

Et le second chapitre comprendra les clauses et conditions finales.

CHAPITRE Iᵉʳ

COMPTES ET LIQUIDATION

§ 1ᵉʳ. — Actif.

Mᵐᵉ Marret a le droit de réclamer à son mari :

1° La somme de quinze mille sept cent quarante-cinq francs

quatre-vingt-cinq centimes, montant des valeurs de toutes natures qu'elle a apportées en mariage, ainsi qu'il résulte du compte établi sous la première observation ; ci . .   15,745 85

2° Les intérêts de cette somme du deux juin mil huit cent quatre-vingt, jour de la demande en séparation de corps, à ce jour, soit six cent vingt-neuf francs soixante centimes ; ci 629 60

3° La somme de cinq mille cinq cent quatre-vingt-dix francs pour part de revenus courus depuis la demande en séparation, ainsi qu'il résulte du compte établi sous la troisième observation ; ci   5,590 00

4° Et la somme de trois mille trois cent soixante-cinq francs, montant des frais dus par M. Marret, et que Mme Marret est tenue de payer à l'acquit de son mari (4e obs.) ; ci 3,365 00

Total des droits que Mme Marret a le droit de porter à l'actif de son compte ; ci 25,330 45

§ 2. — Passif.

Mme Marret est débitrice envers son mari de :

1° La somme de sept mille trois cent quatre-vingt-quatorze francs quarante-cinq centimes, par suite de la succession de Nicolas Marret, son père, ainsi qu'il a été établi sous la deuxième observation, § 1er ; ci 7,394 45

2° Et celle de deux cent quatre-vingt-quinze fr. soixante-quinze centimes pour intérêts sur ce capital, intérêts courus du deux juin à ce jour ; ci . .   295 75

Total du passif 7,690 20

§ 3. — Balance.

L'actif revenant à Mme Marret s'élève à la somme de vingt-cinq mille trois cent trente francs quarante-cinq cent.; ci   25,330 45

. .Le passif qu'elle doit est de sept mille six cent
quatre-vingt-dix francs vingt centimes; ci. 7,690 20

Balance faite, Mme Marret reste créancière de
son mari de la somme de dix-sept mille six cent
quarante francs vingt-cinq centimes; ci. 17,640 25

CHAPITRE II

CLAUSES ET CONDITIONS FINALES.

1° Mme Marret aura désormais seule l'administration de tous ses biens dotaux aux charges de droit.

. .2° Elle sera tenue de payer tous les frais judiciaires et de liquidation qui ont été compris au présent compte; et elle devra justifier à son mari dudit payement. Si ces frais n'atteignaient pas les sommes ci-dessus, Mme Marret devra faire remise à son mari de la différence. Si, au contraire, ces frais dépassaient les chiffres prévus, M. Marret devrait tenir compte de cet excédent.

3° Mme Marret sera tenue d'exécuter toutes les clauses et conditions des baux consentis à Jean-Pierre Moulet et Sylvain Boissec, ainsi qu'il a été dit sous la troisième observation, et sans que jamais M. Marret ne soit inquiété à ce sujet.

Fait à Beaugency en l'étude, le vingt mars mil huit cent quatre-vingt-un.

BAUDIN.

16e FORMULE. — Procès-verbal de clôture.

L'an mil huit cent quatre-vingt-un, le vingt-cinq mars,

Devant Me Baudin et son collègue, notaires à Beaugency, arrondissement d'Orléans, soussignés, et en l'étude dudit Me Baudin [1],

Ont comparu :

1° M. Louis-Emile Marret, négociant, demeurant à Beaugency, rue du Bel-Air, n° 14,   D'une part;

2° Et Mme Marguerite Toutain, sans profession, épouse assistée et autorisée dudit M. Marret d'avec lequel elle est séparée de corps et de biens, demeurant la dite dame à Beaugency, 7, rue de Loire. D'autre part;

Lesquels ont exposé les faits suivants :

M. et Mme Marret se sont mariés en mil huit cent cinquante-un sous le régime dotal, ainsi qu'il résulte d'un contrat reçu M° Baudin, l'un des notaires soussignés, le vingt-six avril de ladite année.

Suivant jugement du tribunal civil de première instance de la ville d'Orléans, en date du douze février dernier, les époux Marret ont été déclarés séparés de corps et de biens sur la demande de Mme Marret. Ce jugement a commis Me Baudin, l'un des notaires soussignés, pour faire le compte des droits que Mme Marret peut réclamer à son mari.

Ce jugement a été signifié et publié conformément à la loi, ainsi qu'il a été établi dans un procès-verbal d'ouverture de liquidation dressé par ledit M° Baudin à la date du dix mars présent mois.

Aux termes du procès-verbal qui vient d'être rapporté, ledit M° Baudin a déclaré ouvrir les opérations des comptes et liquidation des droits que Mme Marret peut réclamer à son mari.

Suivant acte dressé par ledit M° Baudin, le vingt mars courant, enregistré, ce notaire a établi les comptes et liquidation des droits que Mme Marret peut réclamer à son mari.

D'après cet état de liquidation dont M° Baudin, l'un des no-

---

1. Nous supposons que les époux Marret sont tombés d'accord pour éviter tous frais judiciaires ultérieurs et comparaissent à l'amiable devant notaire pour traiter et arrêter définitivement leurs comptes, et par suite rendre inutile l'homologation. Il devient dès lors nécessaire que cet acte soit passé devant deux notaires.

taires soussignés, a donné lecture entière aux comparants, le montant des droits que peut réclamer Mme Marret à son mari s'élève à vingt-cinq mille trois cent trente francs quarante-cinq centimes, intérêts compris jusqu'au vingt mars courant; ci. 25,330 45

Les récompenses dues par Mme Marret à son mari, intérêts compris, s'élèvent à sept mille six cent quatre-vingt-dix francs vingt centimes; ci. .   7,690 20

Par suite, Mme Marret reste créancière de son mari d'une somme de dix-sept mille six cent qua-rante francs, vingt-cinq centimes, ci. 17,640 25

Il est bon de remarquer que, d'après ces comptes, Mme Marret reste chargée des frais judiciaires et des frais de la liquidation, frais qui ont été portés à son avoir pour la somme de trois mille trois cent soixante-cinq francs.

Ces faits exposés, M. et Mme Marret ont déclaré approuver dans tout son contenu l'état des comptes et liquidation dont il s'agit, et reconnaître que le reliquat dudit compte au profit de Mme Marret doit être fixé à ladite somme de dix-sept mille six cent quarante francs vingt-cinq centimes; ci. . . 17,640 25

En déduction de cette somme, M. Marret a pré-sentement payé, à la vue des notaires soussignés, à Mme Marret, qui le reconnaît et en accorde dé-charge d'autant, celle de douze mille francs; ci. . 12,000 00

En conséquence, M. Marret ne restera plus dé-biteur envers son épouse que de la somme de cinq mille six cent quarante francs vingt-cinq centimes; ci. 5,640 25

---

1. Nous engageons les notaires à se servir toujours du mot *décharge* au lieu de celui de *quittance*, toutes les fois qu'il y a lieu de constater le récépissé que donne la femme de tout ou partie de sa dot, afin d'en-lever au receveur de l'enregistrement tout prétexte de percevoir un droit proportionnel de quittance, qui, en réalité, n'est jamais dû.

D'un commun accord, M. et Mme Marret fixent l'époque d'exigibilité de cette somme au vingt mars mil huit cent quatre-vingt-deux, avec les intérêts à cinq pour cent. Laquelle somme sera payable en l'étude de M_e Baudin, notaire soussigné.

Les frais du présent acte seront compris dans les frais de liquidation dont M_me Marret est chargée d'après l'état de liquidation, sauf compte à faire, s'il y a lieu.

      Dont acte :

Fait et passé, etc.

Enregistrement.

Le procès-verbal d'ouverture ainsi que l'état de liquidation sont passibles l'un et l'autre, comme tous les actes de cette espèce, du droit fixe de trois francs.

Le procès-verbal de clôture serait passible d'un droit pareil s'il eût dû être homologué ; mais l'accord des parties en fait un contrat ordinaire mettant fin aux opérations ; par suite, ce contrat doit être taxé suivant les stipulations qu'il contient.

Il sera donc perçu sur ce dernier acte :

1° Droit fixe de décharge pour la somme de douze mille francs remise par M. Marret à Mme Marret, soit......... 3 00

2° Et droit de titre sur la somme restant due par M. Marret, un pour cent, ci............................... 56 60

               Ensemble....................... 59 60

               Deux décimes et demi en plus 14 90

               Total de la perception........ 74 50

QUATRIÈME LIVRE

LIQUIDATIONS D'UNE SEULE SUCCESSION

Liquidation d'une seule succession avec rapport par l'un des héritiers

EXPOSÉ DES FAITS

Ambroise Rateau est décédé à Quimper, la 5 janvier 1874, laissant pour lui succéder ses quatre neveux qui sont : Yves Rateau, avocat à Quimper, fils unique de Jérémie Rateau, décédé, frère du *de cujus*, Nicolas, Alcide et Marie Le Plantec, tous les trois mineurs, enfants de Madeleine Ratean, sœur décédée dudit Ambroise Rateau,

Le 16 février 1872, le décédé avait fait donation, à titre d'avancement d'hoirie, à Yves Rateau d'une somme de 20,000 francs.

Par testament du 2 janvier 1874, le décédé légua à Nicolas Le Plantec, 12,000 francs, à titre de préciput[1].

---

1. Les forces et charges de cette succession seront établies, lors de l'analyse de l'inventaire, sous la 3e observation.

17e FORMULE. — Etat de liquidation d'une seule succession.

Etat des comptes et liquidation de la succession de M.Ambroise Rateau, décédé à Quimper, le cinq janvier mil huit cent soixante-quatorze ;

Entre :

1° M. Yves Rateau, avocat, demeurant à Quimper.

Pris comme héritier, pour une moitié dudit Ambroise Rateau, son oncle, par représentation de Jérémie Rateau, son père, prédécédé.

2° M. Nicolas Le Plantec, mineur ;

3° M. Alcide Le Plantec, mineur ;

4° Et Mlle Marie Le Plantec, également mineure.

Pris tous les trois comme héritiers, chacun pour un sixième par représentation de Madeleine Rateau, leur mère, décédée, épouse de M. Georges Le Plantec.

M. Nicolas Le Plantec, pris en outre comme légataire par préciput du *de cujus* pour douze mille francs.

Les mineurs Nicolas, Alcide et Marie Le Plantec, ayant pour tuteur M.Georges Le Plantec, négociant à Quimper, leur père,

Dressé par Me Le Faou, notaire à Quimper (Finistère), commis à cet effet par jugement du tribunal civil de Quimper, du vingt février mil huit cent soixante-quatorze, ci-après analysé.

PRÉMIÈRE PARTIE

OBSERVATIONS PRÉLIMINAIRES

1re OBSERVATION

Décès de M. Ambroise Rateau. — Qualité des héritiers. —
Testament.

M. Ambroise Rateau, en son vivant rentier, demeurant à Quimper, rue de Rennes, n° 22, est décédé en son domicile, le cinq janvier dernier, sans héritier réservataire.

Il a laissé pour recueillir sa succession ; 1° M. Yves Rateau, majeur, avocat, demeurant à Quimper, héritier pour une moitié, par représentation de Jérémie Rateau, son père, dont il était fils unique et qui était frère dudit Ambroise Rateau 2° M. Nicolas Le Plantec, mineur ; 3° M. Alcide Le Plantec, également mineur ; 4° Et Mlle Marie Le Plantec encore mineure. Ces trois derniers sous la tutelle de M. Georges Le Plantec leur père, négociant, demeurant à Quimper, héritiers ensemble pour l'autre moitié par représentation de Madeleine Rateau, leur mère décédée, sœur dudit Ambroise Rateau.

Par délibération du conseil de famille des mineurs Le Plantec, en date du trente et un janvier dernier, leur tuteur a été autorisé à accepter sous bénéfice d'inventaire et au nom de ses pupilles, la succession de M Ambroise Rateau. Et cette acceptation bénéficiaire a été faite au greffe du tribunal civil de première instance de Quimper à la date du six février suivant (1).

M. Amdroise Rateau a laissé un testament reçu par M^e Le

---

1. Souvent on se dispense de cette acceptation bénéficiaire faite régulièrement. Le seul inconvénient qui pourrait résulter de l'inaccomplissement de cette formalité, c'est que plus tard le mineur, devenu majeur, pourrait renoncer à la succession, ce qui pourrait énormément modifier les comptes de la liquidation. ·

Faou, notaire soussigné, le deux janvier mil huit cent soixante-quatorze ; aux termes duquel il a légué par préciput au mineur Nicolas Le Plantec, une somme de douze mille francs à prendre sur les bien les plus clairs de sa succession ; ci . .   12,000   »

La délibération du conseil de famille susdatée a autorisé le tuteur dudit mineur à accepter ce legs ; mais jusqu'à ce jour, il n'en a point été consenti la délivrance.

2ᵉ OBSERVATION

Donation en avancement d'hoirie faite par M. Ambroise Rateau.

Lors du contrat de mariage de M. Yves Rateau, avocat à Quimper, reçu par Mᵉ Le Kolec, notaire à Brest, le douze juillet mil huit cent soixante-dix, M. Ambroise Rateau, son oncle, lui fit donation en avancement d'hoirie d'une somme de vingt mille francs, stipulée payable dans le délai d'un an à partir du jour du mariage.

Cette somme de vingt mille francs fut payée le dix juin mil huit cent soixante et onze, ainsi qu'il résulte d'une quittance sous signature privée, en date à Quimper dudit jour dix juin, portant la mention suivante : Enregistré à Quimper le seize mars mil huit cent soixante-quatorze ; reçu cent vingt francs, décimes, vingt-cinq francs. Signé : Pognot.

M. Yves Rateau devra faire rapport en moins prenant, à la succession de son oncle, de cette somme de vingt mille francs ci.   20,000   »

3° OBSERVATION

Inventaire après décès de M. Ambroise Rateau.

Les scellés n'ont point été apposés après le décès de M. Ambroise Rateau ; mais inventaire des forces et charges de cette succession a été dressé par ledit Mᵉ Le Faou, notaire à Quimper, aux termes d'un procès-verbal en date des treize, quatorze et dix-huit janvier dernier. Cet inventaire fut fait à la requête collective de M. Yves Rateau et de M. Georges Le Plantec, agissant ce dernier comme tuteur de ses trois enfants.

D'après cet inventaire la succession Ambroise Rateau se composait activement :

1° De divers meubles meublants estimés à cinq mille trois cent quatre-vingts francs, et qui furent vendus plus tard ainsi qu'il sera expliqué à l'observation suivante ; ci [1]. *Ordre.*

2° De la somme de quatre mille francs, montant de l'obligation souscrite au profit du décédé, par les époux Le Lin, marchands épiciers à Quimper, suivant obligation reçue par ledit Mᵉ Le Faou, le cinq avril mil huit cent soixante-douze. Cette somme est exigible le cinq avril mil huit cent soixante-quinze et productive d'intérêts au taux de cinq pour cent par an. Pour sûreté du montant de cette obligation en principal et intérêts, inscription a été prise au bureau des hypothèques de Quimper le seize avril mil huit cent soixante-douze, vol. 782, n° 7 ; ci 4,000

3° De la somme de cent cinquante francs, prorata d'intérêts couru au jour du décès ; ci   150

4° De la somme de sept mille francs, montant d'une autre obligation souscrite au profit du décédé par les époux Kornedec, négociants à Chateaulin, suivant acte reçu par ledit Mᵉ Le Faou, notaire soussigné, le cinq juillet mil huit cent soixante-treize. Cette somme a été stipulée payable le cinq juillet mil huit cent soixante-seize, et est productive

A Reporter.   4,150

---

1. Souvent dans les inventaires et dans les liquidations on se sert des mots *ordre* ou *mémoire* pour tenir lieu de sommes indéterminées ou de sommes dont il est inutile de fixer le chiffre. Ici, par exemple, il est tout à fait inutile d'établir la valeur des meubles-meublants d'après l'estimation de l'inventaire, parce que ces meubles ayant été vendus, la seule valeur qui puisse nous intéresser est celle qui résulte du procès-verbal de vente analysé à l'observation subséquente.

Report.	4,150	»

d'intérêts au taux de cinq pour cent par an, payables annuellement. Pour sûreté du principal et des intérêts du montant de ce prêt, inscription a été prise au bureau des hypothèques de Chateaulin, le vingt-six juillet dernier, vol. 592, n° 122 ; ci . . | 7,000 | »

5° De celle de cent soixante-quinze francs, prorata d'intérêts couru au jour du décès ; ci . . . . 175 »

6° D'un titre de soixante francs de rente, cinq pour cent sur l'Etat français, valant au jour du décès (à raison de quatre-vingt-treize francs le cinq pour cent), onze cent seize francs ; ci . . . . . 1,116 »

7° Et de la somme de vingt mille huit cent quarante-quatre francs quatre-vingts centimes, trouvée en numéraire lors de l'inventaire ; ci. . . 20,844 80

Ensemble des créances en capitaux et intérêts, au jour du décès et du numéraire, trente-trois mille deux cent quatre-vingt-cinq francs quatre-vingts centimes ; ci. 33,285 80

Aux termes du même inventaire, le passif de cette succession se composait uniquement des dettes ci-après :

1° La somme de deux cent-soixante francs, montant des frais funéraires ; ci . . . . 260 »

2° La somme de cent vingt francs, due à M. Martel, docteur-médecin à Quimper ; ci . . . . 120 »

3° La somme de soixante-deux francs, due à M. Droguet, pharmacien au même lieu ; ci. . . . . 62 »

4° Et celle de cent soixante-dix francs, due à Marie Petit, domestique du défunt [1] ; ci. . . . . 170 »

Total du passif, six cent douze francs ; ci. . . . . 612 »

---

1. Chacun comprendra qu'il est tout à fait inutile de prolonger la nomenclature fantaisiste de l'actif et du passif. Quelques sommes suffisent à l'actif comme au passif pour indiquer la marche à suivre, et la longueur d'une addition ne peut pas être considérée comme une difficulté.

Tous les objets et titres de créances, trouvés lors de cet inventaire, sont restés en la garde et possession de M. Yves Rateau.

4° OBSERVATION

Vente de meubles.

Tous les meubles estimés dans l'inventaire qui vient d'être analysé ont été vendus aux enchères, aux termes d'un procès-verbal dressé par M. Le Lin, commissaire-priseur à Quimper, le quinze février mil huit cent soixante-quatorze.

Cette vente a produit six mille deux cent quatre-vingt-cinq francs ; ci   6,285   »

Il a été déduit de cette somme, d'après le compte fourni bar le commissaire-priseur :

1° Pour les frais généraux de la vente, deux cent quarante-cinq francs ; ci   245   »

2° Pour les frais de l'inventaire payés à M° Le Faou, quatre-vingt-deux francs cinquante centimes ; ci.   82   50

Total à déduire, trois cent vingt-sept francs cinquante centimes ; ci.   327   50   327   50

Reste comme produit net de la vente de meubles, cinq mille neuf cent cinquante-sept francs cinquante centimes ; ci.   5,957   50

5° OBSERVATION

Instance en partage

M. Yves Rateau, voulant arriver à la liquidation de la succession de Ambroise Rateau, son oncle, donna assignation, par exploit de Bideau, huissier à Quimper, en date du vingt-neuf janvier dernier, à M. Le Plantec, en sa qualité de tuteur de ses trois enfants Nicolas, Alcide et Marie Le Plantec, de comparaître

levant le tribunal civil de première intance de Quimper, pour
voir dire qu'il serait procédé judiciairement à la liquidation
le la succession de M. Ambroise Rateau.

Ledit tribunal, faisant droit à cette. demande a, à la date du
seize février dernier, rendu un jugement dont le dispositif
suit : « Le tribunal, après en avoir délibéré, ordonne qu'il sera
» procédé judiciairement à la liquidation de la succession d'Am-
» broise Rateau entre le demandeur et chacun des mineurs Le
» Plantec intimés, commet Mᵉ Le Faou, notaire à Quimper,
› pour faire les comptes de liquidation, et M. Abat juge, pour
» surveiller ces opérations. »

Ce jugement a été signifié à avoué par acte du palais de Jéri-
cot, huissier à Quimper, du vingt-six février dernier, et signifié
à partie par exploit dudit Bideau, huissier, du vingt-sept du
même mois de février.

Par exploit du même Bideau, huissier, en date du cinq mars
dernier, M. Yves Rateau fit sommation à M. Le Plantec de se
trouver le huit mars, même mois, en l'étude de Mᵉ Le Faou,
pour assister à l'ouverture des comptes de liquidation pour lesquels ce notaire avait été commis.

Et aux termes d'un procès-verbal dressé par le notaire soussigné ledit jour huit mars dernier, les opérations de comptes,
liquidation et partage de la succession Ambroise Rateau furent
déclarées ouvertes.

Les frais de cette instance judiciaire s'élèvent d'après les
comptes fournis par les parties à deux cent soixante-dix francs,
dus aux deux avoués en cause : ci. . . . .   **270**   »

Et le notaire soussigné évalue les frais de la présente liquidation, y compris ceux des procès-verbaux d'ouverture et de
clôture, à quatre cent cinquante francs ; ci. . . .   **450**   »

Ces deux sommes seront portées au passif de la succession
comme frais généraux du partage.

DEUXIÈME PARTIE

COMPTES ET LIQUIDATION

SOMMAIRE:

Le travail suivant sera divisé en quatre chapitres.

Le premier chapitre comprendra la liquidation de la succession Ambroise Rateau.

Il sera divisé en trois paragraphes, le premier pour l'actif, le second pour le passif, et le troisième pour la balance.

Le deuxième chapitre comprendra la fixation des droits des parties et les attributions.

Il sera divisé en quatre sections, la première pour M. Yves Rateau, la seconde pour M. Nicolas Le Plantec, la troisième pour M. Alcide Le Plantec, et la quatrième pour Mlle Marie Le Plantec.

Chaque section sera divisée en deux paragraphes, l'un pour la fixation des droits et l'autre pour les attributions.

Le troisième chapitre comprendra la preuve des opérations.

Il sera divisé en deux paragraphes, l'un pour les sommes à partager et l'autre pour les attributions.

Et le quatrième chapitre comprendra les clauses et conditions finales.

CHAPITRE Ier

LIQUIDATION DE LA SUCCESSION AMBROISE RATEAU

§ 1er. — Actif.

La succession Rateau se compose activement de :

1° La somme de vingt mille francs, donnée à M. Yves Rateau (2e obs.), et dont celui-ci fait le rapport fictif ; ci. 20,000 »

2° La somme de quatre mille francs, principal de la créance Le Lin, énoncée sous la troisième observation ; ci. . . . . 4,000 »

3° La somme de cent cinquante francs, prorata d'intérêts courus sur cette créance jusqu'au décès d'Ambroise Rateau ; ci. . . . . 150 »

4° La somme de sept mille francs, montant de la créance Karnedec, énoncée sous la troisième observation ; ci. . . . . 7,000 »

5° La somme de cent soixante-quinze francs, pour les intérêts courus sur cette dernière créance jusqu'au décès d'Ambroise Rateau ; ci . . . . . 175 »

6° La somme de onze cent seize francs, valeur au jour du décès d'Ambroise Rateau, du titre de soixante francs de rente, sur l'Etat français, analysé dans l'inventaire (3e obs.) ci. . . . . 1,116 »

7° La somme de vingt mille huit cent quarante quatre francs quatre-vingts centimes, trouvée en numéraire lors de l'inventaire (3e obs.) ; ci. . . 20,844 80

8° Et la somme de cinq mille neuf cent cinquante-sept francs cinquante centimes, reliquat net de la vente de meubles (4° obs.) ; ci. 5,957 50

Total de la masse active de succession, cinquante-neuf mille deux cent quarante-trois francs trente centimes ; ci. 59,243 30

§ 2. — Passif.

Le passif de la même succession est de :

1° La somme de deux cent soixante francs, montant des frai
funéraires portés dans l'inventaire (3° obs.) ; ci .   260

2° Celle de cent vingt francs, due à M. Martel,
docteur médecin, également portée dans l'inventaire ; ci.   120

3° Celle de soixante-deux francs, due à M. Droguet, pharmacien, d'après le même inventaire ; ci.   62

4° Celle de cent soixante-dix francs, due à Marie
Petit, domestique du défunt ; ci.   170

Celle de deux cent soixante-dix francs, montant
des frais de l'instance en partage (5° obs.) ; ci. . .   270

6° Et celle de quatre cent cinquante francs, montant des frais de la présente liquidation (5° obs.) : ci.   450

Total, treize cent trente-deux francs ; ci 1.332

§ 3. — Balance.

L'actif de la succession est de cinquante-neuf mille deux cer
quarante-trois francs trente centimes ; ci. 59,243 3

Le passif est de treize cent trente-deux francs ; ci.   1,332

Partant, l'actif excède le passif de cinquante-
sept mille neuf cent onze francs trente centimes ; ci.   57,911 3

De cette somme, il faut déduire le montant du
legs fait par préciput, à Nicolas Le Plantec
(1re obs.), soit douze mille francs ; ci.   12,000

Reste à partager entre les quatre héritiers d'Ambroise Rateau, quarante-cinq mille neuf cent onze
francs trente centimes ; ci. 45,911 3

Dont la moitié pour M. Yves Rateau, ou pour   1/2
les trois mineurs Le Plantec, est de vingt-deux
mille neuf cent cinquante-cinq francs soixante-
cinq centimes ; ci. 22,955 6

Et dont le tiers de cette moitié pour chacun des
enfants Le Plantec est de sept mille six cent cinquante et un francs quatre-vingt-huit centimes ; ci.   7,651 8

CHAPITRE II

FIXATION DES DROITS DES PARTIES. — ATTRIBUTIONS

Iʳᵉ Section. — *M. Yves Rateau*

§ 1ᵉʳ.—Fixation de ses droits.

Il revient uniquement à M. Yves Rateau, la moitié de l'actif de communauté, déduction faite du passif et déduction égalcment faite du legs particulier fait par préciput à Nicolas Le Plantec, soit vingt-deux mille neuf cent cinquante-cinq francs soixante-cinq centimes ; ci. 22,955 65

§ 2.—Attributions.

Pour remplir M. Yves Rateau, de ses droits il convient de lui attribuer :

1° La somme de vingt mille francs, qui lui avait été donnée en avancement d'hoirie par Ambroise Rateau (2ᵉ obs.) et dont il n'a fait que le rapport en moins prenant ; ci. . . . . 20,000 »

2° Le titre de soixante francs de rente cinq pour cent sur l'Etat français, va-lant au jour du décès d'Ambroise Ra-teau onze cent seize francs ; ci. . . . . 1,116 »

3° Et la somme de dix-huit cent trente-neuf francs soixante-cinq centi-mes à prendre sur l'argent comptant trouvé lors de l'inventaire ; ci. 1,839 65

Total égal à ses droits, vingt-deux mille neuf cent cinquante-cinq francs soixante-cinq centimes ; ci. 22,955 65

De plus, il convient d'attribuer au même M. Yves Rateau, la somme de treize cent trente-deux francs, à prendre sur l'argent comptant trouvé lors de l'inventaire, à la charge par lui de

payer le montant des dettes de succession et des frais de partage, formant la totalité de la masse passive détaillée dans le
chapitre premier qui précède ; ci . . . . 1,332 »

2ᵉ Section. — *M. Nicolas Le Plantec*

§ 1ᵉʳ. — Fixation de ses droits.

Il revient à M. Nicolas Le Plantec :

1° La somme de douze mille francs, montant du legs particulier à lui fait, à titre de préciqut, ainsi qu'il a été expliqué sous
la première observation ; ci . . . . 12,000 »

2° Et la somme de sept mille six cent cinquante
et un francs quatre-vingt-huit centimes, formant le
sixième de l'actif net de succession ; ci 7,651 88

Total lui revenant, dix-neuf mille six cent cinquante et un franc quatre-vingt-huit centimes ; ci 19,651 88

§ 2. — Attributions.

Pour le remplir de ses droits, il convient de lui
attribuer :

1° La somme de quatre mille francs, montant de
la créance hypothécaire due par les époux Le Lin,
et énoncée en l'inventaire ; ci . . . . . 4,000 «

2° Celle de cent cinquante francs,
prorata d'intérêts couru sur ce capital
jusqu'au décès d'Ambroise Rateau ; ci. 150 »

3° Celle de sept mille francs, montant de la créance hypothécaire due par
les époux Karnedec, et énoncée dans
l'inventaire ; ci . . . . 7,000 »

4° Celle de cent soixante-quinze
francs, prorata d'intérêts couru sur ce
capital jusqu'au décès d'Ambroise Ra-

A reporter. . . . , ... 11,150 » 19,651 88

Reports. . . . . . 11,150 » 19,651 88

teau; ci. . . . . 175 »

5° Et celle de huit mille trois cent
vingt-six francs quatre-vingt-huit centimes à prendre dans le numéraire
trouvé lors de l'inventaire ; ci. 8,326 88

Total égal à ses droits, dix-neuf
mille-six cent cinquante et un francs
quatre-vingt-huit centimes ; ci 19,651 88

Égal

3ᵉ Section. — *M. Alcide Le Plantec.*

§ 1ᵉʳ. — Fixation de ses droits.

Il revient au mineur Alcide Le Plantec la seule somme de
sept mille six cent cinquante et un francs quatre-vingt-huit centimes, formant le sixième de l'actif de la succession d'Ambroise
Rateau, déduction faite tant du passif de la succession que du
legs particulier et préciputaire fait à Nicolas Le Plantec;
ci , ... 7,651 88

§ 2. — Attribution.

Pour le remplir de cette somme il lui est attribué
pareille somme de sept mille six cent cinquante et
un francs quatre-vingt-huit centimes à prendre
sur le numéraire trouvé lors de l'inventaire ;
ci 7,651 88

Égal

4ᵉ Section — *Mˡˡᵉ Marie Le Plantec.*

§ 1ᵉʳ. — Fixation de ses droits.

Il revient à Mˡˡᵉ Marie Le Plantec, pour son sixième dans la
succession d'Ambroise Rateau, son oncle, la somme de sept

mille six cent cinquante et un francs quatre-vingt-neuf cer
mes ; ci . . . . , ... 7,651

§ 2. — Attributions.

Pour fournir à Mlle Marie Le Plantec le montant
de ses droits, il convient de lui attribuer :

1° La somme de seize cent quatre-vingt-quatorze
francs trente-neuf centimes, restant encore disponible sur le numéraire trouvé lors de l'inventaire ;
ci. 1,694 39

2° Et la somme de cinq mille neuf
cent cinquante sept francs cinquante
centimes, formant le reliquat net de
la vente de meubles (4° obs.) ; ci. . . 5.957 50

Total égal à ses droits, sept mille
six cent cinquante et un francs
quatre-vingt-neuf centimes ; ci. . . . 7,651 89

Égal

CHAPITRE III

PREUVE DES OPÉRATIONS

§ 1er. — Sommes à partager.

Nous avions à partager entre les héritiers Ambroise Ratea

1° La créance Le Lin, s'élevant à quatre mille franc
ci. 4,000

2° Le prorata d'intéréts courus sur cette créance
s'élevant à cent cinquante francs ; ci. 150

3° La créance Karnedec s'élevant à sept mille
francs ; ci. 7,000

4° Le prorata d'intérêts courus sur cette créance
s'élevant à cent soixante-quinze francs ; ci. . . . 175

5° La somme de onze cent seize francs, valeur

A reporter 11,325

Report. 11,325

du titre de soixante francs de rente sur l'État français ; ci. . . . . , . . .   1,116   »

6° La somme de vingt mille huit cent quarante-
quatre francs quatre-vingts centimes, montant du
numéraire trouvé lors de l'inventaire ; ci   20,844   80

7° Et le reliquat de la vente de meubles s'élevant à cinq mille neuf cent cinquante-sept francs
cinquante centimes ; ci   5,957   50

Total à distribuer, trente-neuf mille deux
cent quarante-trois francs trente centimes ; ci. .   39,243   30

§ 2. — Sommes attribuées.

Dans le travail qui précède nous avons attribué :

1° A M. Yves Rateau, les soixante francs de
rente cinq pour cent sur l'État francais, valant
au jour du décès d'Ambroise Rateau onze cent
seize francs ; ci.   1,116   »

2° Au même, la somme de dix-
huit cent trente-neuf francs soixante-
cinq centimes à prendre sur le numé-
raire trouvé lors de l'inventaire ; ci.   1,839   65

3° Au même à la charge de payer
les dettes et les frais, la somme de
treize cent trente-deux francs à
prendre sur le numéraire de la suc-
cession ; ci.   1,332   »

4° A M. Nicolas Le Plantec, la
créance Le Lin, s'élevant en capital
à quatre mille francs, ci.   4,000   »

5° Au même, les intérêts de cette
somme, soit cent cinquante francs ; ci.   150   »

6° Au même, la créance Karne-
dec, s'élevant à sept mille francs ; ci.   7,000   »

A reporter.   15,437   65   39,243   30

Reports.	15,437 65	39,243 30
7° Au même, les intérêts de cette somme, soit cent soixante-quinze francs ; ci	175 »	
8° Au même, la somme de huit mille trois cent vingt-six francs quatre-vingt-huit centimes à prendre sur le numéraire de la succession ; ci	8,326 88	
9° A M. Alcide Le Plantec, la somme de sept mille six cent cinquante et un francs quatre-vingt-huit centimes à prendre sur le numéraire de la succession ; ci. . . .	7,651 88	
10° A Mlle Marie Le Plantec, la somme de seize cent quatre-vingt-quatorze francs trente-neuf centimes à prendre sur le numéraire de la succession ; ci.	1,694 39	
11° Et à la même, le prooduit net de la vente de meubles s'élevant à cinq mille neuf cent cinquante-sept francs cinquante centimes ; ci. . .	5,957 50	
Total des attributions, trente-neuf mille deux cent quarante-trois francs trente centimes ; ci[1]	39,243 30	

Égal

CHAPITRE IV.

CLAUSES ET CONDITIONS FINALES.

1° M. Yvcs Rateau, dépositaire aux termes de l'inventaire de tous les titres des créances constatées audit procès-verbal,

---

1. Voici comment se ferait en cette circonstance le second mode de preuve, dit par le tableau :

(*Voir le tableau à la page suivante.*)

et de tout le numéraire devra, aussitôt l'homologation du présent état, remettre à chaque attributaire, soit les titres des créances, soit le numéraire lui revenant.

2° Les copartageants restent garants les uns envers les autres de la solvabilité actuelle des débiteurs des créances ci-dessus attribuées.

3° Dans le cas où la somme de deux cent soixante-dix francs, affectée au paiement des frais judiciaires, et où celle de quatre cent cinquante francs fixée pour le coût de la présente liquidation seraient insuffisantes, le surplus serait fourni par les copartageants dans la proportion suivante : trois sixièmes par M. Yves Rateau, un sixième par M. Nicolas Le Plantec, un sixième par M. Alcide Le Plantec et un autre sixième par Mlle Marie Le Plantec.

4° Chaque attributaire profitera des intérêts qu'auraient pu produire les créances à lui attribuées depuis le décès de M. Ambroise Rateau.

Fait et dressé le présent état liquidatif à Quimper, en l'étude, le cinq mai mil huit cent soixante-quatorze.

(Signature.)

Enregistrement : droit fixe, 3 francs.

SOMMES A PARTAGER		ATTRIBUTIONS				
Dénomination des créances	Totaux	M. Yves Rateau	Nicolas LePla c	Alcide LePlantec	Marie Le Plantec	Dettes
Rapport Yves Rateau..	20,000 »	20,000 »	»	»	»	»
Créance Le Lin........	4,000 »	»	4,000 »	»	»	»
Intérêts Le Lin........	150 »	»	150 »	»	»	»
Créance Karnedec......	7,000 »	»	7,000 »	»	»	»
Intérêts de cette créance	175 »	»	175 »	»	»	»
Rentes sur l'État.......	1,116 »	1,116 »	»	»	»	»
Argent comptant........	20,814 80	1,839 65	8,326 88	7,651 88	1,694 39	1,332 »
Vente mobilière........	5,957 50	»	»	»	5,957 50	»
Totaux...........	59,243 30	22,955 65	19,651 88	7,651 88	7,651 89	1,332 »
			59,243 30			

**Liquidation d'une seule succession avec legs en usu-
fruit, compte de gestion, dettes de l'un des héritiers
envers la succession et opposition par deux créanciers de cet héritier.**

EXPOSÉ DES FAITS [1].

Jean Thibaudeau, fermier, et Françoise Fillonneau, se
sont mariés, en 1842, sans contrat de mariage.

En 1851, Françoise Fillonneau obtint sa séparation
de biens, renonça à la communauté, et fit procéder à la
liquidation de ses reprises.

Françoise Fillonneau décéda le 1er mars 1873, laissant
son mari donataire en usufruit d'une moitié de sa
succession ; et pour héritiers ses trois enfants Louis,
Pierre et Julien Thibaudeau, tous les trois majeurs.

La succession de l'épouse Thibaudeau se composait
de : 1° une somme de 8,000 francs placée chez M. Hurtaud, banquier ; 2° des meubles meublants et un attirail
de ferme ; 3° du droit au bail d'une ferme ayant encore
cinq ans à courir ; 4° d'une maison à Maillezais ; 5° et
d'une petite ferme à Maillé.

Le passif de la succession consistait en différentes
petites dettes d'une valeur de 1,800 francs.

MM. Hurtaud et Jourdain, créanciers de Louis Thi-

---

1. La difficulté de cette liquidation n'est pas dans la multiplicité des
faits à analyser, ni dans la multiplicité des créances actives ou passives,
aussi nous abrégerons autant que possible nos suppositions de ce genre,
pour nous appliquer plus spécialement aux autres complications.

baudeau, firent opposition à ce que le partage ne soit fait hors de leur présence.

Instance pour arriver à une liquidation judiciaire de la succession.

Pendant cette période, gestion des droits indivis par Pierre Thibaudeau.

18e FORMULE. — Etat de liquidation d'une seule succession, avec legs en usufruit et compte de gestion.

Etat des comptes et liquidation de la succession de Françoise Fillonneau, épouse de Jean Thibaudeau, décédée, commune de Maillezais (Vendée), le premier mars mil huit cent soixante-treize.

Entre :

1° M. Jean Thibaudeau, ancien fermier, époux de la décédée, demeurant à la ferme du Petit-Marais, commune de Maillezais.

Pris comme donataire en usufruit de la moitié de la succession de la décédée ;

2° M. Louis Thibaudeau, fermier, demeurant à La Croix-des-Marcis, commune de Maillé ;

3° M. Pierre Thibaudeau, fermier, demeurant à la ferme du Petit-Marais, commune de Maillerais ;

4° Et M. Julien Thibaudeau, également fermier, demeurant à la ferme du Rocher, commune de La Ronde,

Ces trois derniers pris chacun comme héritier pour un tiers de ladite Françoise Fillonneau, leur mère.

En présence de :

1° M. Étienne Hurtaud, banquier, demeurant à Fontenay-le-Comte ;

2₀ Et M. Paul-Victor Jourdain, fermier, demeurant au
Grand-Balcon, commune de Vix ;

> MM. Hurtaud et Jourdain [1], créancier
> de M. Louis Thibaudeau, opposants à c
> qu'il ne soit procédé à la liquidation hor
> de leur présence.

> Dressé par Mᵉ Savin, notaire
> Maillé, canton de Maillerai (Ven
> dée), commis à cet effet par juge
> ment du tribunal civil de premièr
> instance de Fontenay-le-Comte
> du quinze septembre mil huit cen
> soixante-quatorze.

PREMIÈRE PARTIE

OBSERVATIONS PRÉLIMINAIRES.

1ʳᵉ OBSERVATION

Mariage des époux Thibaudeau. — Séparation de biens [2].

M. Jean Thibaudeau et Mᵐᵉ Françoise Fillonneau se sont ma
riés à la mairie de Maillerais, le trois juillet mil huit cent quarante-deux. Ils n'avaient point fait faire de contrat de mariag
et se sont trouvés soumis au régime de la communauté légale
En mil huit cent cinquante et un, Mᵐᵉ Thibaudeau ayan
des causes de reprises par suite de la vente d'immeubles à elle
propres, et craignant de les perdre par suite des mauvaises affaires de son mari à cette époque, assigna ledit Thibaudeau de-

1. Les deux créanciers doivent être appelés par sommation à tous le
procès-verbaux d'ouverture, de clôture et autres qui pourraient être faits
2. Cette observation n'a point d'intérêt direct sur cette liquidation ; mai
elle n'en est pas moins utile pour faire comprendre la position où se
trouvait la famille Thibaudeau à l'époque du décès de Françoise Fillon
neau.

vant le tribunal civil de première instance de Fontenay-le-Comte pour voir prononcer sa séparation de biens. Et par jugement du cinq avril mil huit cent cinquante et un, ledit tribunal, faisant droit à cette demande, déclara Mme Thibaudeau séparée de bien d'avec son mari.

Aux termes d'un contrat portant liquidation de reprises, aux minutes de Me Bonpain, prédécesseur immédiat dudit Me Savin, notaire soussigné, M. Thibaudeau paya à M^mo son épouse le montant de ses reprises.

2e OBSERVATION

Décès de Françoise Fillonneau.—Donation entre époux.—
Qualité des héritiers.

M^mo Françoise Fillonneau est décédée à la ferme du Petit-Marais, commune de Maillerais, le premier mars mil huit cent soixante-treize.

Par acte reçu par Me Savin, notaire soussigné, le douze février précédent, elle avait fait donation entre vifs à M. Jean Thibaudeau, son mari, de l'usufruit de tous les biens meubles et immeubles qui composeraient sa succession.

L'épouse Thibaudeau a laissé pour seuls héritiers et chacun pour un tiers MM. Louis, Pierre et Julien Thibaudeau, ses trois enfants dénommés en tête du présent, et tous les trois majeurs.

3° OBSERVATION

Inventaire après décès de Françoise Fillonneau.

Après le décès de Françoise Fillonneau, épouse Thibaudeau, inventaire des forces et charges de cette succession fut dressé par procès-verbal au rapport de M^1 Savin, notaire soussigné, des seize, dix-sept, dix-huit et vingt avril dernier, à la requête de MM. Louis, Pierre et Julien Thibaudeau, ses trois enfants, et en présence de Jean Thibaudeau père, usufruitier.

Cet inventaire ayant relevé certains faits de natures différentes, nous avons cru devoir en diviser l'analyse en divers paragraphes.

§ 1er. — Meubles meublants. — Attirail de ferme.

Tous les meubles meublants et tout l'attirail de la ferme furent estimés au total de vingt-deux mille trois cent quatre-vingt-quinze francs ; mais ce chiffre ne sera point porté en ligne de compte, parce que tous ces objets mobiliers ayant été plus tard vendus, le produit de cette vente en détermine plus exactement la valeur.

§ 2. — Déclarations actives.

Les déclarations actives faites en cet inventaire relevaient l'existence de :

1° La somme de huit mille francs déposée chez M. Hurtaud, banquier à Fontenay-le-Comte, et produisant intérêt à trois pour cent par an depuis le premier décembre mil huit cent soixante-douze ; ci . . . . 8,000 »

2° Les intérêts au jour du décès, soit soixante francs ; ci . . . . 60 »

3° Et le numéraire existant au jour du décès s'élevant à douze cent quatre-vingt-deux francs ; ci. . 1,282 »

Total des déclarations actives, neuf mille trois cent quarante-deux francs ; ci. . . . . 9,342 »

§ 3. — Déclarations passives.

Le passif de la succession s'élevait au total de dix-huit cents francs dus, savoir :

1° Deux cents francs à M. le curé de Maillerais, pour frais funéraires, ci . . . . 200 »

2° Trois cent vingt francs à M. Vollant, docteur-médecin à Maillerais ; ci . . . . 320 »

3° Quatre cent soixante francs à Soulard, charron à Maillerais ; ci . . . . 460 »

A reporter. . . . . 980 »

Report.	980	»

4° Trois cents francs à Largeau, forgeron à Maillerais ; ci.. 300 »

5° Et cinq cent vingt francs dus aux trois domestiques de la maison, pour prorata de gages depuis le vingt-cinq décembre précédent ; ci. . . . . 520 »

Total du passif de la succession, dix-huit cents francs ; ci. . . . . 1.800 »

Il fut aussi déclaré qu'il était encore dû à M. Fréjus, propriétaire de la cabane du Petit-Marais, le prorata de fermage de l'année courante.

§ 4. — Déclarations sur les immeubles.

Il fut déclaré au même inventaire que la succession Fillonneau possédait deux immeubles.

1° Une maison à Maillerais, composée de deux chambres hautes et deux chambres basses, avec bâtiments de servitude et petit jardin. Le tout non affermé au moment du décès.

2° Et une petite ferme contenant cinq hectares, avec petite maison et bâtiments de servitude, située près le bourg de Maillé et appelée La Jonchère. Cette propriété était exploitée par l'épouse Thibaudeau aujourd'hui décédée [1].

§ 5. — Ferme du Petit-Marais.

Suivant les déclarations des requérants, la propriété du Petit-Marais appartient à M. Fréjus, rentier, demeurant à La Roche-sur-Yon, et Mme Thibaudeau en était fermière, aux termes d'un bail à ferme, reçu par Me Savin, notaire soussigné, le vingt juin mil huit cent soixante-neuf. Cette ferme était consentie pour un délai de neuf années, à partir du vingt-neuf septembre

1. Nous aurions pu supposer ces deux immeubles affermés, et alors il aurait fallu comprendre aux déclarations actives les proratas de fermages échus au décès.

mil huit cent soixante-neuf, et pour le fermage de quatre mille francs, payable moitié à la fin de chaque année de fermage, et moitié le vingt-cinq décembre suivant.

§ 6. — Garde des objets. — Gestion.

D'un commun accord entre les enfants Thibaudeau seuls héritiers et M. Thibaudeau père, usufruitier, tous les objets inventoriés furent laissés sous la garde de M. Pierre Thibaudeau, avec autorisation par tous les intéressés audit Pierre Thibaudeau de continuer la gestion de la ferme du Petit-Marais et des immeubles dépendant de la succession de Françoise Fillonneau, pour le compte commun. Il lui fut, aussi dans le même inventaire, conféré tous droits pour toucher l'actif, et pour solder le passif de ladite succession.

4ᵉ OBSERVATION
Vente du droit au bail de la ferme du Petit-Marais.

Les trois héritiers Thibaudeau, voyant qu'ils ne pourraient pas longtemps gérer en commun la ferme du Petit-Marais, et désirant d'ailleurs sortir définitivement de l'indivision, licitèrent d'accord avec M. Jean Thibaudeau, le droit à la ferme du Petit-Marais pour les cinq années à courir à partir du vingt-neuf septembre mil huit cent soixante-treize. Cette adjudication fut faite aux termes d'un procès-verbal dressé par ledit Mᵉ Savin, notaire soussigné et son collègue, le vingt-cinq juin mil huit cent soixante-treize ; et M. Pierre Thibaudeau fut déclaré adjudicataire du droit audit bail, pour le prix total de onze cent trente-cinq francs ; ci. . . . . **1,135**   »

Ce prix fut stipulé payable le premier octobre suivant, avec intérêts à partir de cette dernière époque à défaut de paiement.

5ᵉ OBSERVATION
Vente de meubles.

Tous les meubles et objets mobiliers décrits dans l'inventaire analysé sous la troisième observation, et tous les grains provenant de la récolte faite par M. Pierre Thibaudeau, sur la ferme du Petit-Marais en mil huit cent soixante-treize, moins cependant les deux veaux formant les articles 42 et 43 dudit inventaire, et les deux bœufs formant l'article 51 du même inventaire, furent vendus aux enchères à la requête des trois héritiers et de l'usufruitier, ainsi qu'il résulte d'un procès-verbal dressé par ledit Me Savin, le quinze octobre mil huit cent soixante-treize. Cette vente a produit un total brut de trente et un mille six cent soixante-dix francs ; ci.   31,670   »

De ce chiffre il y a lieu de déduire :

1° La somme de seize cent dix francs pour frais de cette vente; ci. 1,610   »

2° Celle de cent trente-deux francs ; montant des frais de l'inventaire ; ci.   132   »

3° Et celle de mille francs, qui a été remise à M. Pierre Thibaudeau pour faire face aux frais de gestion ; ci. 1,000   »

Total à déduire, deux mille sept cent quarante-deux francs ci. 2,742   »   2,742   »

Reste aujourd'hui comme produit net de cette vente, vingt-huit mille neuf cent vingt-huit francs; ci 28,928   »

Quant aux récoltes provenant de la propriété de la Jonchère, elles furent vendues à l'amiable par MM. Thibaudeau père et fils, et le prix partagé entre eux conformément à leurs droits ; c'est ce qui résulte d'ailleurs des renseignements fournis au notaire liquidateur.

6e OBSERVATION.

Opposition à partage.

Les trois enfants Thibaudeau, d'accord avec leur père usufruitier d'une moitié de la succession, se disposaient à procéder entre eux et à l'amiable au partage des deux immeubles et des valeurs mobilières de la succession, quand par exploit de Bonneau, huissier à Maillé, en date du vingt-deux octobre dernier, M. Heurtaud, banquier à Fontenay-le-Comte et créancier du sieur Louis Thibaudeau, fit signifier à tous les héritiers et donataire de Françoise Fillonneau, opposition à ce qu'il soit procédé au partage de ladite succession en dehors de sa présence.

Même opposition fut faite par M. Jourdain, fermier au Grand-Balcon, commune de Vix, par exploit dudit Bonneau, huissier, du vingt-sept octobre même mois.

Ces deux oppositions forcèrent les héritiers de la dame Thibaudeau à procéder judiciairement à la liquidation de la succession comme à la licitation des immeubles.

7° OBSERVATION

Licitation des immeubles de la succession.

Aux termes d'un procès-verbal d'adjudication dressé par ledit M° Savin, notaire soussigné, et son collègue, le huit avril dernier, les deux immeubles dépendant de la succession de Françoise Fillonneau furent vendus judiciairement.

La maison située à Maillerais fut adjugée à Julien Thibaudeau, l'un des héritiers, pour le prix de huit mille deux cent quarante-cinq francs ; ci.   8,245

Et la petite propriété de la Jonchère, située sur le terroir de la commune de Maillé, fut adjugée à Pierre Thibaudeau, l'un des héritiers, pour le prix de vingt-huit mille trois cent vingt francs ; ci. **28,320**

Il fut établi au cahier des charges dressé en vue de parvenir à cette adjudication que les prix seraient payables six mois après l'adjudication avec intérêts à cinq pour cent par an.

8ᵉ OBSERVATION

Compte de gestion de M. Pierre Thibaudeau [1].

En conséquence de l'autorisation qui lui avait été donnée lors de la clôture de l'inventaire analysé sous la troisième observation, M. Pierre Thibaudeau a géré la ferme du Petit-Marais et les autres intérêts indivis dépendant de la succession de sa mère.

Et d'après les notes et renseignements qu'il a fournis au notaire soussigné, sa gestion donne lieu au compte suivant :

M. Pierre Thibaudeau porte en recettes :

1° La somme de douze cent quatre-vingt-deux francs, montant du numéraire trouvé lors de l'inventaire ; ci . . **1,282** »

2° La somme de cent vingt-cinq francs, prix de deux veaux, articles 42 et 43 de l'inventaire, vendus de gré à gré à Bourru, boucher à Maillé ; ci . . **125** »

3° La somme de quinze cent quatre-vingts francs, prix des deux bœufs, article 51 de l'inventaire, vendus de gré à gré à Sylvain, boucher à Fontenay-le-Comte ; ci . . . . **1,580** »

4° Et la somme de mille francs, prise sur le produit de la vente de meubles (5ᵉ obs.) ; ci . . . . . . **1,000** »

Total, deux mille neuf cent quatre-vingt-sept francs ; ci. . . . . **2,987** »

M. Pierre Thibaudeau a payé pour le compte commun :

1° Deux cents francs, à M. le curé de Maillerais, pour les frais funéraires énoncés dans l'inventaire ; ci. . . **200** »

2° Trois cent vingt francs à M. Vollant, docteur-médecin à Maillerais ; ci . . . . **320** »

A reporter. . . . . **520** «

---

1. Il est des liquidateurs qui préfèrent consacrer un chapitre de la deuxième partie à l'établissement de ce compte de gestion ; mais il nous semble que sa place est plutôt parmi les observations de la première partie.

Report. . . . . 520 »

3º Quatre cent soixante francs à Soulard, charron à Maillerais, pour son compte, porté dans l'inventaire; ci. . . . . 460 »

4º Cent quarante-cinq francs au même, pour ouvrage fait pendant la gestion; ci. . . . . 145 »

5º Trois cents francs à Largeaud, forgeron à Maillerais, pour son compte inscrit dans l'inventaire; ci. . . . . 300 »

6º Deux cent dix francs au même, pour ouvrage fait pendant la gestion; ci. . . . . 210 »

7º Trente-deux francs à Marteau, vétérinaire à Maillerais, pour soins et médicaments fournis pendant la gestion; ci. . . . . 32 »

8º Trois cent vingt francs à Nicolas Dupuis, domestique, pour neuf mois de gages expirés du vingt-neuf septembre dernier; ci. . . . . 320 »

9º Six cent quatre-vingts francs à Jean Bussac, domestique, pour quinze mois de gages, échus à la même époque; ci. . . . . 680 »

10º Trois cents francs à Madeleine Bontemps, domestique, pour dix-huit mois de gages échus aussi au vingt-neuf septembre mil huit cent soixante-treize; ci. . . . . 300 »

11º Et deux mille francs à M. Fréjus, propriétaire de la cabane du Petit-Marais, pour le fermage couru du vingt-neuf septembre mil huit cent soixante-douze au vingt-neuf septembre mil huit cent soixante-treize; ci. . . . . 2,000 »

Total, quatre mille neuf cent soixante-sept francs; ci. . . . . 4,967 »

Par suite du compte qui précède, les recettes sont de deux mille neuf cent quatre-vingt sept francs; ci. . . . . . 2,987 »

A reporter. . . . . 2,987 »

Report. 2,987   ,,

Et les dépenses sont de quatre mille neuf cent
soixante-sept francs; ci. 4,967   `

Les dépenses excèdent donc les recettes de dix-
neuf cent quatre-vingts francs ; ci. 1,980   ,,

M. Pierre Thibaudeau se trouve aujourd'hui créancier de la
successsion de sa mère de cette somme de dix-neuf cent quatre-vingts francs.

9° OBSERVATION

Instance en liquidation.

Les oppositions à partage faites par MM. Hurtaud et Jourdain, créanciers de M. Louis Thibaudeau (6° obs.), rendant un
partage judiciaire indispensable , M. Pierre Thibaudeau, par
exploit de Bonneau, huissier à Maillé, du deux novembre mil
huit cent soixante-treize, assigna ses deux cohéritiers et son
père, usufruitier, devant le tribunal civil de première instance
de Fontenay-le-Comte (Vendée), pour voir dire s'il serait pro
cédé judiciairement au partage et à la liquidation de la succession de Françoise Fillonneau, sa mère, décédée, épouse de
Jean Thibaudeau. Et par son jugement du douze décembre
suivant, ledit tribunal, accueillant cette demande, ordonna
qu'il serait procédé judiciairement au partage et à la liquidation de la succession de Françoise Fillonneau, nomma M. Petit,
géomètre à Maillerais, avec mission d'expertiser les immeubles
et d'en former des lots s'il était possible, commit Mᵉ Savin,
notaire soussigné, pour procéder à la liquidation, et commit
M. Julliot, juge, pour surveiller les opérations.

Ce jugement fut signifié à avoué par acte du Palais de Giraud, huissier à Fontenay-le-Comte, en date du vingt décembre mil huit cent soixante-treize ; et il fut signifié à parties

par exploit de Bonneau, huissier à Maillé, le vingt et un décembre même mois.

M. Petit, expert nommé après avoir prêté serment devant le juge commis, le douze janvier mil huit cent soixante-quatorze, dressa son procès-verbal d'expertise le vingt du même mois de janvier, et déposa le lendemain ce procès-verbal au greffe du tribunal civil de Fontenay-le-Comte. Ce procès-verbal contenait l'estimation des immeubles et constatait en outre qu'ils étaient impartageables sans dépréciation sensible.

Le cinq février suivant, le même tribunal homologuant cette expertise, ordonnait la licitation des immeubles avec admission d'étrangers, et commettait ledit Mᵉ Savin, notaire, pour dresser le cahier des charges et procéder à l'adjudication.

Suivant procès-verbal dressé par Mᵉ Savin, notaire soussigné, le quinze avril dernier, ce notaire déclara ouvrir les opérations des comptes de liquidation et partage de la succession de Françoise Fillonneau, pour lesquelles opérations ce notaire avait été commis par le jugement du douze décembre mil huit cent soixante-treize.

10ᵉ OBSERVATION

Décompte des intérêts.

Dans la seconde partie de ce travail, à cause des droits de l'usufruitier, et surtout parce que toutes les créances qui seront attribuées ne produisent pas intérêts, le notaire liquidateur, pour maintenir la plus grande égalité dans les attribution, fera le décompte de tous les intérêts courus et à courir jusqu'au premier juin prochain, époque à laquelle, selon toute probabilité, chacun pourra jouir séparément des attributions qui lui auront été faites.

Les intérêts courus du premier mars mil huit cent soixante-treize au premier juin mil huit cent soixante-quatorze seront additionnés dans une colonne spéciale à cause des droits de l'usufruitier.

DEUXIÈME PARTIE

COMPTES ET LIQUIDATIONS

SOMMAIRE :

Le travail suivant sera divisé en quatre chapitres.

Le premier chapitre comprendra la liquidation de la succession de Françoise Fillonneau.

Il sera divisé en trois paragraphes ; le premier sera affecté à l'actif, le second au passif et le troisième à la balance.

Le deuxième chapitre comprendra la fixation des droits des parties et les attributions.

Il sera divisé en quatre sections : la première pour M. Louis Thibaudeau, la seconde pour Pierre Thibaudeau, la troisième pour Julien Thibaudeau et la quatrième pour Jean Thibaudeau père, usufruitier.

Chaque section sera divisée en deux paragraphes, l'un pour la fixation des droits des parties et l'autre pour les attributions.

Le troisième chapitre comprendra la preuve des opérations.

Il sera divisé en deux paragraphes : le premier pour les sommes à partager et le second pour les sommes attribuées.

Et le quatrième chapitre comprendra les clauses et conditions finales.

CHAPITRE Ier

LIQUIDATION DE LA SUCCESSION FILLONNEAU

§ 1er. — Actif.

Il convient de porter à l'actif de la succession de Françoise Fillonneau les sommes ci-après :

1° La somme de huit mille francs, placée chez M. Hurtaud, banquier, et énoncée dans l'inventaire (3° obs.); ci   8000   »

2° La somme de soixante francs, pour intérêts à trois pour cent courus avant le décès (3° obs.); ci. .   60   »

3° La somme de trois cents francs, pour intérêts courus sur la même somme de huit mille francs, du décès de Françoise Fillonneau, au premier juin mil huit cent soixante-quatorze. Cette somme fait partie des revenus atteints par l'usufruit; ci.   300   »

4° La somme de onze cent trente-cinq francs, montant de l'adjudication du droit au bail de la propriété du Petit-Marais, due par M. Pierre Thibaudeau (4° obs.); ci. . . . .   »   1,135   »

5° Le somme de trente-sept francs soixante-quinze centimes, pour intérêts courus sur cette dernière somme du premier octobre mil huit cent soixante-treize au premier juin mil huit cent soixante-quatorze; ci. 37 75

6° La somme de vingt-huit mille neuf cent vingt-huit francs, reliquat net de la vente de. meubles (5° obs.); ci   »   » 28,928   »

7° La somme de huit mille deux cent quarante-cinq francs, prix d'adjudica-

A reporter.   337   75   38,123   »

Reporter.	337	75	38,123

tion de la maison de Maillerais; ladite somme due par Julien Thibaudeau (7° obs.); ci. . . . . `»` `»` **8,245** `»`

8° La somme de cinquante-neuf francs cinquante-cinq centimes, pour intérêts courus sur ce prix du jour de l'adjudication au premier juin prochain; ci. . . . . 59 55 `»` `»`

9° La somme de vingt-huit mille trois cent vingt francs, prix d'adjudication de la propriété de La Jonchère, prononcée au profit de M. Pierre Thibaudeau (7° obs.); ci. . . . . `»` `»` 28,320 `»`

10° Et celle de deux cent quatre francs cinquante-cinq centimes, pour intérêts courus du jour de l'adjudication au premier juin mil huit cent soixante-quatorze; ci. 204 55

Total des revenus, six cent un francs quatre-vingt-cinq centimes; ci. [1]. . . . 601 85

Dont moitié pour l'usufruitier est de trois cents francs quatre-vingt-douze centimes; ci.. . . . . 1/2

300 92

Et dont le tiers de la moitié pour chaque enfant Thibaudeau est de cent francs trente et un centimes; ci. 1/3

100 31

Total des capitaux, soixante-quatorze mille six cent quatre-vingt-huit francs; ci . . . . **74,688** `»`

---

1. Si dans les observations nous avions relevé certaines dépenses s'appliquant aux revenus, il nous faudrait aussi faire deux colonnes au passif, et ne diviser entre les ayants droit qu'après la balance.

§ 2. — Passif.

M. Pierre Thibaudeau ayant, pendant sa gestion, acquitté toutes les dettes énoncées en l'inventaire, il ne reste plus à comprendre au passif de la succession que le reliquat du compte de gestion (8ᵉ obs.), soit dix-neuf cent quatre-vingts francs ; ci. . . . . **1,980** »

§ 3. — Balance.

L'actif en capitaux est de soixante-quatorze mille six cent quatre-vingt-huit francs ; ci. . . . . **74,688** »

Le passif est de dix-neuf cent quatre-vingts fr. ; ci **1,980** »

Partant, l'actif excède le passif de soixante-douze mille sept cent huit francs ; ci. . . . . **72,708** »

Dont moitié en usufruit pour Jean Thibaudeau est de trente-six mille trois cent cinquante-quatre francs ; ci. . . . . **36,354** »

Et dont le tiers pour chaque enfant Thibaudeau est de vingt-quatre mille deux cent trente-six francs ; ci. . . . . **24,236** »

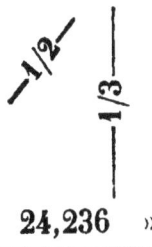

CHAPITRE II

FIXATION DES DROITS DES PARTIES. — ATTRIBUTIONS [1]

1ʳᵉ SECTION. — *M. Louis Thibaudeau.*

§ 1ᵉʳ. — Fixation de ses droits.

Il revient à M. Louis Thibaudeau en toute propriété :

1° La somme de cent francs trente et un centimes, formant

1. Nous avons déjà vu que pour la quotité des droits d'enregistrement, le liquidateur doit souvent apporter les plus grandes attentions dans les attributions. Mais, souvent aussi, la question civile, et notamment la conservation des droits des créanciers, exige les mêmes attentions. Ici, par exemple, si quelques-uns des immeubles avaient été adjugés à des étrangers

le sixième des revenus du décès de Françoise Fillonneau au premier juin prochain (1er chap.); ci   100   31

2° Celle de douze mille cent dix-huit francs, formant le sixième de l'actif net de succession (1er chapitre); ci   12,118   »

De plus, il lui revient en nue propriété, pareille somme de douze mille cent dix-huit francs, formant le sixième de l'actif net de succession; ci.   12,118   »

Total de ses droits, en toute propriété, douze mille deux cent dix-huit francs trente et un centimes, et en nue propriété douze mille cent dix-huit francs; ci   12,118   »   12,218 31

Total général de tous ses droits, vingt-quatre mille trois cent trente-six francs trente et un centimes ; ci . . .   24,336 31

§ 2. — Attributions.

Pour remplir M. Louis Thibaudeau de ses droits, il convient de lui attribuer :

Premièrement, en toute propriété :

1° Le sixième des huit mille francs, déposés chez M. Hurtaud, soit treize cent trente-trois francs trente-quatre centimes; ci. . .   1,333   34

A reporter   1,333   34   24,336 31

il faudrait partager, conformément aux droits des héritiers, tous ces prix de ventes, à causes des hypothèques qui pourraient appartenir aux créanciers. De même encore, faut-il ici apporter la plus grande prudence dans le partage de la somme déposée chez M. Hurtaud, créancier opposant, car pour la portion de cette somme qui sera attribuée à Louis Thibaudeau, ce créancier pourra-t-il faire valoir la compensation? Il faudra donc attribuer à Louis Thibaudeau un sixième de cette créance en toute propriété, et un autre sixième en nue propriété.

Reports. 1,333 34 24,336 31

2° Et la somme de dix mille huit cent quatre-vingt-quatre francs quatre vingt-dix-sept centimes, à prendre dans le reliquat net de la vente de meubles (5° obs.); ci 10,884 97

Deuxièmement, en nue propriété :

1° Le sixième en capital de la créance Hurtaud, soit treize cent trente-trois francs trente-trois centimes ; ci. 1,333 33

2° Et la somme de dix mille sept cent quatre-vingt-quatre francs soixante-sept centimes, à prendre sur le reliquat net de la vente de meubles; ci. 10,784 67

Totaux égaux à ses droits, en toute propriété douze mille deux cent dix-huit francs trente et un centimes, et en nue propriété douze mille cent dix-huit francs; ci. 12,118 00   12,218 31

Total général. . . .   24,336 31

2ᵉ Section — *M. Pierre Thibaudeau.*

§ 1ᵉʳ. — Fixation de ses droits.

Il revient à M. Pierre Thibaudeau en toute propriété :

1° La somme de dix-neuf cent quatre-vingts francs, formant l'excédent passif de son compte de gestion(8ᵉ observation);

ci. . . . .   1,980 »

2° La somme de cent francs trente et un centimes, formant le sixième des revenus faits pendant l'indivision ; ci. 100 31

3° Et la somme de douze mille cent dix-huit francs, formant le sixième de l'actif net de succession résultant des comptes du chapitre précédent ; ci. . . . .   12,118 »

Et il lui revient en plus en nue propriété la même somme de douze mille cent dix-huit francs, formant le sixième de l'actif net de succession ; ci.. . . . .   12,118 »

Total de ses droits en toute propriété, quatorze mille cent quatre-vingt-dix-huit francs trente et un centimes, en nue propriété douze mille cent dix-huit francs ; ci. . . .   12,118 »   14,198 31

Ensemble, vingt-six mille trois cent seize francs trente et un centimes ; ci. 26,316 31

§ 2. — Attributions.

Pour remplir M. Pierre Thibaudeau de ses droits, il convient de lui attribuer :

Premièrement, en toute propriété :

1° La somme de onze cent trente-cinq francs, montant de l'adjudication prononcée à son profit de la suite du bail du Petit-Marais (4° obs.); ci. . . . .   1,135 »

2° Celle de trente-sept francs soixante-quinze centimes, pour les intérêts courus sur ce prix ; ci.. . . . .   37 75

A reporter. . . .   1,172 75   26,316 31

	Report. . . .	1,172 75	26,316 ?

3° Celle de deux cent quatre
francs cinquante-cinq centimes,
montant des intérêts de son prix
d'adjudication (7° obs.); ci. . . . 204 55

4° Et celle de douze mille huit
cent vingt et un francs un centime, sur le prix d'adjudication
d'immeubles à son profit; ci. . 12,821 01

Deuxièmement, et en nue propriété seulement, la somme de
douze mille cent dix-huit francs
à prendre sur le même prix d'adjudication (7° obs.); ci 12,118 »

Total des attribu-
tions, en toute pro-
priété quatorze mille
cent quatre-vingt-dix-
huit francs trente et un
centimes, et en nue
propriété douze mille
cent dix-huit francs ;
ci. . . . . 1 2,1((» 14,1(8 (Égal

Total général; ci. .   26,316 31

3e SECTION. — *M. Julien Thibaudeau.*

§ 1er. — Fixation de ses droits.

Il revient à M. Julien Thibaudeau en toute propriété :
1° La somme de cent francs trente et un centimes, formant |
sixième des revenus faits pendant l'indivision (Chap. 1er, § 1er
ci. 100 3

A reporter. 100 3

Report. 100 31

2° Et la somme de douze mille cent dix-huit francs, formant le sixième de l'actif net de succession (chap. 1ᵉʳ); ci.. . . . . 12,118 »

Et de plus, il lui revient en nue propriété pareille somme de douze mille cent dix-huit francs, formant le sixième de l'actif net de la succession ; ci. . . . . 12,118 »

Total de ses droits en toute propriété douze mille cent dix-huit francs trente et un centimes, et en nue propriété douze mille cent dix-huit francs ; ci. . . . . 12,118 » 12,218 31

Ensemble vingt-quatre mille trois cent trente-six francs trente et un centimes ; ci. 24,336 31

§ 2. — Attributions.

Pour remplir M. Julien Thibaudeau de ses droits, il convient de lui attribuer :

Premièrement, en toute propriété :

1° La somme de huit mille deux cent quarante-cinq francs, montant de l'adjudication prononcée à son profit (7ᵉ obs.); ci. 8,245 »

2° Celle de cinquante-neuf francs cinquante-cinq centimes pour intérêts courus sur ce prix d'adjudication; ci. 59 55

3° Celle de trois mille trois cent quatre-vingts francs quatre-vingt-dix-neuf centimes, formant le surplus de la soulte de l'adjudication prononcée au profit de M. Pierre Thibaudeau (7ᵉ obs.) ci. 3.380 99

A reporter. 11,685 54 24,336 31

Reports . . .	11,685 54	24,336 31

4° Celle de trois cent soixante francs, montant des intérêts dus par M. Hurtaud ; ci . . . .   360 »

5° Et celle de cent soixante-douze francs soixante-dix-sept centimes, à prendre sur le produit net de la vente de meubles (5° obs.); ci 172 77

Deuxièmement, et en nue propriété :

1° La somme de cinq mille trois cent trente-trois francs trente-trois centimes, à prendre sur le capital de la créance Hurtaud ; ci   5,333   33

2° Et la somme de six mille sept cent quatre-vingt-quatre francs soixante-sept centimes, à prendre sur le produit net de la vente de meubles ; ci   6,784   67

Total des attributions, en toute propriété douze mille deux cent dix-huit francs trente et un centimes, et en nue propriété douze mille cent dix-huit francs ; ci.   12,118   »   12,218 31

Total des attributions, vingt-quatre mille trois cent trente-six francs trente et un centimes ; ci.   24,336   31

Égal

§ 1er. — Fixation de ses droits.

Il revient à M. Jean Thibaudeau père :

Premièrement, en toute propriété, la somme de trois cents francs quatre-vingt-douze centimes, formant moitié des revenus perçus pendant l'indivision (chap. 1er, § 1er); ci.   300 92

Deuxièmement, et en usufruit seulement, la somme de trente-six mille trois cent cinquante-quatre francs, formant moitié de l'actif net de succession; ci. . . . . 36,354 »

Total de ses droits, en toute propriété, trois cents francs quatre-vingt-douze centimes, et en usufruit trente-six mille trois cent cinquante-quatre francs; ci. 36,354 »   300 92

Total général de ses droits, trente-six mille six cent cinquante-quatre francs quatre-vingt-douze centimes : ci. 36,654 92

§ 2. — Attributions.

Pour remplir M. Thibeaudeau père du montant de ses droits, il convient de lui attribuer :

Premièrement, en toute propriété, la somme de trois cents francs quatre-vingt-douze centimes, à prendre dans le reliquat net de la vente de meubles (5e obs.); ci. . . 300 92

Deuxièmement, et en usufruit :

1° La somme de treize cent trente-trois francs trente-trois centimes, à prendre dans le capital

A reporter. 300 92 36,654 92

Reports 300 92 36,654 92

de la créance Hurtaud, et dont
M. Louis Thibaudeau a la nue
propriété; ci. 1,333 33

2° Celle de dix mille
sept cent quatre-
vingt-quatre francs
soixante-sept cen-
times, à prendre sur
la vente de meubles
et dont M. Louis
Thibaudeau a la nue
propriété ; ci. . . . 10,784 67

3° Celle de douze
mille cent dix-huit
francs, à prendre
dans le prix d'adju-
dication prononcée
au profit de M. Pierre
Thibaudeau, et dont
la nue propriété a
été attribuée à ce
dernier; ci. . . . . 12,118 »

4° Celle de cinq
mille trois cent tren-
te-trois francs trente-
trois cent., à prendre
sur le capital de la
créance Hurtaud,
portion dont M. Ju-
lien Thibaudeau a
la nue propriété, ci 5,333 33

5° Et celle de six
mille sept cent qua-

A reporter. . . . 29,569 33   300 92   36,654 92

| *Reports* . . . | 29,569 33 | 300 92 | 36,654 92 |

tre-vingt-quatre fr.
soixante-sept cen-
times, à prendre sur
le produit net de la
vente de meubles,
portion dont M. Ju-
lien Thibaudeau a
la nue propriété; ci   6,784 67

Total des attribu-
tions, en toute pro-
priété trois cents
francs quatre-vingt-
douze centimes, et
en usufruit trente-
six mille trois cent
cinquante-quatre fr.
ci. 36,354 00   300 92

Total général des
attributions, trente-
six mille six cent cin-
quante-quatre francs
quatre-vingt-douze
centimes, ci. 36,654 92

Égal

CHAPITRE III

PREUVE DES OPÉRATIONS

§ 1er. — Sommes à partager.

Nous avions à comprendre au présent compte de liquidation :

1° La somme de huit mille francs, capital déposé chez M. Hurtaud, banquier à Fontenay-le-Comte ; ci. .   8,000 »

A reporter. . . . . . .   8,000 ,,

Report.   8,000   »

2° Celle de trois cent soixante francs, pour intérêts courus sur ce capital, tant avant qu'après
le décès de Françoise Fillonneau ; ci.   360   »

3° Celle de onze cent trente-cinq francs, prix de
l'adjudication de la suite au bail de la ferme du
Petit-Marais (4° obs.); ci   1,135   »

4° Celle de trente-sept francs soixante-quinze
centimes, pour intérêts courus sur cette dernière
somme ; ci.   37   75

5° Celle de vingt-huit mille neuf cent vingt-huit
francs, reliquat net de la vente de meubles ; ci. .   28,928   »

6° Celle de huit mille deux cent quarante-cinq
francs, prix d'adjudication de la maison de Maillerais (7° obs.); ci.   8,245   »

7° Celle de cinquante-neuf francs cinquante-
cinq centimes, pour intérêts courus sur ce prix ; ci   59   55

8° Celle de vingt-huit mille trois cent vingt francs,
prix de l'adjudication de la propriété de La Jonchère (7° obs.); ci.   28,320   »

9° Et celle de deux cent quatre francs cinquante-
cinq centimes pour intérêts courus sur ce dernier
prix ; ci..   204   55

Total, soixante-quinze mille deux cent quatre-
vingt-neuf francs quatre-vingt-cinq centimes, ci.   75,289   85

§ 2. — Sommes attribuées.

Nous avons attribué tant en toute propriété
qu'en nue propriété :

1° A M. Louis Thibaudeau, la somme de treize
cent trente-trois francs trente-quatre centimes, à
prendre en toute propriété dans la créance Hurtaud ; ci.   1,333   34

A reporter.   1,333   34   75,289   85

Reports. 1,333 34 75,289 85

2° Au même, celle de dix mille huit cent quatre-vingt-quatre francs quatre-vingt-dix-sept centimes, en toute propriété, dans le produit de la vente de meubles ; ci 10,884 97

3° Au même, celle de treize cent rente-trois francs trente-trois centimes, en nue propriété, à prendre dans la créance Hurtaud ; ci 1,333 33

4° Encore au même, celle de dix mille sept cent quatre-vingt-quatre francs soixante-sept centimes, en nue propriété, à prendre dans le produit de la vente de meubles ; ci 10,784 67

5° A M. Pierre Thibaudeau, la somme de onze cent trente-cinq francs, en toute propriété, montant de l'adjudication du droit au bail du Petit-Marais ; ci. . . . . 1,135 »

6° Au même celle de trente-sept francs soixante-quinze centimes, en toute propriété, formant les intérêts courus sur ce dernier capital ; ci. 37 75

7° Au même, celle de deux cent quatre francs cinquante-cinq centimes, en toute propriété, formant les intérêts courus sur le prix d'adjudication de la propriété de La Jonchère ; ci. 204 55

8° Au même, la somme de douze mille huit cent vingt et un francs un centime, en toute propriété, à prendre dans le prix d'adjudication

A reporter. 25,713 61 75,289 85

Reports.	25,713 61	75.289 85

d'immeuble prononcée à son profit
(7° obs.) ; ci 12,821 01

9° Encore au même, celle de
douze mille cent dix-huit francs,
en nue propriété, à prendre dans
le même prix d'adjudication ; ci. . 12,118

10° A M. Julien Thibaudeau, la
somme de huit mille deux cent quarante-cinq francs, en toute propriété,
formant le montant du prix d'adjudication prononcée à son profit
(7° obs.) ; ci. . . . . 8,245 ,,

11° Au même, cinquante-neuf
francs cinquante-cinq centimes, formant les intérêts courus sur ce capital ; ci. 59 55

12° Au même, la somme de trois
mille trois cent quatre-vingts francs
quatre-vingt-dix-neuf centimes, en
toute propriété, formant la soulte
due par M. Pierre Thibaudeau par
suite de l'adjudication prononcée à
son profit de la propriété de la
Jonchère (7° obs.) ; ci. 3,380 99

13° Au même, la somme de trois
cent soixante francs, en toute propriété, formant les intérêts du capital dû par M. Hurtaud ; ci . . . . 360 »

14° Au même, la somme de cent
soixante-douze francs soixante-dix
sept centimes, en toute propriété, à
prendre sur le produit de la vente
de meubles (5° obs.) ; ci 172 77

A reporter . .	62,870 93	75,289 85

Reports	62,870 93	75,289 85

15° Au même, la somme de cinq mille trois cent trente-trois francs trente-trois centimes, en nue propriété seulement, à prendre dans le capital dû par M. Hurtaud ; ci . .   5,333 33

16° Encore au même, la somme de six mille sept cent quatre-vingt-quatre francs soixante-sept centimes en nue propriété, à prendre dans le produit net de la vente de meubles ; ci 6,784 67

17° Et à M. Jean Thibaudeau père, la somme de trois cents francs quatre-vingt-douze centimes, en toute propriété, à prendre dans le produit net de la vente de meubles dont elle forme le complément ; ci 300 92

Total égal aux sommes à partager, soixante-quinze mille deux cent quatre-vingt-neuf francs quatre-vingt-cinq centimes ; ci. 75,289 85

Égal

CHAPITRE IV

CLAUSES ET CONDITIONS

1° Chacun des attributaires aura droit aux créances et sommes comprises dans son lot à partir de l'homologation du présent état.

2° Chacun aura droit aux intérêts de ses attributions à partir du premier juin mil huit cent soixante-quatorze, conformément à ce qui a été dit sous la dixième observation.

3° La grosse du procès-verbal d'adjudication des immeubles dépendant de la succession de Francoise Fillonneau sera remise à M. Thibaudeau père, à la charge par lui de la communiquer à M. Julien Thibaudeau, à première demande et sur simple récépissé. Après l'extinction de l'usufruitier et le paiement de la soulte due à M. Julien Thibaudeau, cette grosse sera remise à M. Pierre Thibaudeau.

4° M. Jean Thibaudeau, n'étant pas dispensé de fournir caution par la donation qui lui a été faite, devra s'entendre avec chacun des nus propriétaires, quant à la caution à fournir d'après l'article 601 du code civil.

Fait et dressé le présent état liquidatif en l'étude, à Maillé, canton de Maillerais, par le notaire soussigné, le huit mai mil huit cent soixante-quatorze.

(Signature.)

CINQUIÈME LIVRE

LIQUIDATION DE COMMUNAUTÉ ET DE SUCCESSIONS

Liquidation d'une seule communauté et d'une seule succession; absence de l'un des héritiers.

EXPOSÉ DES FAITS

Marius Bécède épousa, en 1848, Malvina Hénès. Leur contrat porte acceptation du régime de la communauté d'acquêts. L'apport du futur consistait en une somme de 30,000 francs, donnée par ses père et mère, et l'apport de la future consistait dans ses droits dans la succession de son père prédécédé dont elle était seule héritière. Cette succession se composait d'un mobilier d'une valeur de 8,000 francs, et d'une propriété dite Le Mas des Landes contenant 785 hectares.

En 1851, décès de la mère de Mme Bécède ; sa succession consistait en divers meubles inventoriés, d'une valeur de 14,500 francs, et en deux immeubles, une maison à Tartas, et la propriété des Grands-Pins.

En 1852, M. Bécède recueillit la succession de son père, et en 1854 il recueillit la succession de sa mère, et vendit tous ses droits dans ces deux successions à Nicolas Bécède, son frère, pour le prix de 46,000 francs.

En 1854, le chemin de fer du Midi traversa la propriété du Mas des Landes, et paya 11,200 francs d'indemnité.

En 1858, la maison de Tartas fut vendue pour 22,000 francs.

En 1873, décès de Marius Bécède, laissant quatre enfants, Numa, Albert, Bernard et Iphigénie, les trois premiers majeurs, et la dernière mineure. Huit jours après la mort de son père, Numa Bécède disparut.

Les forces de la communauté seront énumérées dans l'observation qui contiendra l'analyse de l'inventaire.

19º FORMULE. — État de liquidation

État des comptes de liquidatiion et partage de : 1º la communauté qui a existé entre Marius Bécède, décédé, et Malvina Hénès, restée sa veuve ; 2º et la succession dudit Marius Bécède ;

Entre :

1º Madame Malvina Hénès, sans profession, veuve de Marius Bécède, demeurant à Laluque, canton de Lévignac (Landes) ;

Prise à cause de la communauté qui a existé entre elle et son mari ;

2º M. Numa Bécède, sans profession connue, actuellement absent ;

Ce dernier représenté par Mᵉ Calaud, notaire à Pontons, canton de Lévignac, commis à cet effet par jugement du tribunal civil de première instance de Dax, du cinq janvier mil huit cent soixante quatorze.

3° M. Albert Bécède, rentier, sans profession, demeurant à Laluque ;

4° M. Bernard Bécède, négociant, demeurant à Tartas ;

5° Et Mlle Iphigénie Bécède, mineure de quatorze ans, demeurant avec Mme veuve Bécède, sa mère.

Mlle Bécède, ayant pour tuteur M. Pompée Bécède, son oncle, négociant, demeurant à Pontons.

MM. Numa, Albert et Bernard Bécède et Mlle Iphigénie Bécède, héritiers chacun pour un quart de Marius Bécède, leur père.

Dressé par Me Rupins, notaire à Laluque, canton de Lévignac (Landes), commis à cet effet par jugement du tribunal civil de première instance de Dax, du sept février dernier.

PREMIÈRE PARTIE

OBSERVATIONS PRÉLIMINAIRES

1re OBSERVATION

Mariage des époux Bécède. — Contrat de mariage.

M. Marius Bécède et Mlle Malvina Hénès se sont mariés à la mairie de Laluque, le seize février mil huit cent quarante-huit. Un contrat réglant les clauses et conditions civiles de cette union fut dressé par ledit Me Rupins, à la date du onze février même mois. Aux termes de ce contrat, les futurs époux ont

adopté le régime de la communauté réduite aux acquêts. L'ap
port du futur époux consistait uniquement en une somme de
trente mille francs qui lui fut donnée par ses père et mère. La
future épouse se constitua en dot tous ses droits dans la suc_
cession de son père, consistant en divers objets mobiliers d'une
valeur de huit mille francs, et une propriété appelée Le Mas
des Landes. Il fut encore dit à ce contrat qu'à la dissolution
de la communauté, chaque époux ou ses héritiers prélèverait
à titre de préciput, tous les linges et hardes à son usage personnel. Les futurs époux ne se firent aucune donation.

De ce contrat de mariage il résulte donc :

1° Que Mme Bécède a droit à une reprise en numéraire de
huit mille francs ; ci. 8,000   »

2° Et que la succession Bécède a droit à une reprise en
numéraire de trente mille francs, ci 30,000   »

2ᵉ OBSERVATION

Succession échue à Mme Bécède.

Le deux juillet mil huit cent cinquante et un, Mme Zoé-Vics
toire Reils, veuve Hénès, décéda laissant pour seule héritière
Mme Bécède, sa fille. Cette succession se composait de meubles_
et d'immeubles.

Les immeubles consistaient en : 1° une maison avec jardin
située à Tartas, rue de la Midoure, n° 6 ; 2° et une propriété
composée de terres labourables, bois et landes, d'une conte_
nance totale de quatre cent dix-sept hectares, appelée les Grands_
Pins, située sur le territoire de la commune de Pontons.

Les meubles et valeurs mobilières de la même succession
ont été inventoriés aux termes d'un procès-verbal dressé par
Me Launès, notaire à Tartas, les douze, quinze et dix-huit août
mil huit cent cinquante et un. D'après cet inventaire, le

meubles et valeurs mobilières étaient d'une valeur de quatorze mille cinq cents francs ; ci. . . . . **14,500**   »

Le passif de la même succession se composait uniquement des frais funéraires s'élevant à trois cent vingt francs ; ci. . . . .   **320**   »

A cette dernière somme, il convient d'ajouter :

1° Les frais de l'inventaire, s'élevant à cent vingt-deux francs ; ci.   **122**   »

2° Et le montant des droits de mutation par décès qui, d'après les renseignements fournis par Mme Bécède, s'élevèrent à onze cent quatre-vingt-deux francs ; ci.   **1,182**   »

Total à comprendre au passif de cette succession, seize cent vingt-quatre francs ; ci. . . . .   **1,624**   »

3° OBSERVATION

Successions échues à M. Bécède.

En mil huit cent cinquante-deux, M. Bécède a recueilli la succession de Georges Bécède, son père, dont il était héritier pour un tiers ; et en mil huit cent cinquante-quatre, il recueillit la succession de Pauline Marot, sa mère, dont il était héritier pour pareille quotité. M. Georges Bécède était décédé à Bordeaux le huit septembre mil huit cent cinquante-deux, et sa veuve était décédée en la même ville, le onze juin mil huit cent cinquante-quatre.

Ces décès ne furent point suivis d'inventaire et les revenus des biens indivis en provenant servirent d'abord à acquitter le passif de ces deux successions.

Et le six décembre mil huit cent cinquante-quatre, suivant contrat aux minutes de Me Lacauld, notaire à Bordeaux, M. Marius Bécède vendit à Nicolas Bécède, son frère, tous ses droits dans ces deux successions pour le prix de quarante-six mille francs, qui fut payé comptant en valeurs à la satisfaction du vendeur ; ci. . . . . 46,000 »

Les droits de mutation payés par suite de l'ouverture de ces deux successions s'élevèrent à douze cent quinze francs, dont le tiers à la charge de M. Marius Bécède était de quatre cent cinq francs ; ci. . . . . 405 »

Tous [1] les revenus produits par la succession de Georges Bécède, du huit septembre mil huit cent cinquante-deux, jour du décès, au six décembre mil huit cent cinquante-quatre, jour de la vente, et tous les revenus produits par la succession de Pauline Marot, du onze juin au six décembre mil huit cent cinquante-quatre, furent absorbés par le passif de ces deux successions. Or, ces revenus appartenaient pour un tiers à la communauté que nous avons aujourd'hui à liquider, tandis que le passif, jusqu'à concurrence d'un tiers, était une charge personnelle de M. Marius Bécède. De là résulte pour la communauté une cause de récompense. A défaut de renseignements précis, le notaire liquidateur a cru devoir considérer ces deux successions comme étant d'égale valeur, et devoir fixer leur revenu à quatre pour cent du prix de vente, ce qui donne pour le tiers de la succession Georges Bécède quinze cent vingt francs cinquante centimes, et pour le tiers de la succession Marot, deux cent soixante-dix-neuf francs cinquante centimes, soit au total dix-huit cents francs ; ci. . 1,800 »

4° OBSERVATION

Aliénation d'immeubles propres à Mme Bécède née Hénès.

LA PROPRIÉTÉ DU MAS DES LANDES

Dans le cours de l'année mil huit cent cinquante-quatre, le chemin de fer du Midi, pour l'utilité de son parcours et l'établissement d'une station, s'empara par expropriation pour

1. Si ces deux successions avaient été liquidées aussitôt leur ouverture, il est évident que la totalité du passif aurait été défalquée de l'actif

cause d'utilité publique de vingt et un hectares cinq ares de bois et landes de la propriété du Mas des Landes que Mme Bécède possédait en propre dès le jour de son mariage. Les parties n'ayant pu s'entendre sur la valeur de cette parcelle, le tribunal civil de première instance de Dax en fixa la valeur à onze mille deux cents francs, par son jugement en date du huit décembre mil huit cent cinquante-quatre.

Cette somme de onze mille deux cents francs fut payée à M. Bécède le sept mars suivant, d'où résulte pour Mme Bécède une reprise d'autant ; ci. . . . . **11,200** »

LA MAISON DE TARTAS

La maison située à Tartas, rue de la Midoure, n° 6, fut vendue à la ville de Tartas, aux termes d'un contrat reçu par Me Launès, notaire en ladite ville, le vingt et un juillet mil huit cent cinquante-huit, pour le prix de vingt-deux mille francs, stipulé payable à terme.

Ce prix fut intégralement payé aux époques ci-après, ainsi qu'il résulte de diverses quittances au rapport dudit Me Launès.

Deux mille francs, le vingt-huit juin mil huit cent cinquante-neuf ;

Quatre mille francs, le trente juin mil huit cent soixante ;

Quatre mille francs, le vingt-six juin mil huit cent soixante et un ;

Quatre mille francs, le deux juillet mil huit cent soixante-deux ;

Quatre mille francs, le vingt-cinq juin mil huit cent soixante-trois ;

Et quatre mille francs, le vingt-neuf juin mil huit cent soixante-quatre.

et que l'excédent actif aurait produit des revenus au profit de la communauté Bécède-Hénès ; au contraire, ces revenus, pendant toute la période de l'indivision, ont été employés à acquitter le passif ; grâce à ce système la communauté Bécède-Hénès a supporté des charges qui lui étaient étrangères, par suite il lui est dû récompense.

De là résulte pour M^{mo} Bécède, droit à une reprise de ladite somme de vingt-deux mille francs; ci. . . . . . 22,000 »

5e OBSERVATION

Décès de M. Marius Bécède. — Qualité des héritiers.

M. Marius Bécède est décédé aux Grands-Pins, commune de Laluque, le vingt novembre mil huit cent soixante-treize, sans dispositions testamentaires.

Il laissait pour recueillir sa succession par parts égales entre eux, ses quatre enfants issus de son mariage avec Malvina Hénès, savoir :

1° M. Numa Bécède, majeur, sans profession, demeurant aux Grands-Pins, commune de Laluque.

2° M. Albert Bécède, majeur, sans profession, demeurant au même lieu.

3° M. Bernard Bécède, majeur, négociant, demeurant à Tartas.

4° Et Mlle Iphigénie Bécède, mineure, sous la tutelle naturelle de Mme Malvina Hénès, sa mère ; mais ayant aujourd'hui pour tuteur M. Pompée Bécède, son oncle, demeurant à Pontons. Ce dernier nommé aux fonctions de tuteur suivant délibération du conseil de famille de ladite mineure prise sous la présidence de M. le juge de paix du canton de Lévignac, à la date du onze janvier dernier.

Après le décès de M. Marius Bécède, les scellés ne furent point apposés ; il fut seulement fait inventaire, ainsi qu'il sera expliqué dans une observation subséquente.

6e OBSERVATION

Disparition de M. Numa Bécède. — Commission d'un notaire.

Peu de jours après le décès de M. Marius Bécède, M. Numa Bécède quitta la propriété des Grands-Pins, le trois décembre mil huit cent soixante-treize, prétextant un voyage à Bordeaux.

Depuis il n'a donné aucune nouvelle, et on ignore complètement ce qu'il a pu devenir. Après différentes recherches restées sans résultat, MM. Albert et Bernard Bécède, voulant arriver au partage de la succession de leur père, provoquèrent devant le tribunal de Dax la nomination d'un notaire pour représenter M. Numa Bécède, tant à l'inventaire qui serait fait de la communauté Bécède-Hénès, et de la succession Marius Bécède, qu'à la liquidation desdites communauté et succession.

Et le tribunal civil de première instance de Dax, faisant droit à cette demande, a, par son jugement du vingt janvier mil huit cent soixante-quatorze, commis Mᵉ Calaud, notaire à Bondons, pour représenter M. Numa Bécède, tant à l'inventaire qu'à la liquidation de la communauté Bécède-Hénès et de la succession Marius Bécède, en conformité de l'article 113 du code civil [1].

7ᵉ OBSERVATION

Inventaire après décès de M. Marius Bécède.

Suivant procès-verbal dressé par Mᵒ Rupins, notaire soussigné, à la date des vingt-six, vingt-sept et vingt-neuf janvier dernier, il fut procédé à l'inventaire des forces et charges, tant de la communauté qui avait existé entre M. Marius Bécède, décédé et Mᵐᵉ Malvina Hénès, restée sa veuve, que de la succession dudit Marius Bécède.

Cet inventaire constata l'existence de différents meubles meublants qui furent estimés douze mille huit cent quatre-vingt-trois francs et qui furent vendus depuis, ainsi qu'il sera expliqué dans l'observation suivante.

---

1. Si M. Numa Bécède était disparu avant le décès de son père, il n'y aurait pas lieu de se préoccuper de lui, d'après l'article 136 du code civil. Malheureusement, bien des notaires et avoués semblent ignorer, ou ignorent réellement les prescriptions de ce dernier article, car j'ai vu demander une déclaration d'absence quand l'héritier était disparu avant le décès.

Il constata aussi l'existence d'une somme de dix-neuf mille francs en numéraire ; ci . . . .   19,000 »

Les déclarations actives ne mentionnaient que l'existence de [1] :

1° Un titre de rente sur l'Etat français, de douze mille francs cinq pour cent, valant, au jour du décès, deux cent vingt-cinq mille six cents francs.Ce titre, au nom de M. Marius Bécède, porte le n° 55,680 de la série S. ; ci . . . .   225,600 »

2° Quarante-deux actions du chemin de fer du Midi, portant les numéros 11,222 à 11,263, portées sur le même titre, au nom de M. Marius Bécède, valant, au jour du décès, chacune cinq cent quatre-vingt-douze francs trente-huit centimes, soit au total vingt-quatre mille huit cent quatre-vingts francs : ci. . . . .   24,880 »

Le passif d'après les déclarations dudit inventaire consistait uniquement en :

1° Les frais de dernière maladie s'élevant à sept cent dix francs ; ci. . . . .   710 »

2° Et les frais funéraires s'élevant à huit cent vingt francs ; ci . . . .   820 »

Tous les titres et valeurs constatés audit inventaire ont été laissés en la possession de Mme veuve Bécède, à la charge de les représenter quand et à qui il appartiendra.

8° OBSERVATION

Vente de meubles.

Les meubles corporels dépendant de la communauté Bécède-Hénès et décrits dans l'inventaire qui vient d'être analysé, on été vendus aux enchères publiques, suivant procès-verbal dressé

---

1. On comprendra parfaitement pourquoi nous ne surchargeons pas l'actif ni le passif ; la difficulté du travail ne repose pas dans la multiplicité des chiffres.

par Mᵉ Rupins, notaire soussigné, les seize et dix-sept février dernier. Cette vente a produit un total de seize mille trois cent quatre-vingt-cinq francs ; ci   16,385   »

De ce chiffre il convient de déduire :

1° La somme de quatre-vingt-deux francs cinquante centimes, montant des frais de l'inventaire ; ci 82 50

2° Celle de mille francs payée à l'avoué poursuivant, à valoir sur les frais judiciaires et formant à peu près le montant de ses frais ; ci . . .   1,000   »

3° Celle de six cent vingt-deux francs cinquante centimes, montant des frais de la vente mobilière ; ci . .   622 50

Total à déduire, dix-sept cent cinq francs ; ci   1,705   »   1,705   »

Reste comme produit net de la vente de meubles, quatorze mille six cent quatre-vingts francs ; ci . .   14,680   »

Cette vente mobilière a été faite à la requête de Mᵐᵉ veuve Bécède, de MM. Albert et Bernard Bécède, et en présence de MM. Pompée Bécède, tuteur de Mˡˡᵉ Iphigénie Bécède, et de M. Calaud, notaire commis pour représenter M. Numa Bécède; en vertu d'une ordonnance rendue sur requête par M. le président du tribunal civil de première instance de Dax, à la date du huit février même mois.

9ᵉ OBSERVATION

Instance judiciaire en liquidation.

Par exploit de Gaudès, huissier à Laluque, en date du douze février mil huit cent soixante-quatorze, MM. Albert et Bernard Bécède, voulant arriver au partage et à la liquidation tant de la communauté qui avait existé entre M. Marius Bécède et

Mme Malvina Hénès, que de la succcession dudit Marius Bécède, leur père, assignèrent : 1° Mme veuve Bécède, leur mère ; 2° M. Pompée Bécède, comme tuteur de Mlle Iphigénie Bécède, leur sœur ; 3° et M. Calaud, notaire commis pour représenter M. Numa Bécède, leur frère, devant le tribunal civil de première instance de Dax, pour voir dire qu'il serait procédé judiciairement aux liquidation et partage desdites communauté et succession.

Le tribunal de Dax, faisant droit à cette demande, a rendu le vingt-huit février, même mois, le jugement dont le dispositif suit : « Le tribunal, jugeant en premier ressort, ordonne » qu'il sera procédé judiciairement aux liquidation et partage » de la communauté contractuelle qui a existé entre Marius » Bécède et Malvina Hénès, et de la succession de Marius » Bécède, commet M° Rupins, notaire à Laluque, pour faire » les comptes de liquidation et M. Dupin, juge, pour sur » veiller les opérations. »

Ce jugement a été signifié à avoué, par acte du palais de Griffon, huissier à Dax, du dix mars mil huit cent soixantequatorze, et à partie, par exploit de Gaudès, huissier à Laluque, en date du douze du même mois de mars.

Par exploit dudit Gaudès, à la date du dix-huit mars, MM. Albert et Bernard Bécède firent sommation aux autres parties, d'avoir à se présenter le vingt-deux mars, même mois, en l'étude de M° Rupins, notaire commis, pour assister à l'ouverture des opérations de comptes, liquidation et partage dont s'agit, et ledit jour vingt-deux mars, M° Rupins dressa, toutes parties présentes, un procès-verbal aux termes duquel il déclara ouvrir les opérations des comptes de liquidation et partage de la communauté qui avait existé entre M. Marius Bécède et Mme Malvina Hénès, et de la succession dudit Marius Bécède.

DEUXIÈME PARTIE

COMPTES ET LIQUIDATION

Le travail suivant sera divisé en cinq chapitres.

Le premier chapitre comprendra l'énumération des reprises en nature.

Il sera divisé en deux paragraphes, l'un pour Mme veuve Bécède, et l'autre pour la succession Bécède.

Le deuxième chapitre comprendra la liquidation de la communauté Bécède-Hénès.

Il sera divisé en trois paragraphes, le premier pour l'actif, le second pour le passif, et le troisième pour la balance.

Le troisième chapitre comprendra la liquidation de la succession de Marius Bécède.

Il sera divisé en trois paragraphes, le premier pour l'actif, le second pour le passif, et le troisième pour la balance.

Le quatrième chapitre comprendra la fixation des droits des parties et les attributions.

Il sera divisé en cinq sections, la première pour Mme veuve Bécède, la seconde pour M. Numa Bécède, la troisième pour M. Albert Bécède, la quatrième pour M. Bernard Bécède et la cinquième pour Mlle Iphigénie Bécède.

Chaque section sera divisée en deux paragraphes, le premier pour la fixation des droits et le deuxième pour les attributions.

Et [1] le cinquième chapitre comprendra les clauses et conditions finales.

1. Nous avons cru inutile de reproduire le chapitre de la preuve des opérations.

CHAPITRE Ier.

REPRISES EN NATURE.

§ 1er. — Mme veuve Bécède.

Mme veuve Bécède fait la reprise en nature des immeubles qui lui sont propres et qui n'ont pas été aliénés pendant le mariage.

Ces immeubles consistent en :

1º La propriété du Mas des Landes, moins la portion qui a été aliénée au profit de la compagnie du chemin de fer du Midi.

2º Et la propriété des Grands-Pins, dans tout son entier, située sur le territoire de la commune de Pontons.

Ces deux immeubles ne sont point affermés, et Mme veuve Bécède en aura la jouissance du jour du décès de son mari.

§ 2. — Succession Bécède.

La succession Bécède n'a aucune reprise à faire en nature [1].

CHAPITRE II.

LIQUIDATION DE LA COMMUNAUTÉ BÉCÈDE-HÉNÈS.

§ 1er. — Actif.

Il convient de porter à l'actif de la communauté Bécède-Hénès :

1. Nous aurions pu comprendre dans ce chapitre le décompte des reprises en numéraire, et alors il aurait fallu subdiviser chaque paragraphe en deux parties, l'une pour les reprises en nature, et l'autre pour les reprises en numéraire. Ce dernier système nous paraît même le meilleur

1° La somme de seize cent vingt-quatre francs due par Mme veuve Bécède à la communauté, comme récompense de pareille somme déboursée par ladite communauté pour acquitter le passif et les droits de mutation de la succession Reils échue à Mme Bécède (2° obs.) ; ci . . . . 1,624 »

2° La somme de quatre cent cinq francs, montant des droits de succession, supportés indirectement par la communauté pour les successions échues à M. Bécède (3° obs.) ; ci . . . . 405 »

3° La somme de dix-huit cents francs due à titre de récompense à la communauté pour les revenus des successions échues à M. Bécède, et courus pendant l'indivision de ces successions (3° obs.) ; ci. . . . . 1,800 »

Ces deux sommes sont dues par la succession Bécède.

4° La somme de dix-neuf mille francs en numéraire, existant à l'ouverture de la succession et trouvée lors de l'inventaire (7° obs.) ; ci. . . . . . 19,000 »

5° La somme de deux cent vingt-cinq mille six cents francs, valeur, au jour du décès, d'un titre de douze mille francs de rente cinq pour cent sur l'État français, trouvé lors de l'inventaire (7° ob.) ; ci. . . . . 225,600 »

6° La somme de vingt-quatre mille huit cent quatre-vingts francs, valeur, au décès, des quarante-deux actions du chemin de fer du Midi, trouvées lors de l'inventaire (7° obs.) ci. . . . . . 24,880 »

7° Et la somme de quatorze mille six cent quatre-vingts francs, produit net de la vente de meubles (8° obs.) ; ci. . . . . 14,680 »

Total de la masse active, deux cent quatre-vingt-sept mille neuf cent quatre-vingt-neuf francs ; ci. 287,989 »

toutes les fois que les reprises et les récompenses sont nombreuses car il a l'énorme avantage de simplifier les comptes des chapitres suivants.

§ 2. — Passif.

Le passif de la communauté se compose de :

1° La somme de huit mille francs, montant de l'apport mobilier de Mme Bécède au jour de son mariage (1re obs.); ci. . . . . 8,000 »

2° La somme de trente mille francs, montant de la constitution dotale de M. Bécède au jour de son mariage (1re obs.); ci. . . . . 30,000 »

3° La somme de quatorze mille cinq cents francs, valeur des meubles trouvés par Mme Bécède, dans la succession de sa mère (2e obs.); ci. 14,500 »

4° La somme de quarante-six mille francs, prix de vente des droits de M. Bécède dans la succession de ses père et mère (3e obs.); ci . . . . . . 46,000 »

5° La somme de onze mille deux cents francs, valeur de la partie de la propriété du Mas des Landes, propre à Mme Bécède, et expropriée par le chemin de fer du Midi (4e obs.) ; ci. . . . . . 11,200 »

6° La somme de vingt-deux mille francs, prix de vente de la maison de Tartas, propre à Mme Bécède et aliénée pendant la communauté (4e obs.) ; ci. . . . . 22,000 »

7° La somme de sept cent dix francs, montant des frais de dernière maladie (7e obs.) ; ci. . 710 »

Total du passif de communauté, cent trente-deux mille quatre cent dix francs ; ci . . . . . 132,410 »

§ 3. — Balance.

L'actif de la communauté est de deux cent quatre-vingt-sept mille neuf cent quatre vingt-neuf francs ; ci. 287,989 »

Le passif de la communauté est de cent trente-deux mille quatre cent dix francs ; ci. 132,410 »

A reporter. . . . . 155,579 »

Report. . . . . . 155,579 »

Par suite, l'actif excède le passif de cent cinquante-cinq mille cinq cent soixante-dix-neuf
francs ; ci. . . . . 155,579 »

Dont la moitié pour Mme veuve Bécède et moitié pour la succession Bécède est de soixante-dix- 1/2
sept mille sept cent quatre-vingt-neuf francs
cinquante centimes ; ci 77,789, 50

CHAPITRE III.

LIQUIDATION DE LA SUCCESSION BÉCÈDE.

§ 1er. — Actif.

La succession de M. Marius Bécède se compose activement de :

1° La somme de soixante-dix-sept mille sept cent quatre-
vingt-neuf francs cinquante centimes, formant moitié de l'actif
net de communauté ; ci 77,789 50

2° La somme de trente mille francs, formant
la constitution dotale de M. Bécède, au jour de
son mariage (1re obs.) ; ci. . . . . 30,000 »

3° Et la somme de quarante-six mille francs,
montant de la vente des droits de M. Bécède dans
les successions de ses père et mère (3e obs.) ; ci. 46,000 »

Total de l'actif successoral, cent cinquante-
trois mille sept cent quatre-vingt-neuf francs cinquante centimes ; ci 153,789 50

§ 2. — Passif.

Le passif de la même succession se compose de :

1° La somme de quatre cent cinq francs due à titre de récompense par M. Bécède à la communauté, pour les droits de mutation par décès payés sur les successions de ses père mère
(3e obs.) ; ci. . . . . 405 »

A reporter. . . . . 405 »

Report	405	»

2° La somme de dix-huit cents francs, pour indemnités dues à la communauté par suite des même successions (3° obs) ; ci . . . . **1,800** »

3° Et la somme de huit cent vingt francs, montant des frais funéraires ; ci. . . . . **820** »

Total du passif de succession, trois mille vingt-cinq francs ; ci. . . . . **3,025** »

§ 3. — Balance.

L'actif de la succession est de cent cinquante-trois mille sept cent quatre-vingt-neuf francs cinquante centimes ; ci. **153,789 50**

Le passif est de trois mille vingt-cinq francs ; ci. **3,025** »

Partant, l'actif excède le passif de cent cinquante mille sept cent soixante-quatre francs cinquante centimes ; ci. **150,764 50**

Dont le quart pour chaque enfant Bécède est de trente-sept mille six cent quatre-vingt-onze francs **1/4** douze centimes et demi ; ci **37,691,121/2**

CHAPITRE IV

FIXATION DES DROITS DES PARTIES. — ATTRIBUTIONS.

Ire Section. — *Mme veuve Bécède.*

§ 1er — Fixation de ses droits.

Il revient à Mme veuve Bécède d'après ce qui été a expliqué plus haut :

1° La somme de soixante-dix-sept mille sept cent-quatre-vingt-neuf francs cinquante centimes, formant moitié de l'actif net de communauté (chap. 2.) ; ci . . . **77,789 50**

A reporter. **77,789 50**

Report.	77,789 50

2° La somme de huit mille francs, montant de l'apport mobilier de Mme Bécède, au jour de son mariage (1re obs.) ; ci   8,000   »

3° La somme de quatorze mille cinq cents francs valeur des meubles trouvés par Mme Bécède dans la succession de sa mère (2° obs.) ; ci   14,500   »

4° La somme de onze mille deux cents francs, formant le prix d'expropriation par la ligne du Midi, de partie de la propriété du Mas des Landes (4° obs.) ; ci   11,200   »

5° Et la somme de vingt-deux mille francs, prix de vente de la maison de Tartas. propre à Mme Bécède (4° obs.) ; ci   22,000   »

Total de ses droits, cent trente-trois mille quatre cent quatre-vingt-neuf francs cinquante centimes ; ci 133,489 50

§ 2. — Attributions.

Pour fournir à Mme veuve Bécède le montant de ses droits il convient de lui attribuer ;

1° La somme de seize cent vingt-quatre francs, due à la communauté à titre de récompense, pour l'acquittement du passif de la succession de sa mère (2° obs.) ; ci   1,624   »

2° Six mille francs de rente cinq pour cent sur l'Etat français, à prendre dans le titre de rente de douze mille francs trouvé lors de l'inventaire, valant, cette fraction, au jour de la dissolution de la communauté, cent douze mille huit cents francs ; ci 112,800   »

A reporter.	114,425 »	133,489 50

Report. . . . . 114,424 » 133,489 5

3° Vingt et une actions du chemin de fer du Midi, à prendre dans le titre de quarante-deux actions trouvé lors de l'inventaire ; ces vingt et une actions portent les numéros 11,222 à 11,242 et représentent une valeur de douze mille quatre cent quarante francs ; ci . . . . 12,440 »

4° Et la somme de six mille six cent vingt-cinq francs cinquante centimes, à prendre dans le numéraire existant au décès de M. Marius Bécède ; ci. 6,625 50

Total des attributions égal à ses droits, cent trente-trois mille quatre cent quatre-vingt-neuf francs cinquante centimes ; ci 133,489 50

Egal

De plus il convient d'attribuer à Mme veuve Bécède la somme de quinze cent trente francs à prendre sur le numéraire trouvé lors de l'inventaire ; ci.. . . . . 1,530 »

A la charge par elle de payer :

1° La somme de sept cent dix francs, montant des frais de dernière maladie (7° obs.) ; ci . . . . 710 »

2° Et la somme de huit cent vingt francs, montant des frais funéraires (7° obs.) ; ci . . . . 820 »

Total égal, quinze cent trente fr. ci. 1,530 »

Egal

2° *Section.* — *M. Numa Bécède.*

§ 1er. — Fixation de ses droits.

Il revient à M. Numa Bécède, le quart de l'actif net de la succession de M. Marius Bécède, son père (3° chap.) ; soit trente sept mille six cent quatre-vingt-onze francs douze centimes et demi ; ci. 37,691. 12¹/₂

§ 2. — Attributions.

Pour le remplir de cette somme, il lui est attribué :

1° Quinze cents francs de rente cinq pour cent sur le Trésor français, à prendre dans le titre de douze mille francs de rente trouvé au décès du M. Marius Bécède, valant ces quinze cents francs, au décès, vingt-huit mille deux cents francs ; ci. . . . . 28,200 »

2° Cinq actions du chemin de fer du Midi, à prendre dans le titre de quarante-deux actions existant au décès de M. Marius Bécède, ces cinq actions portant les nᵒˢ 11,243 à 11,247 et valant deux mille neuf cent soixante et un francs quatre-vingt-dix centimes ; ci. 2,961 90

3° Et la somme de six mille cinq cent vingt-neuf francs vingt-deux centimes et demi, à prendre sur le numéraire existant au décès de M. Marius Bécède ; ci. . . . 6,529 22 ¹/

Total égal à ces droits, trente-sept mille six cent quatre-vingt-onze francs douze centimes et demi ; ci . . 37,691 12 ¹/₂

Égal

3ᵉ SECTION. — *M. Albert Bécède.*

§ 1ᵉʳ. — Fixation de ses droits.

Il revient à M. Albert Bécède le quart de l'actif net de la succession de M. Marius Bécède, son père (3ᵉ chap.), soit trente-

17

sept mille six cent quatre-vingt-onze francs douze centimes demi; ci . . . . 37,691 12 '

§ 2. — Attributions.

Pour le remplir de ses droits, il lui est attribué :

1° Quinze cents francs de rente cinq pour cent sur le Trésor français, à prendre dans le titre de douze mille francs de rente trouvé au décès de M. Marius Bécède, valant ses quinze cents francs de rente, audit décès, vingt-huit mille deux cent, francs ; ci.   28,200   »

2° Cinq actions du chemin de fer du Midi, à prendre dans le titre de quarante-deux actions, existant au décès de M. Marius Bécède ; ces cinq actions portant les n⁰ˢ 11,248 à 11,252 et représentant une valeur de deux mille neuf cent soixante et un francs 90 centimes ; ci. 2,961 90

3° La somme de quatre mille trois cent quinze francs vingt-sept centimes et demi, restant libre sur le numéraire trouvé lors de l'inventaire ; ci. . . . .   4,315 27 '/₂

4° Et la somme de deux mille deux cent treize francs quatre-vingt-quinze centimes à prendre dans le produit net de la vente de meubles ; ci. 2,213 95

Total égal à ses droits, trente-sept mille six cent quatre-vingt-onze francs douze centimes et demi ; ci. . . . .   37,691 12 '/₂

Egal

4ᵉ Section. — *M. Bernard Bécède.*

§ 1ᵉʳ. — Fixation de ses droits.

Il revient à M. Albert Bécède le quart de l'actif net de la succession de M. Marius Bécède, son père (3ᵉ chap.), soit trente-sept mille six cent quatre-vingt-onze francs douze centimes et demi ; ci. . . . . 37,691 12 ¹/₂

§ 2. — Attributions.

Pour le remplir de cette somme, il lui est attribué :

1° Quinze cents francs de rente cinq pour cent sur le Trésor français, à prendre dans le titre de douze mille francs de rente trouvé au décès de M. Marius Bécède, et valant à cette époque ces quinze cents francs de rente, vingt-huit mille deux cents francs ; ci. . . . . 28,200 »

2° Cinq actions du chemin de fer du Midi, à prendre dans le titre de quarante-deux actions, existant au décès de M. Marius Bécède ; ces cinq actions portant les nᵒˢ 11,253 à 11,257 et réprésentant une valeur de deux mille neuf cent soixante et un francs quatre-vingt-dix centimes ; ci. . . . 2,961 90

3° Et la somme de six mille cinq cent vingt-neuf francs vingt-deux centimes et demi, à prendre dans le produit net de la vente de meubles (8ᵉ obs.) ; ci. . . . . 6,529 22 ¹/₂

Total égal à ses droits trente-sept mille six cent quatre-vingt-onze francs douze centimes et demi ; ci. . . . . 37,691 12 ¹/₂

Égal

5e Section. — *Mlle Iphigénie Bécède*.

§ 1er. — Fixation de ses droits.

Il revient également à Mlle Iphigénie Bécède le quart de l'acti net de la succession de M. Marius Bécède, son père (3e chap.) soit trente-sept mille six cent quatre-vingt-onze francs douz centimes et demi ; ci. . . . . 37,691,12 '/

§ 2. — Attributions

Pour fournir à Mlle Iphigénie Bécède le montant de ses droits, il lui est attribué :

1° Quinze cents francs de rentes cinq pour cent sur le Trésor français, à prendre dans le titre de douze mille francs de rente cinq pour cent trouvé lors de l'inventaire, et valant cette portion, au jour du décès de M. Marius Bécède, vingt-huit mille deux cents francs ; ci. . . . . 28,200 »

2° Six actions du chemin de fer du Midi, à prendre dans le titre de quarante-deux actions trouvé au décès de M. Marius Bécède. Ces six actions, formant le complément dudit titre, portent les n°s 11,258 à 11,263, et représentent une valeur de trois mille cinq cent cinquante-quatre francs trente centimes ; ci. 3,554 30

3° Et la somme de cinq mille neuf cent trente-six francs quatre-vingt-deux centimes et demi restant libre sur le produit net de la vente de meubles (8e obs.) ; ci . . . . 5,936 82 '/₂

Total égal à ses droits, trente-sept mille six cent quatre-vingt-onze francs douze centimes et demi ; ci. . . . . 37,691 12'/₂

Égal

CHAPITRE V

CLAUSES ET CONDITIONS FINALES

1° Les frais de la présente liquidation seront supportés par les colicitants conformément à leurs droits, c'est-à-dire une moitié par Mme veuve Bécède et un huitième par chacun des quatre enfants Bécède.

2° Chacun des attributaires aura la jouissance des arrérages et dividendes des valeurs à lui attribuées à partir du décès de M. Marius Bécède.

3° Les titres et numéraire revenant à chaque colicitant lui seront remis aussitôt l'homologation du présent état de liquidation.

Fait et dressé le présent état liquidatif, en l'étude dudit Me Rupins, notaire à Laluque, le douze mai mil huit cent soixante-quatorze.

(Signature.)

Enregistrement : 3 francs, droit fixe.

Liquidation d'une communauté et de trois successions, avec distinction des revenus et des capitaux, et compte de gestion.

EXPOSÉ DES FAITS

Nicolas Viala et Catherine Pitou se sont mariés sans contrat en 1851, Viala possédait quatre parcelles de terre à la Souterraine, et Catherine Pitou une maison à La Souterraine. Ils avaient l'un et l'autre quelques meubles,

En 1854, Viala a receuilli la succession de son père dont il était héritier pour un sixième, il a eu dans cette succession pour sa part un pré au Riveau et une soulte de 1,200 francs.

En 1859, Mme Viala a receuilli la succession de son père, dont elle était héritière pour une moitié, elle a eu de cette succession une maison à Bourganeuf et une ferme, dite La Maçonnerie, commune de Mauriaux.

En la même année vente de tous les immeubles du mari, pour 7,400 francs.

En janvier 1860, vente des immeubles propres à Me Viala, excepté la ferme de La Maçonnerie, pour le prix total de 18,940 francs.

Le 15 janvier 1865, décès de M. Viala. — Inventaire. Viala laissait quatre enfants. 1° Octavie, née en 1852 et mariée, en 1868, à Arthur Dupavé ; 2° Eugénie, née en 1855, décédée en 1867 ; 3° Arsène, née en 1857, décédé en 1873 ; 4° et Léonidas, né en 1862.

Le 12 juin 1868, contrat de mariage d'Octavie Viala, onstitution de 5,000 francs de dot, à valoir sur les droits paternels.

20e FORMULE. — Etat de liquidation

Etat des comptes et liquidation :

1° De la communauté qui a existé sans contrat entre M. Nicolas Viala et Mme Catherine Pitou.

2° De la succession de Nicolas Viala, décédé à Lyon, le quinze janvier mil huit cent soixante-cinq ;

3° De la succession de Eugénie Viala, decédée à Lyon, le six octobre mil huit cent soixante-sept.

4° Et de la succession de Arsène Viala, décédé à Lyon, le neuf août mil huit cent soixante-treize.

Entre :

1° Mme Catherine Pitou, sans profession, veuve de M. Nicolas Viala, demeurant à Lyon, rue Pierre-Dupont, n° 15.

Prise 1° à cause de la communauté qui a existé entre elle et M. Viala ; 2° comme héritière pour un quart de Eugénie Viala, sa fille ; 3° et comme héritière également pour un quart de Arsène Viala, son fils.

2° Mme Octavie Viala, sans profession, et M. Arthur Dupavé, son mari, entrepreneur de travaux publics, demeurant ensemble à Lyon, rue de la Ferronnerie, n° 3.

M. Dupavé, pris comme chef de la communauté qui existe entre lui et son épouse, et comme ayant droit en cette qualité à une partie des revenus courus sur les biens des successions dont s'agit.

3° Et M. Léonidas Viala, mineur, ayant pour tuteur M. Louis Chouna, négociant, demeurant à Vénissieux (Rhône).

Mme Dupavé et M. Léonidas Viala, pris dans les qualités ci-après : 1° comme héritier chacun pour un quart de Nicolas Viala, leur père ; 2° comme héritier chacun pour un quart d'Eugénie Viala, leur sœur ; 3° et comme héritier chacun pour trois huitièmes de Arsène Viala leur frère.

Dressé par Me Lejoyeux, notaire à Lyon, soussigné, commis à l'effet des présentes, par jugement du tribunal civil de première instance de Lyon, du douze janvier mil huit cent soixante-quatorze.

PREMIÈRE PARTIE

OBSERVATIONS PRÉLIMINAIRES

1ʳᵉ OBSERVATION

Mariage des époux Viala-Pitou

M. Nicolas Viala, aujourd'hui décédé, et Mᵐᵉ Catherine Pitou
se sont mariés à la mairie de La Souterraine (Creuse) le douze
janvier mil huit cent cinquante et un. Ils n'ont point fait dresser
de contrat de mariage, et comme conséquence ils étaient soumis
au régime de communauté légale. Il devient dès lors inutile de
se préoccuper des biens qu'ils pouvaient posséder au jour de
leur mariage.

En se mariant M. Viala possédait les quatre immeubles suivants : 1° une parcelle de terre en labours, contenant quarante-
deux ares dix centiares, située au Raton, commune de La Sou-
erraine ; 2° une autre parcelle de terre en labours, contenant
vingt-six ares, située au Grand-Versant, même commune ; 3°
une parcelle de bois contenant soixante-ares, située à Chante-
Merle, même commune ; 4° et une parcelle de pré contenant
vingt-trois ares, située à l'Etang, même commune de La Souterraine.

A la même époque, Catherine Pitou possédait une maison
d'habitation avec bâtiment de servitude, cour et jardin, située
au bourg de La Souterraine, sur la route de Fontafy,

Au jour de leur mariage, M. Viala possédait encore son père,
et Mᵐᵉ Viala possédait également son père.

2° OBSERVATION

Succession échue à M. Viala

M. Abraham Viala, père de M. Nicolas Viala, est décédé à La
Souterraine le deux mars mil huit cent cinquante-quatre, lais-

sant six enfants. Les meubles dépendant de cette succession furent partagés de gré à gré et sans contrat entre les enfants Viala.

Quant aux immeubles de cette succession, ils firent l'objet d'un partage aux minutes de Mᵉ Durand, notaire à La Souterraine, en date du dix-sept juillet mil huit cent cinquante-quatre. Aux termes de ce partage il fut attribué à M. Nicolas Viala pour ses droits dans la succession de son père : 1° une parcelle de pré contenant dix-huit ares, située au Riveau, commune de La Souterraine ; 2° et une soulte de douze cents francs mise à la charge de Abel Viala.

Cette soulte fut payée le 11 mars suivant, aux termes d'une quittance reçue par ledit Mᵉ Durand, d'où il résulte pour la succession Viala, une reprise de pareille somme de douze cents francs ; ci. . . . . 1.200 »

Les droits de mutation par décès, payés, par M. Nicolas Viala, s'élevèrent à trente-deux francs ; ci. . . . . . 32 »

3ᵉ OBSERVATION

Ventes des immeubles propres à M. Viala

Les quatre parcelles d'immeubles possédées par Viala, au jour de son mariage et celle qu'il recueillit plus tard dans la succession de son père, furent toutes vendues aux termes d'un procès-verbal d'adjudication dressé par ledit M. Durand, notaire à La Souterraine, le six mars mil huit cent cinquante-neuf :

Ces immeubles ont été vendus, savoir :

1° La terre du Raton, à Isidore Champailloux, cultivateur à La Souterraine, pour le prix de douze cent quarante francs ; ci . . . . 1,240 »

2° La terre du Grand-Versant, au même, pour sept

A reporter. . . . . . 1,240 »

Report.	1,240	»
cent soixante francs ; ci. . . . . , ...	760	»

3° Le bois de Chante-Merle, à Julien Chaname, menuisier à La Souterraine, pour le prix de onze cent cinquante francs ; ci . . . .   **1,150** »

4° Le pré de l'Etang à Blaise Tiraud, boulanger à La Souterraine, pour le prix de deux mille vingt-cinq francs ; ci. . . . .   **2,025** »

5° Et le pré du Riveau à Pierre Nature, maître maçon à La Souterraine, pour le prix de deux mille deux cent vingt-cinq francs ; ci. . . . . . .   **2,225** »

Total de ces ventes, sept mille quatre cents rancs ; ci.   **7,400** »

Tous ces prix d'adjudication ont été payés suivant deux quittances au rapport dudit M° Durand, en date des vingt-quatre juin et vingt-six décembre mil huit cent cinquante-neuf.

Il ressort de la présente observation une reprise de sept mille quatre cents francs, au profit de la succession Viala ; ci . . . .   **7,400** »

4° OBSERVATION

Succession échue à Mme Viala née Pitou.

Mme Hortense Maillat, veuve de M. Louis Pitou, est décédée à La Souterraine le deux janvier mil huit cent cinquante-neuf, laissant pour recueillir sa succession ses deux enfants, dont Catherine Pitou, aujourd'hui veuve Viala. Aux termes du partage de cette succession passé devant ledit M° Durand, le quinze mars mil huit cent cinquante-neuf, le lot attribué à Mme Viala se composait de 1° une maison avec jardin située au chef-lieu de la commune de La Souterraine, rue de Limoges ; 2° et une ferme contenant quarante et un hectares soixante-cinq ares, située sur le territoire de commune de Mauriaux, et appelée La Maçonnerie. Ce partage fut fait sans soulte.

Les droits de mutation par décès payés en l'acquit de Mme Viala s'élevèrent à deux cent quarante-cinq francs ; ci. · .   **245** »

Et la part des frais de partage à la charge de la même s'élevèrent au chiffre de cent quatre-vingt-cinq francs ; ci. . . . .   **185** »

Ensemble qnatre cent trente francs ; ci . . . .   **430** »

5ᵉ OBSERVATION

Vente d'immeuble propre à Mme Viala.

La maison que Mme Viala possédait au jour de son mariage a été vendue à M. Christophe Plumet, négociant à La Souterraine, pour le prix de onze mille francs, ainsi qu'il résulte d'un contrat reçu par M° Durand, notaire prénommé, le sept août mil huit cent soixante.

L'autre maison, située à La Souterraine, et propre à Mme Viala pour lui provenir de la succession de sa mère, fut vendue à M. Jean Maurin, boulanger à la Souterraine au termes d'un procès-verbal d'adjudication dressé par ledit M° Durand, le six octobre mil huit cent soixante, pour le prix de sept mille neuf cent quarante francs.

Ces deux prix d'aliénation furent payés suivant deux quittanées passées devant M° Durand, notaire à La Souterraine, le vingt-huit décembre mil huit cent soixante.

Des faits indiqués dans la présente observation, il ressort pour Mme veuve Viala a droit à la reprise de :

1° Le somme de onze mille francs, montant de la première vente ; ci . . . . **11,000** »

2° Et de celle de sept mille neuf cent quarante francs, prix de l'adjudication ; ci. . . . . **7,940** »

Ensemble, dix-huit mille neuf cent quarante francs ; ci. . . . . **18,940** »

6° OBSERVATION

Décès de Nicolas Viala. — *Qualité des héritiers.*

M. Nicolas Viala est décédé à Lyon où il demeurait le quinze janvier mil huit cent soixante-cinq. Il n'a point laissé de dispositions testamentaires, et n'avait fait de son vivant aucun donation, ni par préciput, ni en avancement d'hoirie.

Il laissa quatre enfants légitimes nés de son mariage avec Catherine Pitou, aujourd'hui sa veuve.

Ces quatre anfants étaient :

1° Mlle Octavie Viala, née le deux juin mil huit cent cinquante-deux, aujourd'hui épouse de M. Arthur Dupavé.

2° Mlle Eugénie Viala, née le trois janvier mil huit cent cinquante-cinq, aujourd'hui décédée.

3° M. Arsène Viala, né le trois janvier mil huit cent cinquante-sept, aujourd'hui décédé.

4° Et M. Léonidas Viala, né le onze juin mil huit cent soixante-deux, aujourd'hui sous la tutelle de M. Chauna susnommé.

Mme Dupavé a depuis longtemps pris la qualité d'héritière à l'égard de la succession de son père, et quant à M. Léonidas Viala, aucune délibération de son conseil de famille n'a encore été prise en vue d'autoriser son tuteur à accepter bénéficiairement cette succession ; mais la seule nomination d'un tuteur *ad hoc* pour suivre au présent partage est une preuve suffisante d'une acceptation tacite.

Après le décès de M. Nicolas Viala les scellés ne furent point apposés.

7° OBSERVATION

Inventaire après décès de M. Nicolas Viala.

Aux termes d'un procès-verbal dressé par M° Lejoyeux, notaire à Lyon, soussigné, les trois, quatre, onze et quatorze février mil huit cent soixante-cinq, Mme veuve Viala fit dresser l'inventaire des forces et charges, tant de la communauté qui avait existé entre elle et M. Nicolas Viala, son mari, que de la succession de ce dernier.

Cet inventaire constate l'existence de meubles corporels qui furent estimés à la somme totale de dix-huit mille deux cent trente-cinq francs. Ces meubles furent en majeure partie vendus plus tard ainsi qu'il sera dit ci-après.

D'après les déclarations du même inventaire, le numéraire existant au décès s'élevait à trois mille six cent quatre-vingts francs ; ci . . . . 3.680   »

L'actif de la communauté Viala-Pitou se composait en outre de :

1° La somme de vingt mille francs due par les époux Raudot, de Calluire, pour solde du prix de la vente d'un immeuble de communauté, en vertu d'un contrat reçu par ledit Me Lejoyeux, le onze juin mil huit cent soixante-quatre ; ci. 20.000   »

2° Les intérêts de cette somme, du onze juin mil huit cent soixante-quatre ou quinze janvier mil huit cent soixante-cinq, soit cinq cent quatre-vingt-quatorze francs quarante-cinq centimes ; ci.   594   45

3° La somme de quinze mille francs, solde du prix d'un autre immeuble de communauté, vendu aux époux Poulet, de Vénissieux, par acte reçu par ledit Me Lejoyeux, le trois octobre mil huit cent soixante-quatre ; ci. . . . .   15.000   »

4° Les intérêts de cette somme du trois octobre mil huit cent soixante-quatre au onze janvier mil huit cent soixante-cinq, soit deux cent quatre francs quinze centimes ; ci.   204   15

5° Douze obligations au porteur du chemin de fer de Paris-Lyon-Méditerranée, rapportant cha-

A reporter 35.798   60

Report. 35,798 60

cune quinze francs d'intérêts par an, payables le premier janvier et le premier juillet de chaque année, portant les n°s 211 à 222, valant chacune, au décès de M. Viala trois cent cinq francs, soit au total, trois mille six cent soixante francs ; ci.   3,660   »

Total de ces différentes valeurs (1), trente-neuf mille quatre cent cinquante-huit francs soixante centimes ; ci 39,458 60

Mme veuve Viala a encore déclaré que sa propriété de la Maçonnerie, commune de Mouriaux, était affermée verbalement aux époux Martin pour le prix annuel de deux mille quatre cents francs, et que le prorata de fermage couru au décès de son mari s'élevait à six cent quatre-vingt francs ; cette somme doit grossir d'autant l'actif de communauté ; ci.   680   »

D'après le même inventaire, le passif de la communauté consistait en :

1° La somme de mille francs due à M. Terrier, de Lyon, comme dépôt ne produisant point d'intérêt ; ci. .   1,000   »

2° La somme de trois mille francs, due pour prêt de pareille somme à M. Nicot, rentier à Calluire ; ci. 3,000   »

3° La somme de **quatre-vingt-deux francs** quarante centimes, pour intérêts courus sur cette dernière somme jusqu'au décès de M. Viala ; ci.   82   40

4° La somme de cent vingt-deux francs, due à M. Sergent, boucher de la maison ; ci. . . .   122   »

5° La somme de deux cent soixante-treize

A reporter. 4,204 40

1. On pourrait sans inconvénient se dispenser de tirer tous ces chiffres à la ligne pour ensuite les totaliser, car ce total ne nous sera désormais d'aucune utilité.

Report. 4,204 40

francs, due à M. Durand, boulanger de la maison ;
ci . . . . 273 »

6° La somme de huit cent quatre-vingts francs,
pour prorata de loyer de la maison occupée par
les époux Viala jusqu'au premier avril mil huit
cent soixante-cinq ; ci. . . . . 880 »

7° La somme de cent trente francs, due à M. Ca-
det, docteur-médecin, pour frais de dernière maladie ; ci. . . . . 130 »

8° Et celle de soixante-seize francs, due à
M. Nougat, pharmacien, pour frais de dernière
maladie de M. Viala ; ci. . . . . 76 »

Total du passif, cinq mille cinq cent soixante-
trois francs quarante centimes ; ci. 5,563 40

Les dettes de succession consistaient uniquement en les frais
funéraires, s'élevant à trois cent quatre-vingt-douze francs.

Mme Viala ayant eu la jouissance légale des biens de ses enfants, a dû faire son affaire personnelle, conformément à l'article 385 du code civil, tant des frais de dernière maladie et de
frais funéraires que des intérêts courus au décès de M. Viala
sur le capital dû à M. Nicot.

8e OBSERVATION

Décès de Mlle Eugénie Viala. — Ses héritiers.

Mlle Eugénie Viala, qui était née le trois janvier mil huit cent
cinquante-cinq, est décédée le six septembre mil huit cent
soixante-sept, laissant pour recueillir sa succession :

1° Mme veuve Viala, sa mère, héritière à réserve pour un
quart ;

2° Mlle Octavie Viala, aujourd'hui Mme Dupavé, sa sœur,
héritière pour le tiers du surplus, soit un quart ;

3° M. Arsène Viala, son frère, aujourd'hui décédé, héritier pour un autre quart.

4° Et M. Léonidas Viala, son autre frère, héritier pour le dernier quart.

L'actif de cette succession consistait uniquement en le quart indivis revenant à Mlle Eugénie Viala dans la succession de son père.

Quant au passif, non compris, bien entendu, les charges de la succession paternelle, il se composait des frais funéraires d'Eugénie Viala, s'élevant à trois cent quatre-vingt-dix francs qui ont été payés aussitôt par Mme veuve Viala, sa mère, qui, d'ailleurs, doit seule en supporter le montant (art. 385 C. civ.).

9° OBSERVATION

Mariage de Mlle Octavie Viala. — Donation à valoir sur la succession paternelle.

Mlle Octavie Viala s'est mariée à M. Arthur Dupavé, le quinze juin mil huit cent soixante-huit.

Le contrat de mariage des époux Dupavé-Viala fut passé devant Me Picard, notaire à Lyon, le douze du même mois de juin, et par ce contrat la future épouse s'est constituée en dot une somme de cinq mille francs que Mme Viala, sa mère, lui a donnée à valoir sur ses droits, dans les successions de Nicolas Viala, son père, et de Eugénie Viala, sa sœur, avec explication que cette somme serait rapportable à la succession paternelle, ainsi que ses intérêts à cinq pour cent à partir du mariage; ci 5,000   »

10e OBSERVATION.

Décès de M. Arsène Viala. — Ses héritiers.

M. Arsène Viala qui était né le vingt-deux février mil huit cent cinquante-sept, est décédé à Lyon le seize mars mil huit cent soixante-treize, laissant pour recueillir sa succession :

1° Mme veuve Viala, sa mère, héritière pour un quart à réserve, soit deux huitièmes.

2° Mme Dupavé, sa sœur, héritière pour la moitié du surplus, soit trois huitièmes.

3° M. Léonidas Viala, son frère, également héritier pour trois huitièmes.

L'actif de cette succession se composait de :

1° Le quart indivis dans la succession de M. Nicolas Viala, père du *de cujus*.

2° Et le quart de la succession de Eugénie Viala, sa sœur prédécédée.

Quant au passif particulier à ladite succession, il consistait uniquement dans le montant des frais funéraires, s'élevant à quatre cent trente-deux francs ; ci. . . . . 432 »

11° OBSERVATION

Vente de meubles.

Suivant procès-verbal dressé par M° Lejoyeux, notaire soussigné, les six et sept avril dernier, il fut procédé à la requête des époux Dupavé et en présence de Mme veuve Viala et de M. Chouna, tuteur du mineur Léonidas Viala, au récolement des meubles corporels décrits dans l'inventaire dressé après le décès de M. Nicolas Viala et analysé sous la septième observation.

Ce récolement a constaté l'absence des articles ci-après qui avaient été portés à l'inventaire :

1° Huit hectolitres de vin, art. 27 de l'inventaire, et estimés alors six cent dix francs ; ci. . . . . 610 »

2° Etc., etc., etc.

Total des objets en moins, deux mille cent dix francs ; ci. . . . . 2.110 »

Mme veuve Viala restera, par suite, débitrice envers la communauté de cette somme de deux mille cent dix francs qui sera portée plus tard au chapitre de ses reprises.

Tous les autres meubles retrouvés lors du récolement ont été vendus aux enchères, aux termes d'un procès-verbal dressé par M. Durand, commissaire-priseur à Lyon, les vingt-six et vingt-sept avril dernier. Cette vente a produit un total général de dix-neuf mille trois cent trente-six francs; ci. 19.336 »

D'où il a fallu déduire les frais de récolement et différents frais de vente, s'élevant à huit cent dix-neuf francs; ci. . . . . 819 »

Reste pour produit net de la vente de meubles, dix-huit mille cinq cent dix-sept francs; ci . . . 18.517 »

Ce produit net de la vente de meubles est resté entre les mains du commissaire-priseur.

12e OBSERVATION

Compte de gestion de Mme veuve Viala.

Pendant tout le temps qui s'est écoulé depuis le décès de M. Nicolas Viala jusqu'à ce jour, Mme veuve Viala est restée en possession de tous les objets et créances décrits dans l'inventaire; elle doit, par suite, un compte de gestion pour cette administration.

Mais ce compte doit être divisé en trois périodes bien distinctes : 1° la période qui s'est écoulée du quinze janvier mil huit cent soixante-cinq, date du décès de M. Viala père, au quinze juin mil huit cent soixante-huit, date du mariage des époux Dupavé; 2° la période qui s'est écoulée depuis cette dernière date jusqu'au jour du décès de M. Arsène Viala (seize mars mil huit cent soixante-treize) ; 3° et de cette dernière date jusqu'à ce jour.

Pendant la première période, Mme veuve Viala, tant à cause de ses droits dans la communauté, que comme ayant l'usufruit légal de tous les biens de ses quatre enfants, ne doit qu'un compte de capitaux, car tous les revenus lui appartenaient, de même qu'elle devait supporter les charges et redevances annuelles.

Pendant les deux autres périodes, au contraire, les époux Dupavé ont droit à une partie des revenus, tandis qu'ils doivent supporter une partie des charges.

Quant aux frais de dernière maladie de M. Nicolas Viala, ainsi qu'à ses frais funéraires et aux frais d'inventaire, ils ne comparaîtront sur aucun compte, étant une charge personnelle de Mᵐᵉ veuve Viala, aux termes de l'article 385 du code civil. Il en sera de même des intérets courus sur le capital de trois mille francs dû à M. Nicot (art. 385 du code civil, n° 3).

PREMIÈRE PÉRIODE

Du quinze janvier mil huit cent soixante-cinq au quinze juin mil huit cent soixante-huit.

§ 1ᵉʳ. — Recettes.

Mᵐᵉ veuve Viala porte en recettes :

1° La somme de trois mille six cent quatre-vingts francs, numéraire existant au décès de M. Viala, ainsi qu'il a été dit sous la septième observation ; ci   3,680   »

2° La somme de cinq cent quatre-vingt-quatorze francs quarante-cinq centimes, prorata d'intérêts courus au décès de M. Viala, sur la somme principale de vingt mille francs due par les époux Raudot ; ci   594   45

3° La somme de deux cent quatre francs quinze centimes, prorata d'intérêts courus au décès de M. Viala père, sur la créance de quinze mille francs due par les époux Poulet (7° obs.) ; ci.   204   15

A reporter.   4,478   60

Report 4,478 6

4° Et la somme de six cent quatre-vingts francs, prorata de fermage couru sur la propriété de la Maçonnerie, commune de Mauriaux, jusqu'au décès de M. Nicolas Viala (7ᵉ obs.) ; ci . . .   680 »

Total, cinq mille cent cinquante-huit francs soixante centimes ; ci 5,158 60

§ 2. — Dépenses.

Mᵐᵉ veuve Viala porte en dépenses :

1° La somme de mille francs, payée à M. Terrier, de Lyon, et établie dans l'inventaire (7ᵉ obs.); ci . . . . 1,000 »

2° La somme de trois mille francs, payée à M. Nicot, rentier à Calluire (7ᵉ obs.) ; ci . . . . 3,000 »

3° La somme de cent vingt-deux francs, payée à M. Sergent, boucher (7ᵉ obs.) ; ci . . . . 122 »

4° La somme de deux cent soixante-treize francs, payée à M. Durand, boulanger (7ᵉ obs.) ; ci. . . 273 »

5° La somme de huit cent quatre-vingts francs, prorata de loyer payé au propriétaire de la maison occupée par les époux Viala, et établi dans l'inventaire ; ci . . . . 880 »

Total des sommes payées, cinq mille deux cent soixante-quinze francs ; ci . . . . 5,275 »   5,275 »

Par suite, les dépenses excèdent les recettes de cent seize francs cinquante centimes, ci 116 40

En conséquence de ce premier cempte de gesttion, Mme veuve Viala se trouve créancière de la dite somme de cent seize francs quarante centimes.

Du quinze juin mil huit cent soixante-huit au seize mars mil huit cent soixante-treize

§ 1er. — Recettes.

	Revenus.	Capitaux.
Mme veuve Viala porte en recettes :		
1° La somme de quinze mille francs en principal, reçu le premier septembre mil huit cent soixante-huit, des époux Poulet, et formant le solde du prix de vente établi dans l'inventaire (7e obs.) ;		15,000 »
2° La somme de cent cinquante-six francs vingt-cinq centimes, reçue des mêmes, le même jour, pour prorata d'intérêts courus du quinze juin au premier septembre mil huit cent soixante-huit ; ci	156 25	
3° La somme de huit cent soixante-dix-huit francs soixante-quinze centimes, pour intérêts courus sur les douze obligations du chemin de fer de Paris-Lyon-Méditerranée, depuis le mariage des époux Dupavé jusqu'au seize mars mil huit cent soixante-treize ; ci	878 75	
4° La somme de quatre mille sept cent cinquante francs pour prorata d'intérêts courus, sur la créance Raudot depuis le mariage des époux Dupavé		
A reporter.	1,035 »	15,000 »

Report. . . . . . . 1,035 » 15,000 »

jusqu'au décès de M. Arsène Viala ;
ci . . . . 4,750 »

5° Et la somme de deux mille deux
cent soixante et onze francs pour prorata d'intérêts courus pendant la même
période, sur la somme de dix mille
francs en capital restée libre pendant
tout ce temps entre les mains de
Mme veuve Viala ; ci . . . . 2,271 »

Total en capital, quinze mille francs ;
ci . . . . 15,000 »

Total en revenus, huit mille cinquante-six francs ; ci . . . . 8,056 »

§ 2. — Dépenses.

Pendant cette même période Mme
veuve Viala porta en dépenses, mais
à imputer sur les capitaux seulement,
la somme de cinq mille francs constituée en dot par Mme veuve Viala à sa
fille, à valoir sur ses droits dans les
successions de son père et d'un frère
alors décédé (9e obs.) ; ci 5,000 » ci   5,000 »

Partant, les excédents de recettes
dont Mme veuve Viala est débitrice,
s'élèvent :

En capitaux, à la somme de dix mille
francs ; ci . . . . 10,000 »

Et en revenus, à la somme de huit
mille cinquante-six francs ; ci . . . . . 8,056 »

Du seize mars mil huit cent soixante-treize (décès d'Arsène Viala) au premier juillet prochain (époque à partir de laquelle chaque attributaire aura la jouissance divise de ses droits).

Pendant cette dernière période, Mme Viala n'a aucun capital à porter en compte, elle n'a non plus aucune sommme à porter au passif des revenus, en conséquence il n'y a que les sommes ci-après à porter à l'actif des revenus :

1° La somme de deux cent trente et un francs vingt-cinq centimes, intérêts courus et à courir sur les douze obligations du chemin de fer Paris-Lyon-Méditerranée, du seize mars mil huit cent soixante-treize jusqu'au premier juillet prochain ; ci 231 25

2° La somme de douze cent quatre-vingt-huit francs quatre-vingt-cinq centimes pour prorata d'intérêts courus pendant cette période sur la créance Raudot; ci. 1,288 85

3° Et la somme de six cent quarante-quatre fr. quarante centimes, intérêts courus pendant le même temps sur les dix mille francs restés libres en capitaux, d'après le compte précédent, entre les mains de Mme veuve Viala; ci. 644 40

Total des revenus, deux mille cent soixante-quatre francs cinquante centimes; ci. 2,164 50

Cette somme est due en entier par Mme veuve Viala.

13e OBSERVATION

Instance en partage.

Les époux Dupavé voulant arriver au partage, tant de la communauté qui a existé entre M. Nicolas Viala et Mme Catherine Pitou, son épouse, que des successions de Nicolas, Eugénie et Arsène Viala, firent assigner par exploit de Grosdidier, huissier, en date du dix-sept février dernier, Mme veuve Viala, leur mère, et M. Chouna comme subrogé-tuteur du mineur Léonidas Viala, devant le tribunal civil de première instance de Lyon, pour voir dire qu'il serait procédé judiciairement à la liquidation des communauté et successions dont s'agit.

Par son jugement en date du vingt-deux février dernier, ledit tribunal faisant droit à cette demande, a ordonné qu'il serait procédé judiciairement à la liquidation de : 1° la communauté qui a existé entre M. Nicolas Viala et Mme Catherine Pitou ; 2° la succession de M. Nicolas Viala ; 3° la succession de Mlle Eugénie Viala ; 4° et la succession de M. Arsène Viala. Le même jugement a commis Me Lejoyeux, notaire soussigné, pour procéder à ces opérations et M. Marchais, juge, pour les surveiller.

Ce jugement a été signifié à avoué, par acte du Palais de Griffon, huissier à Lyon, du cinq mars dernier, et signifié à parties, par exploit de M. Chicane, huissier en la même ville, à la date du neuf dudit mois de mars.

Par exploit de ce dernier huissier, du vingt mars dernier, les époux Dupavé ont fait sommation à Mme veuve Viala et à M. Chouna de se trouver le vingt-trois du même mois en l'étude dudit Me Lejoyeux, pour assister à l'ouverture des opérations de liquidation. Et à cette dernière date, le notaire soussigné, faisant droit à la réquisition de toutes les parties, a déclaré ouvrir les opérations de comptes de liquidation et partage de la communauté et des successions dont s'agit.

14e OBSERVATION

Jouissance divise. — *Point de départ des intérêts.*

Pour que la plus grande égalité puisse exister dans le calcul des droits des parties et les attributions, la jouissance divise de chaque attribution sera fixée au premier juillet prochain, époque à laquelle chaque attributaire aura, selon toute probabilité, la jouissance réelle et effective de ses droits. Et comme conséquence, tous les intérêts des sommes en produisant, et tous les intérêts des reprises, rapports et indemnités seront calculés jusqu'à ladite époque, du premier juillet mil huit cent soixante-quatorze.

DEUXIÈME PARTIE

COMPTES, LIQUIDATIONS ET PARTAGE

SOMMAIRE :

Le travail suivant sera divisé en huit chapitres.

Le premier chapitre comprendra l'énumération des reprises en nature.

Il sera divisé en deux paragraphes, l'un pour Mme veuve Viala et l'autre pour la succession de Nicolas Viala.

Le second chapitre comprendra le décompte des reprises et indemnités de chacun des époux Nicolas Viala vis-à-vis de la communauté.

Il sera divisé en deux sections, la première pour les droits de Mme veuve Viala, vis-à-vis de la communauté et la deuxième pour les droits de la succession Nicolas Viala vis-à-vis de ladite communauté.

Chaque section sera divisée en deux paragraphes, le premier pour les reprises et le second pour les indemnités dues à la communauté.

Le troisième chapitre comprendra la liquidation de la communauté Viala-Pitou.

Il sera divisé en trois paragraphes, le premier pour l'actif, le second pour le passif et le troisième pour la balance.

Le quatrième chapitre comprendra la liquidation de la succession de Nicolas Viala,

Il sera divisé en deux paragraphes, le premier pour l'actif et le second pour le passif.

Le cinquième chapitre comprendra la liquidation de la succession d'Eugénie Viala.

Le sixième chapitre comprendra la liquidation de la succession d'Arsène Viala.

Il sera divisé également en trois paragraphes, le premier pour l'actif, le second pour le passif et le troisième pour la balance.

Le septième chapitre comprendra la récapitulation des droits des parties et les attributions.

Il sera divisé en quatre sections, la première pour Mme veuve Viala, la seconde pour Mme Dupavé, la troisième pour M. Dupavé, et la quatrième pour M. Léonidas Viala.

Chaque section sera divisée en deux paragraphes, l'un pour la fixation des droits et l'autre pour les attributions.

Et le huitième chapitre contiendra les clauses et conditions finales.

CHAPITRE PREMIER.

REPRISES EN NATURE

§ 1er. — Mme veuve Viala.

Mme veuve Viala fera la reprise en nature de la propriété de la Maçonnerie, située sur le territoire de la commune de Mauriaux et qui lui provient de la succession de sa mère, ainsi qu'il a été expliqué sous la quatrième observation.

C'est la seule reprise en nature que Mme veuve Viala ait à exercer.

§ 2. — Succession Nicolas Viala.

La succession de Nicolas Viala n'a aucune reprise à faire en nature, tous les immeubles qui lui étaient propres ayant été vendus et les prix touchés ainsi qu'il a été dit sous la troisième observation.

CHAPITRE II

DÉCOMPTE DES REPRISES ET INDEMNITÉS

Ire SECTION. — *Mme veuve Viala.*

§ 1er. — Reprises.

Il convient de porter aux reprises de Mme veuve Viala les sommes ci-après dont elle est créancière :

1° La somme de onze mille francs, prix de vente de la maison que Mme Viala possédait au jour de son mariage, et qui a été vendue à M. Plumet (5e obs.) ; ci. . . . . . . 11.000 »

3° Et la somme de sept mille neuf cent quarante francs, prix de vente de la maison qu'elle a recueillie dans la succession de sa mère, vendue à M. Maurin (5e obs.) ; ci . . . . 7.940 »

Ensemble dix-huit mille neuf cent quarante francs ; ci. . . . . 18.940 »

§ 2. — Indemnités.

Il est dû par Mme veuve Viala à la communauté, la somme de quatre cent trente francs, montant des droits de mutation par décès, et de partage de la succession de sa mère (4e obs.); ci. 430» ci. 430 »

Par suite, Mme veuve Viala reste créancière de la communauté, de la somme de dix-huit mille cinq cent dix francs ; ci. . . . . 18.510 »

2e SECTION. — *Succession Nicolas Viala.*

§ 1er. — Reprises.

La succession de M. Nicolas Viala a droit de réclamer à la communauté les reprises ci-après :

1° La somme de sept mille quatre cents francs, montant des prix de vente de divers immeubles propres à M. Nicolas Viala ainsi qu'il a été expliqué sous la troisième observation ; ci. . . . . , 7.400 »

2° La somme de douze cents francs qui fut payée à titre de soulte par M. Abel Viala à M. Nicolas Viala (2ᵉ obs.) ; ci. . . . . 1.200 »

Total des reprises, huit mille six cents francs ; ci. 8.600 »

§ 2. — Indemnités

La succession de M. Nicolas Viala est débitrice envers la communauté, de la somme de trente-deux francs, montant des droits de succession de son père (2ᵉ obs.) ci. . . . . . 32 » ci.   32 »

Par suite, la succession de Nicolas Viala reste créancière de la communauté de huit mille cinq cent soixante-huit ; ci. . . . . 8.568 »

CHAPITRE III

LIQUIDATION DE LA COMMUNAUTÉ VIALA-PITOU

§ 1ᵉʳ. — Actif.

Il convient de porter à l'actif de la communauté en capitaux ;

1° La somme de vingt mille francs due en principal par les époux Raudot d'après l'obligation analysée lors de l'inventaire (7ᵉ obs.) ; ci . . . . 20.000 »

2° La somme de trois mille six cent soixante francs, valeur des douze obligations du chemin de fer Paris-Lyon-Méditerranée, énoncées dans l'inventaire (7ᵉ obs.) ; ci. . . . . 3,660 »

3ᵉ La somme de cinq mille francs prise sur les fonds de la communauté par Mᵐᵉ. veuve Viala pour constituer une dot à Mᵐᵉ Dupavé, à valoir sur ses droits dans les successions de son père et de sa sœur (9ᵉ obs.), et dont Mᵐᵉ Dupavé est débi-

A reporter. . . . . 23,660 »

Report.	23,660	»
trice ; ci.	5,000	»

4° La somme de dix mille francs excédent en capitaux du second compte d'administration de Mme veuve Viala (12e obs.) ; ci. . . . . — 10,000 »

5° La somme de deux mille cent dix francs, due par Mme veuve Viala, et représentant la valeur des objets mobiliers disparus lors de la vente de meubles (11e obs.) ; ci. . . . . — 2,110 »

6° La somme de dix-huit mille cinq cent dix-sept francs, produit net de la vente de meubles (11e obs.) ; ci. . . . . — 18,517 »

Et en revenus :

7° La somme de huit mille cinquante-six francs, pour reliquat actif des revenus dus par M^mo veuve Viala, pour la seconde période de son administration (12e obs.) ; période qui s'est écoulée entre le mariage des époux Dupavé et le décès de M. Arsène Viala ; ci. . . . . — 8,056 »

8° La somme de onze cent quatre-vingt-six francs vingt-cinq centimes, due par les époux Dupavé pour l'intérêt de la somme de cinq mille francs, qui leur a été avancée sur la succession de leur père et beau-père (9e obs.); ces intérêts s'appliquent à la période qui s'est écoulée du mariage des époux Dupavé, au décès de M. Arsène Viala; ci. . . . . — 1,186 25

9° La somme de deux mille cent soixante-quatre francs cinquante centimes, due par Mme veuve Viala, pour l'excédent des revenus, pendant la dernière période de la gestion, c'est-à-dire

A reporter. . . . . — 9,242 25 — 59,287 »

<table>
<tr><td></td><td>Reports . . . .</td><td>9,242 25</td><td>59,287 »</td></tr>
</table>

du décès de M. Arsène Viala au premier juillet prochain ; ci.   2,164 50

10° Et la somme de trois cent vingt-deux francs vingt centimes, pour intérêts dus par les époux Dupavé, et courus pendant cette dernière période sur la somme qui leur a été avancée sur la succession paternelle ; ci. 322 22

Total de l'actif général :

En capitaux cinquante-neuf mille deux cent qua-tre-vingt-sept francs ; ci . . . .   59,287 »

En revenus avant le décès d'Arsène Viala, neuf mille deux cent qua-rante-deux francs vingt-cinq centimes ; ci 9,242 25

Et en revenus posté-rieurs à ce décès, deux mille quatre cent quatre-vingt-six francs soixante-dix centimes ; ci. 2,486 70

§ . — Passif

Il convient de porter au passif général de la communauté :

1° La somme en capital de dix-huit mille cinq cent dix francs, reliquat net des reprises de Mme veuve Viala, d'après le chapitre précédent ; ci. . . . .   18,510 »

A reporter . . . .   18,510 »

Report 18,510   »

2º La somme de quatre mille trois cent quatre-vingt-seize francs quinze centimes en revenus pour les intérêts courus sur ce capital du mariage des époux Dupavé (15 juin 1868), au décès de M. Arsène Viala (16 mars 1873) ; ci.   4,396   15

3º La somme de onze cent quatre-vingt-douze francs quatre-vingt-cinq centimes en revenus, pour intérêts courus sur le même capital du décès de M. Arsène Viala, au premier juillet prochain ; ci   1,192   85

4º La somme de huit mille cinq cent soixante-huit francs en capital, formant le reliquat net des reprises de la succession de M. Viala père (2º chap.) ci   8,568   »

5º La somme de deux mille trente-quatre francs qua-vingt-dix centimes en revenus, pour intérêts de ce dernier capital, du mariage des époux Dupavé au décès de M. Arsène Viala ; ci.   2,034   90

6º La somme de cinq cent cin-

A reporter. .   1,192 85   6,431   05   27,078   »

Reports. . 1,192 85 6,431 05 27,078 »

quante-deux francs
quinze centimes en reve-
nus, pour intérêts courus
sur le même capital depuis
le décès de M. Arsène
Viala ; ci. 552 15

7° Et la somme de cent
seize francs quarante centimes en capital, formant
le reliquat passif du premier compte de gestion de
Mme veuve Viala ; ci. 116 40

Totaux du passif :
En capitaux, vingt-sept
mille cent quatre-vingt-
quatorze francs quarante
centimes ; ci 27,194 40

En intérêts antérieurs
au décès de M. Arsène
Viala, six mille quatre
cent trente et un francs
cinq centimes ; ci. 6,431 05

Et en intérêts posté-
rieurs à ce décès, dix-
sept cent quarante-cinq
francs ; ci. . . . . 1,745 »

§ 3 . — Balance

L'actif général de la communauté s'élève :
En capitaux à cinquante-neuf mille deux cent quatre-vingt-
sept francs : ci. . . . . 59,287 »

A reporter. . . . . 59,287 »

Report. . . . . 59,287 »

En revenus antérieurs au décès d'Arsène Viala,
à neuf mille deux cent quarante-deux francs vingt-
cinq centimes ; ci. 9,245 25

Et en revenus postérieurs à ce décès,
à deux mille quatre cent quatre-vingt-six
fr. soixante-dix centimes ; ci. 2,486 70

Le passif est de :

En capitaux, vingt-sept
mille cent quatre-vingt-
quatorze francs quarante
en times ; ci 27,194 40

En charges antérieures
au décès d'Arsène Viala,
six mille quatre cent
trente et un francs cinq
centimes ; ci. 6,431 05

Et en intérêts posté-
rieurs, à dix-sept cent
quarante-cinq francs ; ci. 1,745 »

Par suite l'actif excède
le passif :

En capitaux de trente-
denx mille quatre-vingt-
douze francs soixante cen-
times ; ci. 32,092 60

En revenus de la pre-
mière période, de deux
mille huit cent onze
francs vingt centimes ; ci. 2,811 20

Et en revenus posté-
rieurs de sept cent qua-
rante et un francs soixante-
dix centimes ; ci. 741 70

CHAPITRE IV

§ 1er. — Actif.

La succession de M. Nicolas Viala se compose activement :

1° De la somme de seize mille quarante-six francs trente centimes en principal, formant moitié de l'actif net de communauté ; ci...................... 16,046 30

2° De la somme de quatorze cent cinq francs, soixante centimes en revenus, formant moitié de l'excédent des revenus avant le décès d'Arsène Viala (chap. 3e.) ; ci..... 1,405 60

3° De la somme de trois cent soixante-dix francs quatre-vingt-cinq centimes en revenus, formant moitié pe l'excédent des revenus postérieurs à ce décès (chap. 2e.) ; ci............. 370 85

4° De la somme de huit mille cinq cent soixante-huit francs en principal, montant des reprises nettes que cette succession a le droit de réclamer à la communauté (chap. 2e.) ; ci .. ,................. 8,568

5° De la somme de deux mille trente-quatre francs quatre-vingt-dix centimes, pour intérêts courus sur ce

A reporter. . . .   370 85   1,405 60   24,614 3(

Reports..........	370 85	1,405 60	24,614 30

capital antérieurement au
décès de M. Arsène Viala
chap. 2ᵉ) ; ci 2,034 90

6° De la somme de cinq
cent cinquante-deux fr.
quinze centimes, pour in-
térêts courus postérieurement au décès de M. Ar-
sène Viala ; ci. 552 15

Total de l'actif succes-
soral :

En capital vingt-quatre
mille six cent quatorze
francs trente centimes ; ci. 24,614 30

En revenus antérieurs
au décès d'Arsène Viala,
trois mille quatre cent
quarante fr. cinquante
centimes ; ci. 3,440 50

Et en revenus posté-
rieurs à ce décès neuf cent
vingt-trois francs ; ci. . . . 923 »

§ 2. — Passif.

Nous n'avons aucune somme à porter au passif de cette succession.

Les frais funéraires, qui habituellement sont une charge
directe et personnelle de la succession, ont été ici supportés
par Mᵐᵉ veuve Viala seule, par suite de la jouissance légale
qu'elle a eue (art. 385 du Code civil).

Quant au passif des successions échues à M. Nicolas Viala,
il a déjà été balancé avec les reprises de la même succession
(chap. 2 ci-dessus).

On aurait pu porter au passif de cette succession les cinq mille francs pris sur les fonds communs et avancés en dot à Mme Dupavé ; mais, comme conséquence, il eût fallu porter cette même somme à l'actif de cette succession, car de même que la succession eût été débitrice envers la communauté de ces cinq mille francs, de même elle en eût été créancière envers Mme Dupavé, et comme conséquence, les totaux de la succession eussent été les mêmes.

Le notaire soussigné a trouvé inutile d'allonger ainsi les chiffres, et fera rapporter directement cette somme de cinq mille francs, par Mme Dupavé, à la communauté, ce qui produira le même résultat pour tous les intéressés.

CHAPITRE V

LIQUIDATION DE LA SUCCESSION D'EUGÉNIE VIALA

Cette succession se compose uniquement du quart de la succession paternelle énoncée au chapitre précédent, soit :

1° En capital, de la somme de six mille cent cinquante-trois francs cinquante-huit centimes ; ci 6,153 58

2° En revenus antérieurs au décès d'Arsène Viala, de huit cent soixante francs douze centimes ; ci 860 12

3° Et en revenus postérieurs à ce décès, de deux cent trente francs soixante-quinze cent. ; ci   230 75

Ces sommes sont sans passif, les frais funéraires, seul passif de cette succession, étant une charge personnelle de Mme veuve Viala, qui en a eu la jouissance légale.

Cette masse successorale appartient pour un quart à Mme veuve Viala, pour un quart à la succession de M. Arsène Viala, que nous allons liquider au chapitre suivant, pour un quart aux époux Dupavé, et pour le dernier quart à M. Léonidas Viala.

CHAPITRE VI

LIQUIDATION DE LA SUCCESSION DE M. ARSÈNE VIALA

§ 1er. — Actif.

Cette succession se compose activement du quart de la succession de Nicolas Viala (chap. 4e) et du quart de la succession d'Eugénie Viala (chap. 5e), ce qui donne les chiffres suivants :

1° La somme de six mille cent cinquante-trois francs cinquante-huit centimes en capital, formant le quart des capitaux de la succession Nicolas Viala; ci. 6,153 58

2° La somme de huit cent soixante francs douze centimes, formant le quart revenant à la succession de Nicolas Viala, dans les revenus postérieurs à ce décès ; ci. 860 12

3° La somme de deux cent trente francs soixante-quinze centimes, formant le quart des droits de la succession de Nicolas Viala, dans les revenus postérieurs à ce décès ; ci 230 75

4° La somme de quinze cent trente-huit francs trente-six centimes, formant le quart en capitaux de la succession d'Eugénie Viala ; ci. 1,538 36

5° La somme de deux cent quinze francs trois centimes, formant le quart de la même succession dans les revenus antérieurs au décès d'Arsène Viala ; ci. 215 03

A *reporter*.	230	75	1,075	15	7,691	94

Reports	230	75	1,075	15	7,691	94

6° Et la somme de cin-
quante-sept francs soixante-neuf centimes, formant
le quart de la même suc-
cession dans les revenus
postérieurs au décès de
M. Arsène Viala ; ci. . . .   57   69

Totaux de l'actif de la
succession Arsène Viala :

En capitaux, sept mille
six cent quatre-vingt-onze
francs quatre-vingt-qua-
torze centimes; ci   7,691   94

En revenus antérieurs
au décès, mille soixante-
quinze francs quinze cen-
times ; ci. 1,075 15

Et en revenus posté-
rieurs à ce décès, deux
cent quatre-vingt-huit
francs quarante-quatre
centimes ; ci.   288

§ 2. — Passif.

Le passif de cette succession consiste uniquement en les frais
funéraires, s'élevant à quatre cent trente-deux francs, avancés
par Mme veuve Viala, et à imputer sur les fonds de cette succession ; ci   432   »

§ 3. — Balance.

L'actif de cette succession s'élève à :

1° En capitaux, sept mille six cent quatre-vingt-onze francs quatre-vingt-quatorze centime; ci. 7,691 94

2° En revenus antérieurs au décès d'Arsène Viala, mille soixante-quinze francs quinze centimes; ci. 1,075 15

3° Et en revenus postérieurs à ce décès, deux cent quatre-vingt-huit francs quarante-quatre centimes; ci. 288 44

Le passif est de quatre cent trente-deux francs à imputer sur les capitaux; ci. . . . . 432 »

Partant, l'actif excède le passif :

En capitaux, de sept mille deux cent cinquante-neuf francs quatre-vingt-quatorze centimes ; ci. 7,259 94

En revenus de la première période, de mille soixante-quinze francs quinze centimes ; ci. 1,075 15

Et en revenus de la seconde période, de deux cent quatre-vingt-huit francs quarante-quatre centimes; ci. 288 44

Cette succession appartient pour un quart, ou deux huitièmes, à Mme veuve Viala, pour trois huitièmes aux époux Dupavé, et pour les trois autres huitièmes à M. Léonidas Viala.

CHAPITRE VII

FIXATION DES DROITS DES PARTIES. — ATTRIBUTIONS.

1re Section. — *Mme veuve Viala.*

§ 1er. — Fixation de ses droits.

Il revient à Mme veuve Viala :

1° La somme de quatre cent trente-deux francs en capital, montant des frais funéraires par elle payés après le décès de M. Arsène Viala (10e obs. et chap. 6e) ; ci. . . . 432

2° La somme de cent seize francs quarante centimes en capital, formant le solde de son premier compte de gestion (12e obs.) ; ci. 116 40

3° La somme de dix-huit mille cinq cent dix francs, formant le reliquat net de ses reprises (chap. 2e) ; ci. . . . . 18,510 »

4° La somme de quatre mille trois cent quatre-vingt-seize francs quinze centimes, pour intérêts courus sur le même capital antérieurement audit décès de M. Arsène Viala ; ci. 4,396 15

5° La somme de onze cent quatre-vingt-douze francs quatre-vingt-cinq centimes, pour intérêts courus sur le même capital postérieurement audit décès ; ci. 1,192 85

6° La somme de seize mille quarante-six francs trente centimes, formant moitié de l'actif net de communauté en capitaux (chap. 3e) ; ci. . . . 16,046 30

7° La somme de quatorze cent cinq francs soixante centimes, formant moitié de l'actif net de communauté en revenus antérieurs au décdè se M. Arsène Viala (chap. 3e) ; ci. 1,405 60

8° La somme de trois cent soixante-dix francs quatre-vingt-cinq centimes, formant moitié de

A reporter. 42,099 30

Report.	42,099	30

l'actif net de communauté en revenus postérieurs audit décès ; ci. 370 85

9° La somme de quinze cent trente-huit francs trente-sept centimes, formant le quart en capitaux de la succession d'Eugénie Viala (chap. 5°) ; ci. . 1,538 37

10° La somme de deux cent quinze francs trois centimes, formant le quart de la même succession en revenus de la première période (même chap.); ci. 215 03

11° La somme de cinquante-sept francs soixante-huit centimes, formant le quart de la même succession en revenus postérieurs au décès (même chap.); ci. 57 68

12° La somme de dix-huit cent quatorze francs quatre-vingt-dix-huit centimes, formant le quart en capital de la succession de M. Arsène Viala (chap. 6°) ; ci. 1,814 98

13° La somme de mille soixante quinze francs quinze centimes, montant de tous les revenus antérieurs au décès d'Arsène Viala ; lesquels revenus appartiennent à la mère à cause de sa jouissance légale (chap. 6°) ; ci 1,075 15

14° La somme de soixante-douze francs onze centimes, formant le quart de la même succession en revenus postérieurs au décès (même chap.) : ci. 72 11

Il convient de lui attribuer encore à cause des droits que lui confère l'usufruit légal des biens du mineur Léonidas Viala :

15° La somme de huit cent soixante francs treize centimes, formant le quart de la succession de Nicolas Viala pour les revenus courus avant le décès d'Arsène Viala (chap. 4°); ci. . . . 860 13

16° La somme de deux cent trente francs

A reporter.	48,103	60

Report. . . . . 48.103 6(

soixante-quinze centimes, formant le quart de la
même succession pour les revenus postérieurs
au décès d'Arsène Viala (chap. 4ᵉ) ; ci. 230 7:

17° La somme de deux cent quinze francs trois
centimes, pour le quart des revenus de la succession d'Eugénie Viala antérieurs au décès
d'Arsène Viala (chap. 5ᵉ) ; ci. . . . . , . . 215 0:

18° La somme de cinquante-sept francs
soixante-neuf centimes, pour le quart dans la
même succession des revenus postérieurs au décès d'Arsène Viala (chap. 5ᵉ) ; ci. . . , . . 57 6:

19° Et la somme de cent huit francs seize centimes, pour les trois huitièmes de la même succession courus postérieurement à ce décès (chap.
6ᵉ); ci. . . . . 108 1(

Total de ses droits, quarante-huit mille sept
cent quinze francs vingt-trois centimes ; ci. . . - 48.715 2:

§ 2. — Attributions.

Pour fournir à Mᵐᵉ veuve Viala le montant de
ses droits, il convient de lui attribuer :

1° La somme de deux mille cent dix francs, valeur estimative des objets mobiliers constatés dans
l'inventaire et manquant au jour de la vente
mobilière; somme dont Mᵐᵉ veuve Viala est débitrice et qu'elle confondra en elle-même :
ci. . . . . 2.110 »

2° La somme de dix mille francs.
reliquat en capital du second compte
de gestion, due par Mᵐᵉ veuve Viala
(12° obs.) ci. . . . . 10.000 »

A reporter. . . . . 12.110 » 48.715 2:

Report	12.110	»	48.715	23

3° La somme de huit mille cinquante six francs, due par la même, pour le montant en revenus du second compte de gestion (12ᵉ obs.) ; ci   8.056 »

4° La somme de deux mille cent soixante - quatre francs cinquante centimes, due par la même, comme formant le montant de son troisième compte de gestion (12ᵉ obs.) ; ci. . .   2.164 50

Toutes les attributions qui précèdent constituant des sommes dues par Mᵐᵉ veuve Viala, elle les confondra en elle-même et elles s'éteindront ainsi par confusion.

5° La somme de vingt mille francs, formant le principal dû par les époux Raudot, de Calluire, pour solde de prix de vente, ainsi qu'il a été dit lors de l'analyse de l'inventaire (7ᵉ obs.); ci   20,000 »

6° Huit obligations du chemin de fer Paris-Lyon-Méditerranée, à prendre dans les douze obligations au porteur constatées dans l'inventaire, portant les nᵒˢ 211 à 218 et valant d'après l'inventaire, deux mille quatre cent quarante francs ; ci . . . . . .   2,440 »

7° Et la somme de trois mille neuf cent quarante-quatre francs soixante-treize centimes, à prendre dans le produit net de la vente de meubles (11ᵉ obs.) ; ci 3,944 73

Total égal à ses droits, quarante-huit mille sept cent quinze francs vingt-trois centimes ; ci 48,715 23

Egal

§ 1ᵉʳ. — Fixation de ses droits.

Il revient à Mᵐᵉ Dupavé personnellement :

1° Le quart en capital de la succession de M. Nicolas Viala, son père (chap. 4ᵉ), soit six mille cent cinquante-trois francs cinquante-sept centimes ; ci . . . . : 6,153 57

2° Le quart en capital de la succession d'Eugénie Viala, sa sœur (chap. 5ᵉ) ; soit quinze cent trente-huit francs trente-sept centimes ; ci . . . 1,538 37

3° Et les trois huitièmes également en capital de la succession d'Arsène Viala, son frère (chap. 6ᵉ), soit deux mille sept cent vingt-deux francs quarante-huit centimes ; ci 2,722 48

Total de ses droits, dix mille quatre cent quatorze francs quarante-deux centimes ; ci 10,414 42

. — Attributions.

Pour fournir à Mᵐᵉ Dupavé le montant de ses droits, il convient de lui attribuer :

1° La somme de cinq mille francs qui lui a été constituée en dot (9ᵉ obs.), et qu'elle confondra en elle-même ; ci . . . . 5,000 „

2° Deux obligations du chemin de fer Paris-Lyon-Méditerranée, à prendre dans les douze obligations trouvées lors de l'inventaire ; ces deux obligations portant les nᵒˢ 219 et 220 et valant six cent dix francs ; ci . . 610 „

3° Et la somme de quatre mille huit cent quatre francs quarante-deux centimes, à prendre sur le produit net de la vente de meubles (11ᵉ obs.) ; ci 4,804 42

Total égal à ses droits, dix mille quatre cent quatorze francs quarante-deux centimes : ci 10,414 42

3e Section. — *M. Dupavé, comme le chef de la communauté.*

§ 1er. — Fixation de ses droits.

Il revient à la communauté Dupavé :

1° Le quart des revenus de la succession de M. Nicolas Dupavé courus avant le décès de M. Arsène Viala (chap. 4°), soit huit cent soixante francs treize centimes ; ci. 860 13

2° Le quart des revenus de la même succession courus postérieurement au décès de M. Arsène Viala (chap. 4e), soit deux cent trente francs soixante quinze centimes ; ci. 230 75

3° Le quart des revenus de la succession de Mlle Eugénie Viala, courus antérieurement au décès de M. Arsène Viala, (chaq. 5e), soit deux cent quinze francs trois centimes ; ci. 215 03

4° Le quart des revenus de la même succession courus postérieurement au décès de M. Arsène Viala (chap. 5e), soit cinquante-sept francs soixante-neuf centimes ; ci. 57 69

5° Et les trois huitièmes des revenus de la succession de M. Arsène Viala, courus postérieure-ment au décès (chap. 6°,), soit cent huit francs dix-sept centimes ; ci. 108 17

Total de ses droits, quatorze cent soixante onze francs soixante-dix-sept centimes ; ci. 1,471 77

§ 2. — Attributions.

Pour remplir la communauté Dupavé des droits lui revenant, il convient de lui attri-buer :

1° La somme de onze cent quatre-vingt-six francs vingt-cinq centimes, montant des intérêts dus par la communauté Dupavé par suite de la constitution de dot et courus antérieurement au

A reporter. 1,471 77

Report   1,471   7

décès de M. Arsène Viala (chap. 3e); ci.   1,186   25

2° Et la somme de trois cent vingt deux francs vingt centimes, pour intérêt de la même dot postérieurs au décès de M. Arsène Viala (chap. 3e); ci.   322   20

Total des attributions, quinze cent huit francs quarante-cinq centimes ; ci.   1,508   45   1,508   4

Par suite, les attributions excèdent les droits de trente-six francs soixante huit centimes ; ci. .   36   6

La communauté Dupavé restera débitrice de cette somm de trente-six francs soixante-huit centimes, qui sera ci-aprè attribuée à M. Léonidas Viala [1].

4e Section. — *M. Léonidas Viala.*

§ 1er. — Fixation de ses droits.

Il revient à M. Léonidas Viala.

1° Le quart en capitaux de la succession de M. Nicolas Vial son père (chap. 4e). soit six mille cent cinquante-trois franc cinquante-huit centimes ; ci.   6,153   5

2° Le quart en capital de la succession de Mlle Eugénie Viala, sa sœur (chap. 6e), soit quinze cent trente huit francs trente sept centimes ; ci   1,538   3

3° Et les trois huitièmes également en capital de la succession de M. Arsène Viala, son frère (chap. 6e), soit deux mille sept cent vingt-deux francs quarante huit centimes ; ci.   2,722   4

Total de ses droits, dix mille quatre cent quatorze francs quarante-trois centimes ; ci.   10,414   4

A reporter.   10,414   4

1. Cette insuffisance des revenus pour faire face aux charges peut p raître anormale, d'autant plus que les droits de Mme Dupavé dans la su

Report. 10,414 43

§ 2. — Attributions.

Pour remplir M. Léonidas Viala de ses droits il convient de lui attribuer :

1° La somme de neuf mille sept cent soixante-sept francs soixante-quinze centimes restant libres sur le produit net de la vente de meubles (11° obs.) ; ci 9.767 75

2° Les deux obligations du chemin de fer Paris-Lyon-Méditerranée restant libres sur les douze obligations constatées lors de l'inventaire, portant ces deux obligations, les numéros 221 et 222, et valant six cent dix francs ; ci. . . . . 610 »

3° Et la somme de trente-six francs soixante-huit centimes, due à titre de soulte par les époux Dupavé, ainsi qu'il vient d'être établi à la section précédente ; ci. 36 68

Total égal à ses droits, dix mille quatre cent quatorze francs quarante-trois centimes ; ci. 10.414 43

Egal

CHAPITRE VIII

CLAUSES ET CONDITIONS FINALES.

1° Chacun des attributaires aura la propriété des sommes et créances à lui attribués à partir de l'homologation des présen-

cession paternelle dépasse la dot ; mais il faut penser que les meubles meublants décrits dans l'inventaire n'ont produit aucun revenu, et qu'ils rentrent pour une forte part dans la masse active de la communauté ; tandis que la dot, aux termes du contrat de mariage, a dû toujours produire des intérêts.

tes, et la jouissance divise des revenus à partir du prem
juillet prochain.

2° Quant aux revenus de toute nature à courir d'ici le p
mier juillet prochain, ils appartiendront en entier à Mme veu
Viala, lui ayant tous été portés en compte.

3° Les frais des présentes seront supportés par les intér
sés savoir : les quatre sixièmes par Mme veuve Viala, un sixiè
par Mme Dupavé, et un sixième par M. Léonidas Viala. Il
sera de même des frais judiciaires.

Fait et dressé le présent état liquidatif à Lyon, en l'étude,
vingt-huit mai mil huit cent soixante-quatorze.

(Signature.)

Enregistrement : Droit fixe 3 francs.

SIXIÈME LIVRE

PARTAGES JUDICIAIRES

Partage judiciaire de communauté

EXPOSÉ DES FAITS

Le 15 janvier 1845, mariage de Victor Toupain et de Célina Janaud, de Pouilly (Nièvre). Contrat de mariage établissant le régime de la communauté d'acquêts. L'apport de la future consistait en : 1° une somme de 8,000 francs ; 2° des meubles d'une valeur de 4,200 francs. Le futur s'est constitué en dot : 1° un attirail de ferme d'une valeur de 8,200 francs, et une propriété de 12 hectares située à Beauregard, commune de Pouilly.

En 1849, décès de Marguerite Taston, veuve Janaud, mère de l'épouse Toupain. Celle-ci a recueilli dans sa succession la propriété des Rifauts, commune de Pouilly, à la charge d'une soulte de 4,500 francs, payée à Benoit Janaud son frère.

En 1850, vente de tous les immeubles des deux épou
Toupain ; ceux du mari pour 16,000 francs, et ceux c
la femme pour 27,000 francs.

En la même année, acquisition sans déclaration c
remploi d'une maison à Verdelot (Nièvre), et de 1
parcelles de terre, près et vignes, sur la même com
mune.

En 1851, augmentation des constructions de cett
maison et acquisition d'un jardin y joignant.

En 1852, acquisition de 8 parcelles d'immeubles, su
la même commune.

Le 11 juillet 1873, décès de Victor Toupain, laissan
deux enfants : Jules, majeur de 25 ans, et Marie, âgé
de 18 ans épouse de Léon Tabois.

Les 16 et 17 août, inventaire.

Vente de meubles.

Instance en partage judicaire, expertise, etc.

La difficulté la plus grande de ce partage provient de
ce que les valeurs mobilières sont beaucoup trop fai-
bles pour couvrir les reprises des deux époux, et que
ces reprises devront, par suite, être prélevées sur les
immeubles. Ce prélèvement est formellement autorisé
par l'art. 1471 du code civil, mais il nécessite le partage
en deux parts du travail des experts, l'une contenant
l'estimation, et l'autre contenant le lotissement.

Entre ces deux fractions de leur travail il doit se faire
un procès-verbal de dires dans lequel chaque partie
vient déclarer sur quels immeubles elle entend que le
prélèvement qui la concerne soit exercé (art. 830 et 831
du code civil).

Il faudra donc commencer ici par faire, comme toujours, un procès-verbal d'ouverture. Le notaire devra ensuite examiner à fonds la position, et une fois que les experts auront fait leur expertise, il dressera un premier état de liquidation, contenant toutes les observations préliminaires, puis le décompte des reprises de chaque époux, et enfin l'énonciation de la masse à partager.

Après ce premier état liquidatif, viendra un procès-verbal dans lequel les parties approuveront ce premier travail, et déclareront sur quels immeubles elles entendent faire porter leurs prélèvements.

Le notaire fera ensuite un premier complément à l'état liquidatif, contenant ces prélèvements, et le partage en deux lots de la masse nette de communauté.

Alors les parties, dans un troisième procès-verbal, approuveront ce second travail et procèderont au tirage au sort de la masse commune. Là finira le partage des droits de la veuve Toupain.

Enfin le notaire fera un troisième travail, appelé second complément à l'état liquidatif, énumérant le partage en deux lots tant des immeubles pris à titre de prélèvement par les enfants Toupain, que des immeubles à eux échus dans le partage de communauté.

Et par un quatrième procès-verbal, les deux enfants Toupain approuveront tout ce qui aura été fait et tireront ces deux lots au sort.

Nous voyons qu'ainsi le notaire aura trois états liquidatifs à faire, le premier sera précédé d'une expertise générale des immeubles, et les deux autres seront précédés chacun d'un lotissement.

Dans les liquidations fort importantes il serait pru
dent de faire homologuer chaque travail ; mais dan
les liquidations ordinaires, on fera bien, par économi
de frais, de ne demander l'homologation générale qu'
la fin.

Nous allons donner les formules de tous ces états e
procès-verbaux, excepté celles du procès-verbal d'ou
verture.

21ᵉ FORMULE. — Etat de liquidation et partage.

Etat des comptes de liquidation et pa.
tage de :
1° La communauté qui a existé entr
M. Victor Toupain et Mᵐᵉ Célina Janauc
2° Et de la succession de M. Victo
Toupain, décédé le 11 juillet 1873.
Entre :
1° Mᵐᵉ Célina Janaud, veuve Toupain, demeurant
Verdelot (Nièvre).

Prise à cause de la communauté qui
existé entre elle et son mari, et à caus
des reprises qu'elle peut avoir à exerce
contre cette communauté.
2° M. Jules Toupain, négociant, demeurant à L
Charité (Nièvre).
3° Et Mᵐᵉ Marie Toupain, sans profession, épouse d
M. Léon Tabois, cultivateur, avec lequel elle demeure
Verdelot.

M. Jules Toupain et Mᵐᵉ Tabois, pri
chacun comme héritier pour une moiti
de M. Victor Toupain, leur père.

Dressé par M⁰ Lefol, notaire à Verdelot, soussigné, commis à cet effet par jugement du tribunal civil de première instance de Clamecy, en date du 15 septembre mil huit cent soixante-treize.

PREMIÈRE PARTIE.

OBSERVATIONS PRÉLIMINAIRES.

1ʳᵉ OBSERVATION

Mariage des époux Toupain-Janaud. — Contrat de mariage.

M. Victor Toupain et Mᵐᵉ Célina Janaud se sont mariés à la mairie de Pouilly (Nièvre), le quinze janvier mil huit cent quarante-cinq. Ils avaient fait précéder leur union d'un contrat de mariage en réglant les clauses et conditions civiles, passé devant M° Regret, notaire à Pouilly, la veille du mariage. Aux termes de ce contrat les futurs époux ont adopté le régime de la communauté réduite aux acquêts.

La future épouse s'est constituée en dot : 1° Une somme de huit mille francs en numéraire ; 2° et différents meubles meublants, décrits aux contrat, d'une valeur de quatre mille deux cents francs.

Quant au futur époux il possédait au jour de son mariage : 1° Un attirail de ferme détaillé au contrat, estimé alors huit mille deux cents francs ; 2° et une propriété de douze hectares appelée Beauregard, située sur la commune de Pouilly.

De cette observation il résulte pour Mᵐᵉ Toupain droit à une reprise :

1° De huit mille francs, numéraire apporté en dot ; ci 8,000

2° Et de la valeur de ses meubles meublants, estimés quatre mille deux cents francs ; ci. 4,200

Ensemble, douze mille deux cents francs ; ci. 12,200

Et il résulte pour la succession de M. Toupain, une reprise e numéraire de huit mille deux cents francs ; ci . 8,200

2ᵉ OBSERVATION

Succession échue à Mᵐᵉ Toupain.

Mᵐᵉ Marguerite Taston, veuve Janaud, est décédée à Pouill le cinq juin mil huit cent quarante-neuf, laissant pour seu héritiers et chacun pour une moitié, M. Hector Janaud Mᵐᵉ Toupain, ses deux enfants.

Le partage de cette succession fut dressé par ledit Mᵉ Regre notaire à Pouilly, le onze juillet de la même année. Le l attribué à Mᵐᵉ Toupain se composait d'une propriété de on hectares sept ares, appelée Les Rifauts et située sur la com mune de Pouilly.

Par le même contrat de partage, les époux Toupain s'obl gèrent à payer à M. Janaud une soulte de quatre mille cinq cen francs ; cette somme a été payée pendant la communauté, ε cours de l'année mil huit cent cinquante.

Les frais de ce partage mis à la charge de Mᵐᵉ Toupain s'él vèrent à onze cent dix francs, et les droits de mutation pε décès étaient pour Mᵐᵉ Toupain de cent quatre-vingt-cir francs.

Les conséquences de cette observation rendent Mᵐᵉ Toupai débitrice, envers la communauté, de :

1° La somme de quatre mille cinq cents francs, montant de la soulte de partage, payée à M. Hector Janaud ; ci.   4,500   »

2° La somme de onze cent dix francs, frais de partage ; ci   1,110   »

8° Et de la somme de cent quatre-vingt-cinq francs, montant des droits de succession ; ci. . .   185   »

Total des indemnités, cinq mille sept cent quatre-vingt-quinze francs ; ci   5,795   »

3° OBSERVATION

Vente d'immeubles propres aux époux Toupain.

Aux termes d'un procès-verbal d'adjudication dressé par M° Regret, notaire à Pouilly, le sept mars mil huit cent cinquante, les époux Toupain vendirent les deux immeubles qu'ils possédaient, savoir :

1° La propriété de Beauregard, propre à M. Victor Toupain ;

2° Et la propriété des Rifauts, propre à Mme Toupain.

Ces deux immeubles furent adjugés :

Le premier à Mlle Sidonie Blondard, rentière à Pouilly, pour le prix de seize mille francs ; ci   16,000   »

Et le second à M. Octave Routier, négociant à Pouilly, pour le prix de vingt-sept mille francs ; ci   27,000   »

Ces deux prix de vente furent payés partie comptant et le surplus le vingt-quatre décembre suivant, aux termes de deux quittances reçues par ledit M° Regret.

Ces immeubles étaient les seuls que possédaient alors les époux Toupain comme propres, et ils n'avaient à cette époque fait aucune acquisition.

4° OBSERVATION

Acquisitions d'immeubles pendant le mariage.

Par contrat de vente, reçu par M° Lefol, notaire soussigné, le onze juin mil huit cent cinquante, les époux Toupain firent l'acquisition de Jean-Antoine Soulard et de Mathurine Buvet, conjoints, demeurant à Verdelot (Nièvre), des immeubles dont le détail suit :

1° Une maison avec bâtiments de servitude, cour et petit jardin, le tout contigu, situé au chef-lieu de la commune de Verdelot.

2° Une parcelle de terre labourable, située à Laubis, commune de Verdelot, contenant deux hectares quinze ares.

3° Une autre parcelle de terre labourable, située à l'Étang, même commune, contenant quatre hectares soixante-cinq ares.

4° Une autre parcelle de terre labourable, située au Ventour, même commune, contenant soixante ares.

5° Une autre parcelle de terre labourable, située aux mêmes lieu et commune, contenant un hectare dix ares.

6° Une autre parcelle de terre labourable, située aux mêmes lieu et commune, contenant un hectare vingt-deux ares.

7° Une autre parcelle de terre labourable, située au Versant, même commune, contenant un hectare quarante-deux ares.

8° Un pré, situé à La Rivière, même commune, contenant vingt-deux ares.

9° Un autre pré, situé à l'Enclos, même commune, contenant trente-six ares.

10° Un autre pré, situé à La Rigole, même commune, contenant soixante-cinq ares.

11° Une vigne, située à La Montagne, même commune, contenant quatre-vingt-cinq ares.

12° Une autre vigne, située à La Vinée, même commune, contenant quarante-trois ares.

13° Et une autre vigne, aux mêmes lieu et commune, contenant vingt-cinq ares.

Cette acquisition fut faite sans déclaration de remploi ni d'emploi, moyennant le prix de vingt-cinq mille francs, dont treize mille furent payés comptant, huit mille le vingt-huit décembre suivant, et les quatre mille restant le vingt-quatre juin mil huit cent cinquante et un, ainsi qu'il résulte de deux quittances reçues par ledit M⁰ Lefol, aux dates sus-indiquées.

Le huit avril mil huit cent cinquante et un, et suivant autre acte aux minutes de M⁰ Lefol, notaire soussigné, les époux Toupain firent l'acquisition d'un jardin, situé au chef-lieu de la commune de Verdelot et joignant la maison comprise dans la précédente acquisition, pour le prix de deux mille trois cents francs qui fut payé comptant.

Au cours de la même année mil huit cent cinquante et un, les époux Toupain firent édifier sur l'ensemble des maisons et jardins de Verdelot, différentes constructions qui ne peuvent donner lieu à aucun décompte, parce que ces frais ont été faits par la communauté sur un immeuble de communauté.

Suivant autre acte reçu par ledit M⁰ Lefol, le six décembre mil huit cent cinquante-deux, les époux Toupain acquérirent des époux Bienvenu, de La Charité, les immeubles dont le détail suit :

1° Une parcelle de terre, située au Petit-Champ, commune de Verdelot, contenant un hectare deux ares.

2° Une autre parcelle de terre, située aux mêmes lieu et commune, contenant trente-six ares.

3° Un bois situé au Grand-Chêne, commune de Verdelot, contenant deux hectares vingt-deux ares.

4° Une vigne située au Chassis, même commune, contenant douze ares.

5° Une autre vigne, située à l'Echalas, même commune, contenant quarante-cinq ares ;

6° Une autre vigne située au Buisson, même commune, contenant trente-deux ares.

7° Un pré, situé à La Rivière, même commune, contenant trente-trois ares.

8° Et un autre pré, situé au Plongeon, même commune, contenant dix-huit ares.

Le prix de cette vente s'élevait à onze mille quatre cents francs, dont trois mille quatre cents francs furent payés comp-

tant. Quant aux huit mille francs restant dus, ils furent payés
trois mille francs le vingt-cinq décembre mil huit cent cin
quante-trois, trois mille francs le deux janvier mil huit cen
cinquante-cinq et deux mille francs le quinze avril mil hui
cent soixante ; ainsi que le tout est constaté par trois quittan
ces à ces dates au rapport dudit Mᵉ Lefol.

Les trois contrats d'acquisition susmentionnés furent trans
crits au bureau des hypothèques de Clamecy, et les certificat
délivrés par M. le Conservateur à la suite de chaque transcrip
tion ne relevèrent aucune incription.

5° OBSERVATION

Décès de M. Victor Toupain. — Qualité des héritiers.

M. Victor Toupain est décédé à Verdelot le onze juillet m
huit cent soixante-treize, sans disposition testamentaire e
laissant Mᵐᵉ Célina Janaud, sa veuve, commune en biens.

Ses seuls héritiers étaient ses deux enfants, savoir :

1° M. Jules Toupain, âgé de vingt-cinq ans, négociant, de
meurant à La Charité.

2° Et Mᵐᵉ Marie Toupain, âgée de dix-huit ans, sans pro
fession, épouse de M. Léon Tabois, cultivateur, demeurant
Verdelot.

Dans l'instance en partage, Mᵐᵉ veuve Toupain a pris l
qualité de commune, et comme conséquence a accepté la com
munauté ; et les deux enfants ont pris la qualité d'héritiers.

6° OBSERVATION

Inventaire après décès de M. Victor Toupain.

Inventaire des forces et charges, tant de la communaut
Toupain-Janaud que de la succession de M. Victor Toupain
été dressé par ledit Mᵉ Lefol et son collègue, à la date de
vingt-trois et vingt-quatre juillet dernier.

Ce procès-verbal constate l'existence de différents meubles corporels estimés quatre mille huit cent six francs, et qui furent vendus aux enchères peu de jours après, ainsi qu'il sera dit dans l'observation suivante.

Cet inventaire constate l'existence d'une somme de deux cent quatre-vingt-cinq francs en numéraire qui est restée aux mains de Mme veuve Toupain.

Les créances actives énumérées au même titre consistaient en :

1° La somme de huit cents francs due par Étienne Mouton, boucher à Verdelot ; ci   800   »

2° Celle de cent vingt francs due par Louis Pioche, cultivateur à Verdelot ; ci   120   »

3° Et celle de deux cent quinze francs, due par Jean Nicat, boulanger à Verdelot, pour solde de vente de grains ; ci   215   »

Total des déclarations actives, onze cent trente-cinq francs ; ci   1,135   »

Ces créances ainsi que le numéraire appartiennent à la communauté.

Les déclarations passives énoncées au même inventaire et concernant la communauté se composaient de :

1° La somme de deux mille francs pour prêt, due à M. Breton, ancien notaire à Verdelot ; ci   2,000   »

2° Les intérêts de cette somme tant arriérés que calculés jusqu'au premier février prochain, époque probable du remboursement, soit deux cent seize francs ; ci   216   »

3° La somme de trois cent quarante francs, due à Chapois, charron à Verdelot ; ci   340   »

4° La somme de quatre cent dix-huit francs, due à Capuron, forgeron à Verdelot ; ci   418   »

5° La somme de deux cent soixante-cinq francs,

A reporter   2,974   »

Report . . . 2,974 »

due à Peltier, marchand d'étoffes à Verdelot ; ci. .   265 »

6° La somme de cinquante-huit francs, due à Gomain, pharmacien à La Charité ; ci. . . . . . .   58 »

7° Et la somme de quatre-vingt-dix francs due à
M. Bontemps, docteur-médecin à Verdelot ; ci. . .   90 »

Total du passif de communauté, trois mille trois
cequatre ịn-vingt-sept francs ; ci. . . . .   3.387 »

Le passif de la succession se composait uniquement des frais
funéraires s'élevant à un total de deux cent dix francs ;
ci . . . .   210 »

7° OBSERVATION

Vente de meubles.

Tous les meubles corporels décrits et estimés dans l'inventaire qui précède ont été vendus aux enchères aux termes d'un
procès-verbal dressé par ledit M⁰ Lefol le six septembre dernier

Cette vente a produit un total brut de cinq mille trois cent
quatre-vingt-deux francs ; . . . .   5,382 »

D'où il convient de déduire pour différents frais
de ladite vente, placards, affiches et autres, deux
cent trente-deux francs ; ci . . . . . 232 »

Et aussi pour frais de l'inventaire
cent trente francs ; ci . . . . 130 »

Total à déduire trois cent soixante-
deux francs ; ci . . . . 362 »   362 »

Reste comme produit net de cette vente cinq
mille vingt francs ; ci . . . .   5,020 »

8° OBSERVATION

Instance en partage. — Expertise des immeubles.

Les époux Tabois voulant arriver au partage tant de la communauté qui avait existé entre les époux Toupain, que de la

succession dudit M. Victor Toupain, assignèrent devant le tribunal civil de première instance de Clamecy, Mme veuve Toupain, leur mère et belle-mère, et M. Jules Toupain, leur frère et beau-frère, pour voir dire qu'il serait procédé judiciairement aux liquidation et partage : 1° de la communauté qui a existé entre M. Victor Toupain et Mme Célina Janaud, restée sa veuve ; 2° de la succession de Victor Toupain ; aux termes d'un exploit de Bredouillard, huisssier à Verdelot, en date du deux septembre mil huit cent soixante-treize.

Faisant droit à cette demande, le tribunal de première instance de Clamecy, par son jugement en date du quinze septembre dernier, a ordonné qu'il serait procédé en les formes voulues par la loi au partage des communauté et succession dont il s'agit, a nommé MM. Gentil, géomètre à Verdelot, Claudin, ancien notaire à La Charité, pour faire l'expertise et le lotissement des immeubles, a commis Me Lefol notaire soussigné, pour procéder aux comptes de liquidation et partage des communauté et succession prénommées, et a commis M. Lannoy, juge, pour surveiller l'ensemble de ces opérations.

Ce jugement a été signifié à avoué par acte du Palais de Griffon, huissier, à la date du vingt-trois septembre même mois, et signifié à parties par exploit dudit Bredouillord, huissier à Verdelot, à la date vingt-quatre septembre mil huit cent soixante-quatorze.   .

A la date du deux octobre mil huit cent soixante-quatorze, Me Lefol, déférant à la requête des époux Tabois et en présence des deux autres copartageants, dressa un procès-verbal aux termes duquel il déclara ouvrir les opérations des comptes de liquidation et partage : 1° de la communauté Toupain-Janaud ; 2° et de la succession Victor Toupain, opérations pour lesquelles il avait été commis par le jugement précité.

En conséquence du même jugement, MM. Gentil et Claudin, experts nommés, après avoir prêté serment à la date du premier octobre dernier devant le juge commis, dressèrent leur procès-verbal d'expertise à la date des huit, neuf et dix octobre mil huit cent soixante-treize.

D'après les énonciations de ce procès-verbal, il n'existait aucun immeuble propre à la succession Victor Toupain, tous les immeubles appartenaient à la communauté. Tous ces immeubles furent relevés, désignés et estimés dans l'ordre suivant :

1° Une maison située au chef-lieu de la commune de Verdelot, composée de trois chambres basses, quatre chambres hautes, grenier au-dessus, ensemble batiments de servitude, cour et vaste jardin, d'une contenance, etc.(1), estimée dix-neuf mille francs ; ci . . . . 19,000 »

2° Une parcelle de terre labourable, située à Laubis, contenant deux hectares quinze ares, etc... estimée cinq mille huit cents francs ; ci . . . 5,800 »

3° Une autre parcelle de terre labourable, contenant quatre hectares soixante-cinq ares, située à l'Etang, même commune, etc.... estimée onze mille deux cents francs ; ci . . . . 11,200 »

4° Une autre parcelle de terre labourable, contenant soixante ares, située au Ventour, etc.... estimée neuf cents francs ; ci . . . . 900 »

5° Une autre parcelle de terre labourable, contenant un hectare dix ares, située aux même lieu et commune, etc... estimée deux mille cent francs ; ci. . . . . 2,100 »

6° Une autre parcelle de terre labourable, contenant un hectare vingt-deux ares, située aux mêmes lieu et commune, etc.... estimée deux mille deux cent cinquante francs; ci. . . . . 2,250 »

7° Une autre parcelle de terre labourable, située

A reporter. . . . . . . 41,250 »

_____

1. On établit habituellement la désignation telle qu'elle est au procès-verbal d'expertise, et on en fait autant pour chaque immeuble.

Report. . . . . 41,250 »

au Versant, même commune, contenant un hectare quarante-deux ares, estimée dix-sept cents francs, ci. . . . . 1,700 »

8° Une parcelle de pré, contenant vingt-deux ares, située à la Rivière, etc.... estimée neuf cents francs ; ci. . . . . 900 »

9° Une autre parcelle de pré, contenant trente-six ares, située à l'Enclos, etc.... estimée dix-huit cents francs ; ci. . . . . 1,800 »

10° Une autre parcelle de pré, contenant soixante-cinq ares, située à La Rigole, etc.... estimée deux mille sept cent cinquante francs ; ci. 2,750 »

11° Une parcelle de vigne, contenant quatre-vingt-cinq ares, située à La Montagne, etc.... estimée deux mille cent francs ; ci. . . . . 2,100 »

12° Une autre parcelle de vigne, contenant quarante-trois ares, située à La Vinée, etc... estimée quatorze eents francs ; ci. . . . ,. . . . . 1,400 ».

13° Une autre parcelle de vigne, contenant vingt-cinq ares située aux mêmes lieu et commune, etc., estimée neuf cent soixante francs ; ci . . . . . . 960 »

14° Une parcelle de terre labourable, contenant un hectare deux ares, située au Petit-Champ, etc., estimée cinq mille quatre cents francs ; ci . . . . 5,400 »

15° Une autre parcelle de terre labourable, contenant trente-six ares, située aux mêmes lieu et commune, etc..., estimée dix-huit cent quatre-vingts francs ; ci. . . . . 1,880 »

16° Une parcelle de bois contenant deux hectares vingt-deux ares, située au lieu dit le Grand-Chêne, etc..., estimée trois mille huit cent cinquante francs ; ci. . . . . 3,850 »

17° Une parcelle de vigne, contenant douze

A reporter, ... 63,990 »

Report.	63,990	»
ares, située aux Chassis, etc…, estimée cinq cents francs ; ci.	500	»
18° Une autre parcelle de vigne, contenant quarante-cinq ares, située à l'Échalas, etc…, estimée dix-sept cents francs ; ci	1,700	»
19° Une autre parcelle de vigne, contenant trente-deux ares, située au Buisson, etc…, estimée douze cent vingt francs ; ci	1,220	»
20° Une parcelle de pré contenant trente-trois ares, située à la Rivière, etc…, estimée treize cent cinquante francs ; ci	1,350	»
21° Et une autre parcelle de pré, contenant dix-huit ares, située au Plongeon, etc…, estimée neuf cent quarante francs ; ci	940	»
Total de la masse des immeubles expertisés, soixante-neuf mille sept cents francs ; ci.	69,700	»

Les experts n'ont point procédé au lotissement des immeubles pour que chaque ayant droit puisse faire au préalable les prélèvements auxquels il a droit.

Le montant des frais de cette instance n'étant pas connu du notaire liquidateur, ces frais ne seront point portés en compte et seront supportés plus tard, une moitié par Mme veuve Toupain, un quart par M. Jules Toupain et l'autre quart par Mme Tabois. Il en sera de même des frais de la présente liquidation.

DEUXIÈME PARTIE.

COMPTES ET LIQUIDATION.

SOMMAIRE :

Le travail qui suit sera divisé en deux chapitres.

Le premier chapitre comprendra la liquidation des reprises de Mme veuve Toupain et de la succession de M. Victor Toupain.

Il sera divisé en deux sections, l'une pour la veuve et l'autre pour la succession.

La première section sera divisée en deux paragraphes dont l'un pour l'actif et l'autre pour le passif.

Le deuxième chapitre comprendra la liquidation de la communauté.

Il se divisera en trois paragraphes, le premier pour l'actif, le second pour le passif et le troisième pour la balance.

CHAPITRE Ier

LIQUIDATION DES REPRISES.

1re SECTION. — Mme *veuve Toupain*

1er. — Actif.

ll y a lieu de porter à l'actif des reprises de Mme veuve Toupain :

1° La somme de douze mille deux cents francs, montant de l'apport mobilier de Mme veuve Toupain, constaté dans son contrat de mariage (1re obs.); ci . . . . 12,200 »

2° Et la somme de vingt-sept mille francs, prix d'adjudication de la propriété des Rifauts, propre à Mme veuve Toupain (3e obs.) ; ci . . . . 27,000 »

Ensemble trente-neuf mille deux cents francs ; ci 39,200 »

§ 2. — Passif.

Mme veuve Toupain est débitrice envers la communauté de la seule somme de cinq mille sept cent quatre-vingt-quinze francs, montant des charges acquittées par ladite communauté, par suite du

A reporter. . . . . 39,200 »

Report	39,200

partage de la succession de Mme veuve Janaud (2^e
obs.); ci.   5,795

   Par suite l'actif des reprises excède le passif de
trente-trois mille quatre cent cinq francs ; ci . . .   33,405

2e SECTION. — Succession Victor Toupain

Il convient de porter à l'actif des reprises de la succession d
M. Victor Toupain :

   1° La somme de huit mille deux cents francs, montant de l'ap
port mobilier de M. Victor Toupain constaté dans son contra
de mariage (1re obs.); ci . . . . , . . , . . .   8,200

   2° Et la somme de seize mille francs, prix d'adjudication de la propriété de Beauregard, propre à
M. Toupain (3e obs.); ci   16,000

   Ensemble vingt-quatre mille deux cents francs ;
ci . . . . ;   24,200

   M. Victor Toupain n'était débiteur d'aucune somme envers l
communauté, partant point de passif à porter au compte de se
reprises.

CHAPITRE II

LIQUIDATION DE LA COMMUNAUTÉ TOUPAIN-JANAUD

§ 1er Actif.

La communauté Toupain-Janaud se compose activement de
   1° La somme de onze cent trente-cinq francs, montant d
déclarations actives constatées dans l'inventaire (6e obs.)
ci . . . . , ... , ... , . . .   1,135

   2° La somme de cinq mille vingt francs, produit net de la vente de meubles ; ci   5,020

                         A reporter.   6,155

Report.	6,155 »

3° Et (¹) la valeur estimative de tous les immeu-bles expertisés s'élevant à soixante-neuf mille sept cents francs : ci. . . . . 69,700 »

Total de l'actif de communauté soixante-quinze mille huit cent cinquante-cinq francs ; ci. 75,855 »

§ 2. Passif.

Le passif de la communauté se compose de :

1° La somme de trois mille trois cent quatre-vingt-sept francs, montant des déclarations passives contenues dans l'inventaire (6° obs.) ; ci. . . . . 3,387 »

2° La somme de trente-trois mille quatre cent cinq francs, reliquat des reprises que Mme veuve Toupain a le droit d'exercer contre la commu-nauté (chap. 1er) ; ci . . . . 33,405 »

3° Et la somme de vingt-quatre mille deux cents francs, montant net des reprises de la suc-cession Victor Toupain (chap. 1er) ; ci . . . . 24,200 »

Total du passif, soixante mille neuf cent quatre-vingt-douze francs ; ci. . . . . 60,992 »

§ 3. Balance.

L'actif de communauté est de soixante-quinze mille huit cent cinquante-cinq francs ; ci. . . . . . . 75,855 »

Le passif de soixante mille neuf cent quatre-vingt-douze francs ; ci. . . . . 60,992 »

Partant, l'actif excède le passif de quatorze mille huit cent soixante-trois francs ; ci. . . 14,863 »

Dont moitié pour la veuve Toupain et moitié pour la succession est de sept mille quatre cent trente et un francs cinquante centimes ; ci. . . 1/2
7,431 50

(1) Il aurait été facile de donner bien plus d'extension à cette masse active, en détaillant à nouveau les créances actives relevées dans l'in-ventaire et la masse des immeubles, sans changer le résultat de l'addition.

Les .copartageants désirant faire sur des immeubles de leur choix le prélèvement de leurs reprises, conformément à l'article quatorze cent soixante et onze du code civil, le notaire liquidateur a dû arrêter ici provisoirement son travail.

Fait et clos le présent état de liquidation en l'étude, à Verdelot, le vingt-deux décembre mil huit cent soixante-treize.

(Signature.)

Enregistrement : Droit fixe, 3 francs.

22° FORMULE. — Procès-verbal de prélèvement

L'an mil huit cent soixante-treize, le vingt-quatre décembre, à midi.

En l'étude et devant M* Lefol, notaire à Verdelot, arrondissement de Clamecy (Nièvre), et son collègue (¹) notaire au même canton, soussigné :

Ledit M° Lefol, commis à l'effet des présentes, par jugement du tribunal civil de première instance de Clamecy, en date du quinze septembre dernier.

A comparu :

Mme Célina Janaud, sans profession, veuve de M. Victor Toupain, demeurant au chef-lieu de la commune de Verdelot.

Laquelle a dit :

Que suivant jugement en date du quinze septembre dernier, le tribunal civil de première instance de Clamecy a ordonné qu'il serait procédé judiciairement tant à la liquidation de la communauté qui a existé entre les époux Toupain qu'à la liquidation de la succession dudit Victor Toupain, et a commis M° Lefol pour procéder à ces opérations.

Que par un procès-verbal à la date du deux octobre dernier, ledit M° Lefol, en présence de toutes les parties intéressées, a

1. La présence du second notaire est utile, à cause du pouvoir de toucher les créances de communauté qui sera donné à Mme veuve Toupain.

déclaré ouvrir les opérations de comptes, liquidation et partage pour lesquelles il avait été commis.

Qu'aux termes d'un procès-verbal d'expertise dressé par les experts-commis, tous les immeubles de la communauté Toupain ont été estimés.

Qu'à la date du vingt-deux décembre, présent mois, M⁰ Lefol a dressé un état liquidatif, contenant le décompte des reprises de Mᵐᵉ veuve Toupain, comparante, et de la succession Toupain, et aussi la liquidation sommaire de la communauté Toupain-Janaud.

Que voulant prendre connaissance de ce travail liquidatif, puis l'approuver s'il y a lieu et enfin désigner les immeubles sur lesquels porteront les prélèvements en règlement de ses reprises qu'elle a le droit de faire conformément à l'article quatorze cent soixante et onze du code civil, la comparante, par exploit de Bredouillard, huissier à Verdelot, en date du vingt-deux décembre, présent mois, a fait sommation à M. Jules Toupain et aux époux Tabois, ses copartageants, d'avoir à se trouver aujourd'hui à midi, en l'étude du notaire soussigné, pour prendre connaissance du travail fait jusqu'à ce jour et assister aux déclarations que la comparante entend faire au sujet de ses reprises.

A l'appui de ses dires, Mᵐᵉ veuve Toupain a présenté au notaire soussigné le rapport de la sommation dont il vient d'être parlé, laquelle pièce est demeurée ci-annexée.

Ce dit, Mᵐᵉ veuve Toupain, comparante, a requis les notaires soussignés de lui donner acte de ses dires et comparution ; de donner défaut contre les parties sommées si elles ne comparaissaient pas ni personne pour elles, et tant en leur absence que présence, de lui donner lecture et communication de l'état liquidatif, et de recevoir ses déclarations sur le règlement de ses reprises.

Et, après lecture, elle a signé :

(Signature.)

Et à l'instant ont comparu :

1° M. Jules Toupain, négociant, demeurant à La Charité.

2° Et M. Léon Tabois, cultivateur, et Mme Marie Toupain, sans profession, son épouse qu'il autorise, demeurant ensemble à Verdelot.

> M. Jules Toupain et Mme Tabois, seuls héritiers et chacun pour une moitié de M. Victor Toupain, leur père.

Lesquels ont dit qu'ils comparaissent pour obéir à la sommation qui leur a été faite, pour entendre lecture et prendre communication de l'état de liquidation, dressé par ledit M° Lefol, à la date du vingt-deux décembre, présent mois, pour approuver ensuite ou contester ce travail, pour assister aux déclarations que Mme veuve Toupain, leur mère et belle-mère, entend faire au sujet du règlement de ses reprises, et enfin pour faire, au besoin, toutes déclarations de prélèvement quant aux reprises de la succession de Victor Toupain.

Puis lesdits comparants ont requis le notaire soussigné de leur donner acte de leurs dires et comparution, et de leur donner communication et lecture de l'état de liquidation dont s'agit.

Et, après lecture, ils ont signé.   (Signatures.)

Déférant aux réquisitions qui précèdent, M° Lefol, notaire soussigné, a donné acte à Mme veuve Toupain, à M. Jules Toupain et aux époux Tabois de leurs dires et comparution, puis leur a donné communication et lecture entière de l'état de liquidation par lui dressé à la date du vingt-deux décembre présent mois.

De cet état liquidatif qui est demeuré ci-annexé après mention, il résulte que l'actif mobilier de communauté consiste uniquement en :

1° Les déclarations actives s'élevant à onze cent trente-cinq francs ; ci.   1,135   »

A reporter.   1,135   »

Report. . . . .   **1,135** »

2° Et le produit net de la vente de meubles, soit cinq mille vingt francs, ci. . . . .   **5,020** »

Ensemble, six mille cent cinquante-six francs ; ci   **6,156** »

Tandis que le passif de la même communauté dû à des tiers vient en absorber une grande partie et s'élève à trois mille trois cent quatre-vingt-sept francs ; ci. . . . .   **3,387** »

La masse active des immeubles de communauté, d'après le même travail, s'élève à soixante-neuf mille sept cents francs ; ci. . . . .   **69,700** »

Et doit couvrir pour la majeure partie les reprises des deux époux, qui sont :

1° Pour Mme veuve Toupain, de trente-trois mille quatre cent cinq francs ; ci. . . . .   **33,405** »

2° Et pour la succession Toupain, de vingt-quatre mille deux cents francs ; ci. . . . .   **24,200** »

Ensemble, cinquante-sept mille six cent cinq francs ; ci . . . .   **57,605** »

Approbation.

Ces faits exposés, Mme veuve Toupain, M. Jules Toupain et les époux Tabois ont déclaré approuver dans tout son contenu, l'état de liquidation qui vient d'être analysé, le trouvant conforme à leurs droits, et reconnaître d'ailleurs que la composition des masse active et passive est exacte, ainsi que la composition de la masse des reprises de chaque époux.

Paiement des dettes.

Voulant éteindre le passif de communauté ci-dessus indiqué, M. Jules Toupain et les époux Tabois ont donné tous pouvoirs à Mme veuve Toupain, leur mère, pour toucher et poursuivre au besoin le paiement de toutes créances de communauté, prendre l'excédent sur le produit de la vente de meubles, et payer ainsi toutes les sommes dues à des tiers, et qui sont énoncées dans l'état de liquidation dont il s'agit.

Prélèvements.

Mme veuve Toupain voulant profiter des dispositions de l'article quatorze cent soixante et onze du code civil, a déclaré vouloir, attendu l'insuffisance du mobilier, que ses reprises soient prélevées de préférence sur les immeubles ci-après :

1° La maison et ses dépendances, situées au chef-lieu de la commune de Verdelot, formant l'article premier du procès-verbal d'expertise (8ᵉ obs.) estimée dix-neuf mille francs ; ci.   19,000   »

2° La pièce de terre labourable, située à L'Etang, commune de Verdelot, article 3 de la masse, estimée onze mille deux cents francs ; ci   11,200   »

3° Le pré à La Rigole, même commune, contenant soixante-cinq ares, article 10 de la même masse, estimé deux mille sept cent cinquante francs ; ci   2,750   »

Total à prélever sur la masse générale des immeubles, trente-deux mille neuf cent cinquante francs ; ci.   32,950   »

Ces immeubles, qu'elle déclare accepter, viendront diminuer d'autant le chiffre de ses reprises.

Et de leur côté Mᵉ Jules Toupain et les époux Tabois, en conformité du même article 1471 du code civil, ont déclaré vouloir, d'un commun accord, que le montant des reprises de la succession Victor Toupain soit prélevé de préférence sur les immeubles ci-après :

1° La pièce de terre labourable, située à Laubis, commune de Verdelot, contenant deux hectares quinze ares, article 2 de la masse, estimée cinq mille huit cents francs ; ci.   5,800   »

2° La parcelle de terre labourable, située au Ven-

A reporter.   5,800   »

Report.	**5,800**	»

tour, même commune, contenant soixante ares, article 4 de la masse, estimée neuf cents francs ; ci. ci. . . . . **900** »

3° La parcelle de terre labourable, située aux mêmes lieu et commune, contenant un hectare dix ares, article 5 de la masse, estimée deux mille cent francs ; ci . . . . **2,100** »

4° La parcelle de terre, située aux mêmes lieu et commune, contenant un hectare vingt-deux ares, article 6 de la masse, estimée deux mille deux cent cinquante francs ; ci . . . . **2,250** »

5° La parcelle de terre labourable, située au Versant, même commune, contenant un hectare quarante-deux ares, article 7 de la masse, estimée dix-sept cents francs ; ci. . . . . **1,700** »

6° La parcelle de terre labourable, située au Petit-Champ, même commune, contenant un hectare deux ares, article 14 de la masse, estimée cinq mille quatre cents francs ; ci . . . . **5,400** »

7° La parcelle de terre labourable, située aux mêmes lieu et commune, contenant trente-six ares, article 15 de la masse, estimée mille huit cent quatre-vingts francs ; ci . . . . **1,880** »

8° Et le bois, situé au Grand-Chêne, même commune, contenant deux hectares vingt-deux ares, article 15 de la masse, estimé trois mille huit cent cinquante francs ; ci . . . . **3,850** »

Total à prélever, vingt-trois mille huit cent quatre-vingts francs ; ci . . . . **23,880** »

M. Jules Toupain et les époux Tabois déclarent accepter tous ces immeubles en règlement, jusqu'à due concurrence, des reprises de la succession Victor Toupain ; par suite, ils seront portés à la masse générale de cette succession.

Tous pouvoirs sont donnés au porteur d'une expédition des présentes, pour les faire notifier aux experts chargés du lotissement des immeubles.

De tout quoi, il a été dressé le présent procès-verbal, les jour, mois et an en tête des présentes.

Lecture faite, Mme veuve Toupain, M. et Mme Tabois ont signé avec les notaires.

(Signatures.)

Enregistrement : — Procès-verbal de prélèvement 3 fr. — Pouvoir 3 fr.

22° FORMULE. — Complément de liquidation et partage.

Etat complémentaire des comptes de liquidation et partage, etc.

(Copier mot pour mot tout l'entête de la 21° formule).

PREMIÈRE PARTIE

OBSERVATIONS PRÉLIMINAIRES

Règlement du passif de communauté.

A la date du deux octobre mil huit cent soixante-treize, M° Lefol, notaire soussigné, a dressé le procès-verbal d'ouverture de la liquidation de la communauté qui avait existé entre M. Victor Toupain et Mme Célina Janaud et de la succession dudit M. Toupain.

Et à la date du vingt-deux décembre dernier, ledit notaire a dressé un état de compte, liquidation et partage desdites communauté et succession. Travail partiel et incomplet à cause des prélèvements en immeubles que les ayants droit avaient l'intention de faire en paiement de leurs reprises.

D'après les états des comptes de liquidation et partage, l'actif mobilier de cette communauté se composait de :

1° La somme de huit cents francs, due par Etienne Mouton, boucher à Verdelot ; ci   800   »

2° La somme de cent vingt francs, due par Louis Pioche, cultivateur à Verdelot ; ci   120   »

3° La somme de deux cent quinze francs, due par Jean Nicot, boulanger à Verdelot ; ci. . . .   215   »

4° Et la somme de cinq mille vingt francs, reliquat net du produit de la vente de meubles ; ci.   5,020   »

Ensemble, six mille cent cinquante-cinq francs ; ci.   6,155   »

D'après ce même état, le passif de la communauté consistait en :

1° La somme de deux mille deux cent seize francs en capital et intérêts, due à M. Breton, ancien notaire à Verdelot, ci.   2,216   »

2° Celle de trois cent quarante francs, due à Chapuis, charron à Verdelot ; ci.   340   »

3° Celle de quatre cent dix-huit francs, due à Capuron, forgeron à Verdelot ; ci.   418   »

4° Celle de deux cent soixante-cinq francs, due à Pelletier, marchand d'étoffes à Verdelot ; ci. .   265   »

5° Celle de cinquante-huit francs, due à M. Gomain, pharmacien à La Charité ; ci.   58   »

6° Et celle de quatre-vingt-dix francs, due à M. Bontemps, docteur-médecin à Verdelot ; ci.   90   »

Ensemble, trois mille trois cent quatre-vingt-sept francs ; ci.   3,387   »

Aux termes d'un procès-verbal de dires dressé par M. Lefol, notaire soussigné, et son collègue, le vingt-quatre décembre dernier, Mme veuve Toupain, M. Jules Toupain et M. et Mme Tabois approuvèrent dans tout son contenu l'état liquidatif dont il vient d'être parlé, et de plus déclarèrent ces trois derniers donner tous pouvoirs pour recevoir les créances de communauté et prélever même sur la vente du mobilier somme suffisante pour acquitter dans son entier le passif de communauté dû à des tiers.

En vertu des pouvoirs qui lui avaient été ainsi donnés, Mme veuve Toupain a payé aux créanciers de la communauté, d'après le détail qui précède, ladite somme de trois mille trois cent quatre-vingt-sept francs ; ci. . . . . . . 3,387 »

Ces paiements ont été effectués à l'aide des sommes ci-après que Mme veuve Toupain avait préalablement touchées :

1° La somme de onze cent trente-cinq francs, montant des diverses créances dues à la communauté par Mouton, Pioche et Nicot, d'après le détail mis en tête de la présente observation ; ci. . . . . 1,135 »

2° Et la somme de deux mille deux cent cinquante-deux francs prélevée sur le produit net de la vente de meubles (7° obs.) ; ci. . . . . 2,252 »

Total égal à la somme payée, trois mille trois cent quatre-vingt sept francs ; ci. . . . . 3,387 »

Égal

2° OBSERVATION

Procès-verbal de lotissement des immeubles

D'après leur procès-verbal d'expertise dressé à la date des huit, neuf et dix octobre mil huit cent soixante-treize, les experts ont constaté l'existence de vingt et une parcelles d'immeubles dépendant de la communauté Toupain-Janaud, et

qu'ils ont estimées soixante-neuf mille sept cents francs ;
ci   69,700   »

Suivant le procès-verbal de prélèvement dressé par le notaire le vingt-quatre
décembre dernier, Mme veuve Toupain a
déclaré vouloir prélever sur les immeubles de communauté, pour couvrir jusqu'à due concurrence le montant de ses
reprises, trois parcelles d'immeubles
d'une valeur totale de trente-deux mille
neuf cent cinquante francs ; ci . . . . . .   32,950 »

Et par le même acte, M. Jules Toupain et les époux Tabois ont déclaré
vouloir également prélever pour couvrir, jusqu'à due concurrence, les reprises de la succession Victor Toupain, huit parcelles d'immeubles, d'une
valeur totale de vingt-trois mille huit
cent trente francs ; ci.   23,830   »

Total des prélèvements cinquante-six
mille huit cent trente francs ; ci. . . .   56,830 »   56,830   »

Reste par suite à la communauté dix parcelles
d'immeubles d'une valeur de douze mille huit cent
soixante-dix francs ; ci.   12,870   »

Et le quatorze janvier mil huit cent soixante-quatorze, les
mêmes experts ont dressé un procès-verbal de lotissement, aux
termes duquel ils ont constaté que la masse immobilière restait
composée des immeubles ci-après;

1° Un pré situé à La Rivière, commune de Verdelot, art. 8
de la première masse (8° obs.), contenant vingt-deux ares, estimé neuf cents francs ; ci   900   »

2° Un autre pré situé à l'Enclos, même commune,
contenant trente-six ares, art. 9 de la première

A reporter.   900   »

Report.	900	»
masse, estimée dix-huit cents francs ; ci.	1,800	»

3° Une vigne située à **La Montagne**, même commune, contenant quatre-vingt-cinq ares, art. 11 de la même masse, estimée deux mille cent francs ; ci .   2,100 »

4° Une autre vigne située à La Vinée, même commune, contenant quarante-trois ares, estimée quatorze cents francs, art. 12 de la première masse ; ci..   1,400 »

5° Une autre vigne, située aux mêmes lieu et commune, contenant **douze ares**, art. 13 de la première masse, estimée neuf cent soixante francs ; ci. . . . .   960 »

6° Une autre vigne, située au **Chassis**, même commune, contenant douze ares, art. 17 de la première masse, estimée cinq cents francs ; ci . . .   500 »

7° Une autre vigne, située à l'Echalas, même commune, contenant quarante-cinq ares, art. 18 de la masse, estimée dix-sept cents francs ; ci . . . . .   1,700 »

8° Une autre vigne située au Buisson, même commune, contenant trente-deux ares, art. 19 de la masse, estimée douze cent vingt francs ; ci . . .   1,220 »

9° Un pré situé à La Rivirre, contenant trente-trois ares, même commune, art. 20 de la masse, estimé treize cent cinquante francs ; ci. . . . .   1,350 »

10° Et un autre pré situé au Plongeon, même commune, contenant dix-huit ares, art. 21 de la première masse, estimé neuf cent quarante francs ; ci . . . .   940 »

Total de la valeur des immeubles restant à partager, douze mille huit cent soixante-dix francs ; ci.   12,870 »

Par le même procès-verbal, les experts ont divisé ces immeubles en deux lots qu'ils ont composés ainsi qu'il suit :

PREMIER LOT

1° Le pré, à La Rivière, article premier de la

Report.. . . . .   12,870 »

masse qui précède, estimé neuf cents francs ;
ci . . . , ...   900   »

2° Le pré à l'Enclos, article deux,
estimé dix-huit cents francs ; ci. . .   1,800   »

3° La vigne de La Montagne, article
trois, estimée deux mille cent francs ;
ci   2,100   »

4° Et la vigne aux Echalas, article
sept, estimée dix-sept cents francs ;
ci   1,700   »

Total de la valeur de ce lot, six
mille cinq cents francs ; ci.   6,500   »

DEUXIÈME LOT

1° La vigne, à la Vinée, article
quatre, estimée quatorze cents
francs ; ci   1,400   »

2° L'autre vigne,
au même lieu, article
cinq, estimée neuf cent
soixante francs ; ci . .   960   »

3° La vigne, au Chas-
sis, article huit, estimée
cinq cents francs ; ci . .   500   »

4° La vigne, au Buis-
son, article huit, esti-
mée douze cent vingt
francs ; ci. 1,220   »

5° Le pré, à La Ri-
vière, article neuf, estimé treize cent cinquante
francs ; ci   1,350   »

6° Et le pré, au Plon-

A reporter. .   5,430   » 6,500   » 12,870   »

Reports. . . .	5,430	»	4,500 »	12,870	»

geon, article dix, estimé neuf cent quarante francs ; ci   940   »

Total de la valeur du deuxième lot, six mille trois cent soixante-dix francs ; ci . . . , . .   6,370 ci . 6,370 »

Total égal à la masse à partager douze mille huit cent soixante-dix francs ; ci . . , ... 12,870 »

Égal

Ce procès-verbal de lotissement a été déposé au greffe du tribunal civil de première instance de Clamecy, à la date du dix-sept du même mois de janvier.

DEUXIÈME PARTIE

COMPTES, LIQUIDATION ET PARTAGE

Le travail qui va suivre sera divisé en cinq chapitres.

Le premier chapitre comprendra le règlement des reprises.

Il sera divisé en deux sections, l'une pour les reprises de Mme veuve Toupain, et l'autre pour les reprises de la succession Victor Toupain.

Le second chapitre comprendra la liquidation de la communauté Toupain-Janaud.

Il sera divisé en deux paragraphes, l'un pour le décompte du prix de la vente mobilière, et l'autre pour l'établissement de la masse à partager.

Le troisième chapitre comprendra la formation des lots.

Il sera divisé en deux paragraphes, l'un pour le premier lot et l'autre pour le second lot.

Le quatrième chapitre comprendra la liquidation de la succession de Victor Toupain.

Il sera divisé en trois paragraphes, le premier pour l'actif le second pour le passif et le troisième pour la balance.

Et le cinquième chapitre comprendra les clauses et conditions finales.

CHAPITRE Ier

RÈGLEMENT DES REPRISES. — ATTRIBUTIONS

1re SECTION. — Mme veuve Toupain

Le reliquat net des reprises que Mme veuve Toupain a le droit d'exercer contre la communauté s'élève à trente-trois mille quatre cent cinq francs, ainsi qu'il a été établi au chapitre premier de l'état de liquidation du vingt-deux décembre dernier; ci. . . . . 33,405 »

Pour lui fournir le montant de ses reprises, il lui est attribué d'abord tous les immeubles de communauté dont elle a fait choix aux termes du procès-verbal de prélèvement du vingt-quatre décembre dernier et qui sont :

1° La maison avec bâtiments de servitude et jardin, située au chef-lieu de la commune de Verdelot, formant l'article premier de la masse générale des immeubles (8e obs.); estimée dix-neuf mille francs ; ci. . . . . 19,000 »

2° La parcelle de terre labourable, située à l'Étang, même commune,

A reporter . . . . . 19,000 » 33,405 »

Reports. . . .	19,000 »	33,405 »

contenant quatre hectares soixante-cinq ares, article 3 de la même masse, estimée onze mille deux cents francs ; ci. . . . . 11,200 »

3° Et le pré, situé à La Rigole, même commune, contenant soixante-cinq ares, formant l'article 10 de la même masse, estimé deux mille sept cent cinquante francs; ci. . . . 2,750 »

Et de plus il convient de lui attribuer, pour solder ses reprises, la somme de quatre cent cinquante-cinq francs, à prendre sur le produit de la vente des immeubles (7° obs.); ci. . . . . 455 »

Total égal à ses reprises, trente-trois mille quatre cent cinq fr.; ci 33,405 »

Égal

2e Section. — *Succession Victor Toupain*

Le reliquat des reprises qui reviennent à la succession de M. Victor Toupain, et à prendre sur la communauté, s'élève à vingt-quatre mille deux cents francs, ainsi qu'il a été établi au chapitre premier de l'état de liquidation du vingt-deux décembre dernier; ci. . . . . 24,200 »

Pour remplir M. Jules Toupain et les époux Tabois, seuls héritiers de cette succession, du montant de ces reprises, il leur est attribué, conformément au choix qu'ils ont fait dans le procès-verbal de prélèvement, du vingt-quatre décembre dernier, les immeubles dont le détail suit :

1° La parcelle de terre labourable, située à Laubis, commune de Verdelot, contenant deux

A reporter. . . . . 24,200 »

Report. . . . . 24,200 »

hectares quinze ares, formant l'article 2 de la masse des immeubles (8ᵉ obs.), estimée cinq mille huit cents francs ; ci. . . . . . 5,800 »

2° La parcelle de terre labourable, située au Ventour, même commune, contenant soixante ares, art. 4 de la même masse, estimée neuf cents francs ; ci. 900

3° La parcelle de terre labourable, située aux mêmes lieu et commune, contenant un hectare dix ares, article 5 de la masse, estimée deux mille cent francs ; ci. 2,100

4° La parcelle de terre labourable, située aux mêmes lieu et commune, contenant un hectare vingt-deux ares, article 6 de la masse, estimée deux mille deux cent cinquante francs ; ci. . . . . 2,250 »

5° La parcelle de terre labourable, située au Versant, même commune, contenant un hectare quarante-deux ares, article 7 de la masse ; estimée dix-sept cents francs ; ci. 1,700

6° La parcelle de terre labourable, située au Petit-Champ, même commune, contenant un hectare deux ares, article 14 de la même masse, estimée cinq mille quatre cents francs ; ci. . . . . 5,400 »

7° La parcelle de terre labourable, située aux même lieu et commune, contenant trente-six ares, article 15

A reporter. . . . . 18,150 » 24,200 »

Reports.	18,150	»	24,200

de la masse, estimée dix-huit cent quatre-vingts francs ; ci. . . . . . **1,880** »

8° Et la parcelle de bois, située au Grand-Chêne, même commune, contenant deux hectares vingt-deux ares, art. 16 de la masse, estimée trois mille huit cent cinquante francs ; ci. **3,850** »

De plus, pour former le solde des reprises dont il s'agit, est attribué aux héritiers de la dite succession, la somme de trois cent vingt francs, à prendre sur le reliquat net de la vente de meubles (7° obs.) ; ci. . . . . . **320** »

Total attribué, égal aux reprises, vingt-quatre mille deux cents francs; ci. . . . . **24,200** »

Égal

CHAPITRE II

DÉCOMPTE DE LA VENTE MOBILIÈRE. — LIQUIDATION DE LA

COMMUNAUTÉ TOUPAIN

§ 1ᵉʳ. — Décompte de la vente mobilière.

La vente mobilière analysée sous la septième observation l'état de liquidation, du vingt-deux décembre dernier, produit une somme nette de cinq mille vingt francs ci.. . . . . **5,020**

D'après le présent travail il a été prélevé sur cette somme :

1° La somme de deux mille deux cent cinquante-deux francs, prélevée par Mme veuve Toupain,

A reporter . . . 5,000

Report.   5,020   »

pour solder les dettes de communauté, ainsi qu'il
a été expliqué sous la première observation du
présent état ; ci.   2,252   »

2° La somme de quatre cent
cinquante-cinq francs, qui vient
d'être attribuée dans le chapitre précédent, à Mme veuve Toupain, pour
solde de ses reprises ; ci.   455   »

4° La somme de trois cent vingt
francs, qui vient d'être attribuée au
chapitre précédent, aux héritiers de
M. Victor Toupain, pour solde des
reprises de cette succession ; ci. . . .   320   »

Total des prélèvements faits sur la
vente de meubles, trois mille vingt-
sept francs ; ci.   3,027   »   3,027   »

Par suite, il reste net sur le produit de la vente
de meubles, pour être porté ci-après aux comptes
de la communauté, la somme de dix-neuf cent
quatre-vingt-treize francs ; ci.   1,993   »

§ 2. Liquidation de la communauté Toupain.

Par suite de prélèvements qui ont été opérés au chapitre
précédent, la communauté Toupain-Janaud reste composée :
Premièrement en immeubles :
1° Du pré situé à La Rivière, commune de Verdelot, conte
nant vingt-deux ares, art. 8 de la première expertise, et art.
1er de le masse établie sous la 2e obs. du présent état, estimé
neuf cents francs ; ci. . . . . ,   900   »

2° D'un autre pré, situé à l'Enclos, même commune, contenant 36 ares, art. 9 de la première
masse, estimé dix-huit cents francs ; ci.   1,800   »

A reporter.   2,700   »

3° De la vigne, située à La Montagne, même commune, contenant quatre-vingt-cinq ares, art. 11 de la même masse, estimée deux mille cent francs ; ci. 2,100   »

4° De la vigne, située à La Vinée, même commune, contenant quarante-trois ares, art. 12 de la même masse, estimée quatoze cents francs ; ci. 1,400   »

5° De la vigne, située aux mêmes lieu et commune, contenant vingt-cinq ares, art. 13 de la même masse, estimée neuf cent soixante francs; ci. 960

6° De la Vigne, située au Chassis. même commune. contenant 12 ares, art. 17 de la même masse, estimée cinq cents francs ; ci. 500   »

7° De la vigne située à l'Echalas, même commune, contenant quarante-cinq ares, art. 18 de la même masse, estimée dix-sept cents francs; ci. . 1,700   »

8° De la vigne, située au Buisson, même commune, contenant trente-deux ares. art. 19 de la masse, estimée douze cent vingt francs ; ci. . . . 1,220   »

9° Du pré, situé à La Rivère, même commune, contenant trente-trois ares, art. 20 de la même masse, estimé treize cent cinquante francs ; ci. . 1,350   »

10° Et du pré, situé au Plongeon, même commune, contenant 18 ares, art. 21 de la même masse, estimé neuf cent quarante francs ; ci. . . . 940   »

Deuxièmement et en valeurs mobilières ;

De la seule somme de dix-neuf cent quatre-vingt-treize francs, reliquat définitif de la vente de meubles, d'après les comptes établis au chapitre précédent ; ci. 1,993   »

Total de la masse générale de communauté, quatorze mille huit cent soixante-trois francs ; ci. 14,863   ·,

Report. . . . . 14,863 »

Dont moitié pour Mme veuve Toupain et moitié pour la succession Victor Toupain est de sept mille quatre cent trente et un francs cinquante centimes ; ci. . . . . ¹/₂ 7,431 50

Cette masse de communauté est sans passif, puisque le passif dû aux tiers a été soldé ainsi qu'il a été expliqué sous la première observation du présent travail, et que les reprises des deux époux ont été complètement soldées au chapitre qui précède.

CHAPITRE III

FORMATION DES LOTS DE LA COMMUNAUTÉ

§ 1ᵉʳ — Premier Lot.

Le premier lot, formant moitié de la communauté, doit se composer d'une valeur de sept mille quatre cent trente et un francs cinquante centimes ; ci 7,431 50

D'après le procès-verbal des experts analysé sous la deuxième observation qui précède, ce premier lot doit comprendre les immeubles dont le détail suit :

1° Le pré situé à La Rivière, article premier de la masse qui précède, contenant vingt-deux ares, estimé neuf cents francs ; ci . . . . 900 »

2° Le pré situé à L'Enclos, article deux de la masse qui précède, contenant trente-six ares, estimé dix-huit cents francs ; ci . . . . 1,800 »

3° La vigne de la Montagne, article trois de la masse qui précède, contenant quatre-vingt-cinq ares, estimée deux mille cent francs ; ci. 2,100 »

A reporter . . . . 4,800 » 7,431 50

Report	4,800	»	7,431 50

4° Et la vigne des Echalas, article sept de la même masse, contenant quarante-cinq ares, estimée dix-sept cents francs ; ci. . . . . 1,700 »

A ces immeubles il convient d'ajouter, pour compléter les droits du premier lot, la somme de neuf cent trente et un francs cinquante centimes, à prendre sur le produit de la vente de meubles (chap. 2) ; ci 931 50

Total de ce lot, égal à ses droits, sept mille quatre cent trente et un francs cinquante centimes ; ci . . . 7,431 50

Égal

§ 2. — Deuxième Lot

Le deuxième lot, formant moitié de la communauté, devra se composer également de pareille valeur de sept mille quatre cent trente et un francs cinquante centimes ; ci. 7,431 50

D'après le même procès-verbal des experts, le second lot doit se composer des immeubles suivants :

1° La vigne, située à La Vinée, contenant quarante-trois ares, article quatre de la masse qui précède, estimée quatorze cents francs ; ci. 1,400 »

2° L'autre vigne, située au même lieu, contenant vingt-cinq ares, article cinq de la même masse, estimée neuf cent soixante francs ; ci 960

3° La vigne, située au Chassis, contenant douze ares, article six de la même masse, estimée cinq cents francs ; ci . . . . 500 »

4° La vigne, située au Buisson, con-

A reporter. . . . . . 2,860 » 7,431 50

Report . . . . 2,860 » 7,431 50

tenant trente-deux ares, article huit de la même masse, estimée douze cent vingt francs ; ci . . . . 1,220 »

5° Le pré de La Rivière, contenant trente-trois ares, article neuf de la même masse, estimé treize cent cinquante francs ; ci . . . . 1,350 »

6° Et le pré, situé au Plongeon, contenant dix-huit ares, article 10 de la même masse, estimé neuf cent quarante francs ; ci. . . . . 940 »

A ces immeubles il convient d'ajouter, pour compléter les droits de ce lot, la somme de mille soixante et un francs cinquante centimes, à prendre sur le produit de la vente de meubles dont elle forme le solde ; ci.. . . . . 1,061 50

Total du deuxième lot, égal à la moitié de la communauté, sept mille quatre cent trente et un francs cinquante centimes ; ci. 7,431 50

Égal

CHAPITRE IV

LIQUIDATION DE LA SUCCESSION DE VICTOR TOUPAIN

§ 1er. — Actif.

La succession Victor Toupain se compose activement :

1° Du montant des reprises qui reviennent à cette succession, d'après les comptes établis ci-dessus au chapitre premier (2° section), soit vingt-quatre mille deux cents francs ; ci. . . . . 24,200 »

A reporter. . . . . 24,200 »

Report. . . . . . . 24,000 »

2° Et de l'un des lots établis au chapitre précédent, soit sept mille quatre cent trente et un fr. cinquante centimes ; ci. 7,431 50

Ensemble, trente et un mille six cent trente et un francs cinquante centimes ; ci. 31,631 50

§ 2. — Passif.

Le passif de cette succession se compose uniquement de la somme de deux cent dix francs, montant des frais funéraires, constatés lors de l'inventaire analysé sous la sixième observation de l'état liquidatif du vingt-deux décembre dernier : ci. . . . . 210 »

§ 3. — Balance.

L'actif de la succession est de trente et un mille six cent trente et un francs cinquante centimes ; ci. . . . 31,631 50

Le passif est de deux cent dix francs ; ci. . . . . 210 »

Partant, l'actif excède le passif de trente et un mille quatre cent vingt et un francs cinquante centimes ; ci. 31,421 50

Dont moitié pour chaque héritier est de quinze   1/2 mille sept cent dix francs soixante-quinze centimes ; ci. 15,710 75

CHAPITRE V

CLAUSES ET CONDITIONS

1° Chacun prendra les immeubles composant le lot qui lui écherra, ainsi que les immeubles prélevés en paiement des reprises dans l'état où ils seront lors de l'homologation des présentes.

2° Il ne sera dû aucune indemnité pour frais·de semences, engrais ou labours par les attributaires des immeubles dont il s'agit.

3° Les titres de propriété seront remis à Mme veuve Toupain, à la charge de les communiquer à ses copartageants à première demande et sur simple récépissé.

4° Tous les frais faits jusqu'à ce jour, y compris ceux du présent état, ceux du procès-verbal de tirage au sort et ceux d'homologation, seront payés une moitié par Mme veuve Toupain, un quart par les époux Tabois, et l'autre quart par M. Jules Toupain.

Fait et clos le présent état complémentaire à Verdelot, en l'étude, le vingt-deux janvier mil huit cent soixante-quatorze.

.(Signature.)

Enregistrement : Droit fixe 3 francs.

24° FORMULE. — Procès-verbal de tirage au sort.

L'an mil huit cent soixante-quatorze et le vingt-huit janvier à midi ;

En l'étude et devant Me Lefol, notaire à Verdelot, arrondissement de Clamecy, soussigné.

Ledit Me Lefol, commis à l'effet des présentes, par jugement du tribunal civil de première instance de Clamecy, en date du quinze septembre mil huit cent soixante-treize.

Ont comparu :

Mme Marie Toupain, sans profession, et M. Léon Tabois, cultivateur, son mari, qui l'autorise, demeurant ensemble à Verdelot,

Ladite dame Tabois, héritière pour une moitié, de M. Victor Toupain, son père décédé.

Lesquels ont exposé ce qui suit :

M. Victor Toupain est décédé à Verdelot, le onze juillet mil huit cent soixante-treize, laissant Mme Célina Janaud, sa veuve, commune en biens, et pour héritiers, chacun pour une moitié, Mme Tabois comparante, et M. Jules Toupain, négociant à La Charité.

Les époux Tabois désirant arriver au partage judiciaire, tant de la communauté Toupain-Janaud que la succession de Victor Toupain, assignèrent Mme veuve Toupain et M. Jules Toupain devant le tribunal civil de première instance de Clamecy, par exploit de Bredouillard, huissier, à Verdelot, en date du deux septembre mil huit cent soixante-treize.

Ledit tribunal, par son jugement en date du quinze septembre, même mois, ordonna qu'il serait procédé judiciairement aux liquidation et partage des communauté et succession dont s'agit ; désigna des experts pour estimer et lotir les immeubles, commit M° Lefol, notaire soussigné, pour procéder aux opérations de liquidation, partage et tirage au sort, M. Lannoy, juge, pour surveiller les opérations.

Ce jugement fut signifié à avoués et à parties, conformément à la loi.

A la date du deux octobre dernier, M° Lefol, notaire soussigné dressa à la requête de toutes parties, le procès-verbal d'ouverture des opérations qui lui avaient été confiées.

Aux termes d'un procès-verbal, en date des huit, neuf et dix octobre, même mois, les experts après avoir prêté serment devant le juge commis, procédèrent à l'expertise des immeubles ; mais avertis des prélèvements que les parties devaient faire en paiement de leurs reprises, ils ne s'occupèrent point de la formation des lots.

Le vingt-deux décembre mil huit cent soixante-treize, M° Lefol, notaire commis, dressa un état des comptes de liquidation et partage des communauté et succession dont il a été parlé. Cet état avait surtout pour but de faire connaître le montant des reprises, tant de Mme veuve Toupain que de la succession Victor Toupain, et de plus les forces et charges de la communauté.

Par un procès-verbal dressé par ledit M° Lefol, le vingt-quatre décembre dernier, à la requête de Mme veuve Toupain, cette dernière, M. et Mme Tabois et M. Jules Toupain déclarèrent approuver ledit état de liquidation dans tout son contenu ; et de plus Mme veuve Toupain désigna les immeubles de communauté qu'elle entendait recevoir en paiement de ses reprises, et les époux Tabois et M. Jules Toupain désignèrent également les immeubles qu'ils entendaient prélever en paiement des reprises de la succession Victor Toupain.

Le quatorze janvier, présent mois, les experts procédèrent au partage en deux lots des immeubles restant à la communauté, après prélèvement des immeubles dont il vient d'être parlé.

Le vingt-deux janvier, même mois, Me Lefol dressa un état complémentaire des comptes de liquidation et partage de la communauté Toupain-Janaud et de la succession Victor Toupain contenant cet état le règlement définitif des reprises et le partage de la communauté.

Et par exploit dudit Bredouillard, huissier à Verdelot, en date du vingt-quatre janvier présent mois, les comparants ont fait sommation à Mme veuve Toupain et M. Jules Toupain de se trouver aujourdhui à midi en l'étude dudit Me Lefol, pour entendre la lecture et prendre communication de l'état complémentaire de liquidation et partage dont il vient d'être parlé, pour ensuite l'approuver ou contester, suivant qu'ils aviseraient, et enfin assister au tirage au sort des immeubles de la communauté, leur déclarant qu'il serait procédé auxdites lecture et communication tant en leur absence que présence.

A l'appui de leurs dires M. et Mme Tabois ont remis au notaire soussigné le rapport de la sommation dont il vient d'être parlé, laquelle pièce est demeurée ci-annexée après mention.

Puis ils ont requis ledit notaire de leur donner acte de leurs dires et comparution, de prononcer défaut contre les parties sommées si elles ne comparaissent pas, ni personne pour elles ; et tant en leur absence que présence de donner aux requérants lecture et communication de l'état complémentaire de liquidation dont s'agit et de procéder au tirage au sort des immeubles de la communauté.

Et après lecture, ils ont signé.

(Signatures).

Et à l'instant ont comparu :

Mᵐᵉ Célina Janaud, sans profession, veuve de M. Victor Toupain, demeurant à Verdelot.

2° Et M. Jules Toupain, négociant, demeurant à la Charité.

Agissant ce dernier au nom et comme héritier pour une moitié de M. Victor Toupain, son père.

Lesquels ont dit qu'ils comparaissaient pour obéir à la sommation qui leur a été faite, pour prendre communication et entendre la lecture de l'état complémentaire des comptes de liquidation et partage tant de la communauté Toupain-Janaud que de la succession Victor Toupain, et enfin pour assister au tirage au sort des lots de ladite communauté ; réquérant au besoin Mᵉ Lefol de leur donner acte de leurs dires et comparution, et de procéder aux diverses opérations dont il s'agit.

Et après lecture ils ont signé.

(Signatures).

Déférant aux réquisitions qui précèdent, Mᵉ Lefol, notaire soussigné, a donné acte aux époux Tabois, à Mᵐᵉ veuve Toupain et à M. Jules Toupain, de leurs dires et comparution ; puis il leur a donné communication et lecture de l'état complémentaire des comptes de liquidation et partage par lui dressé à la date du vingt-deux janvier présent mois.

De cet état, qui est demeuré ci-annexé après mention, il résulte les faits suivants :

Reprises de Mᵐᵉ veuve Toupain

Les reprises de Mᵐᵉ veuve Toupain s'élèvent à la somme nette de trente-trois mille quatre cent cinq francs ; ci . . . . 33,405 »

Il lui a été attribué en paiement :

1° Trois immeubles de communauté qu'elle avait elle-même désignés, d'une valeur totale de trente-

A reporter. . . . 33,405 »

Report. 33,405

deux mille neuf cent cinquante francs; ci. 32,950 »

2° Et la somme de quatre cent cinquante-cinq francs, à prendre sur le produit de la vente des meubles ; ci. . . . . . 455 »

Total égal trente-trois mille quatre
cent cinq francs ; ci. . . . . 33,405 »

Reprises de la succession Victor Toupain

Les reprises de la succession Victor Toupain s'élèvent à vingt
quatre mille deux cents francs ; ci . . . . 24,200 »

Il a été attribué à cette succession en paiement :

1° Huit parcelles d'immeubles de la communauté d'une valeur totale de vingt-trois mille
huit cent quatre-vingts francs ; ci. 23,880 »

2° Et la somme de trois cent vingt
francs, à prendre sur le produit de
la vente de meubles ; ci. . . . . 320 »

Total égal aux reprises, vingt-
quatre mille deux cents francs ; ci 24,200 »

Liquidation de la communauté.

Ces prélèvements une fois opérés la communauté s'est trouvée sans passif, les reprises ayant été réglées ainsi qu'il vient
d'être dit, et les sommes dues aux tiers ayant été payées tant à
l'aide des créances actives qu'à l'aide du produit de la vente de
meubles, ce qui a été expliqué sous la première observation
dudit état complémentaire.

L'actif de la communauté se trouve par suite réduit à :

1° Dix parcelles d'immeubles d'une valeur totale de douze
mille huit cent soixante-dix francs ; ci. . . . . . . 12,870 »

2° Et du reliquat net de la vente de meubles,

A reporter . . . . 12,870 »

Report.   12,870   »

s'élevant à dix-neuf cent quatre-vingt-treize francs ;

ci   1,993   »

Total de la communauté quatorze mille huit
cent soixante-trois francs ; ci..   14,863   »

Dont moitié est de sept mille quatre cent trente   1/2
et un francs cinquante centimes ; ci   7,431   50

Des dix parcelles d'immeubles dont il vient d'être parlé, les experts ont composé deux lots les plus égaux que possible, et le notaire liquidateur a complété cette égalité à l'aide du produit de la vente mobilière.

PREMIER LOT

Le premier lot a été composé de quatre parcelles d'immeubles désignés audit état complémentaire d'une valeur ensemble de six mille cinq cents francs ; ci. . . .   6,500   »

A quoi il a été ajouté une somme de **neuf cent**
trente et un francs cinquante centimes ; ci. . . .   931   50

Total de la valeur du premier lot, sept mille quatre cent trente et un francs cinquante centimes ; ci   7,431   50

DEUXIÈME LOT

Le deuxième lot a été composé de **six** parcelles d'immeubles désignés audit état complémentaire, d'une valeur ensemble de six mille trois cent soixante-dix francs ; ci. . . .   6,370   »

A quoi il a été ajouté une somme de mille soixante et un francs cinquante centimes, formant le complément de la vente de meubles ; ci.   1,061   50

Total de la valeur du second lot, sept mille quatre cent trente et un francs, cinquante centimes ; ci.   7,431   50

Les deux quels lots ainsi composés devront être tirés au sort conformément à l'article 834 du code civil.

Approbation

Mme veuve Toupain, M. Jules Toupain et les époux Tabois ont déclaré approuver dans tout son contenu l'état complémentaire qui vient d'être analysé et le trouver tout à fait conforme à leurs droits ; acceptant le règlement des reprises tel qu'il a été fait, et approuvant également la composition des deux lots des biens de la communauté.

Tirage au sort

Il a été procédé alors de la manière suivante au tirage au sort des deux lots provenant des biens de la communauté.

Deux bulletins faits avec le même papier, de la même dimension et pliés de la même manière portant l'un *premier lot* et l'autre *deuxième lot,* ont été placés dans une urne et agités. Il a été expliqué que Mme veuve Toupain et Mme Tabois en tireraient chacune un et que Mme veuve Toupain serait propriétaire du lot inscrit sur le bulletin qu'elle tirerait de l'urne, et que la succession Victor Toupain serait propriétaire du lot inscrit sur le bulletin que Mme Tabois en extrairait.

Par suite de cette opération le second lot est échu à Mme veuve Toupain, qui a déclaré l'accepter ; et le premier est échu à la succession de Victor Toupain.

De tout quoi il a été dressé le présent procès-verbal les jour, mois et an que dessus.

Lecture faite, Mme veuve Toupain, M. Jules Toupain et les époux Tabois ont signé avec le notaire.

(Signatures.)

Enregistrement : 3 francs fixe.

25e FORMULE. — Deuxième état complémentaire de liquidation et partage

Deuxième état complémentaire des comptes de liquidation et partage, etc.
(Copier l'entête de la 21e formule.)

PREMIÈRE PARTIE

OBSERVATIONS PRÉLIMINAIRES

1re OBSERVATION

Résumé des faits qui se sont produits jusqu'à ce jour

(Rappeler tous les actes énoncés dans l'entête du procès-verbal qui précède — 24e formule, — y mentionner en plus le tirage au sort des lots de la communauté ; tel doit être le contenu de cette observation.)

2e OBSERVATION

Lotissement des immeubles de la succession Victor Toupain

Aux termes d'un procès-verbal par eux dressé le vingt et un février dernier et déposé conformément à la loi, les experts ont constaté que les immeubles de la succession de M. Victor Toupain restaient encore à partager, et que la masse de ces immeubles se composait :

Premièrement de tous les immeubles attribués à cette succession, en paiement de ses reprises, aux termes du premier état complémentaire, chapitre premier, deuxième section, et qui sont :

1° La parcelle de terre labourable située à Laubis, commune de Verdelot, article premier de l'attribution, estimée cinq mille huit cents francs ; ci.   5,800   »

2° La parcelle de terre située au Ventour, article deux, estimée neuf cents francs ; ci. . ., . . .   900   »

3° La parcelle de terre labourable située au même lieu, numéro trois, estimée deux mille cent francs ; ci.   2,100   »

A reporter.   8,800   »

Report.	8,800	»

4° La parcelle de terre labourable située au même lieu, article quatre, estimée deux mille deux cent cinquante francs ; ci. . . . . 2,250 »

5° La parcelle de terre labourable, située au Versant, article cinq, estimée dix-sept cents francs ; ci. 1,700 »

6° La parcelle de terre labourable, située au Petit-Champ, article six, estimée cinq mille quatre cents francs ; ci. . . . . 5,400 »

7° La parcelle de terre labourable, située au même lieu, article sept, estimée dix-huit cents quatre-vingts francs ; ci. . . . . 1,880 »

8° La parcelle de bois, située au Grand-Chêne, article huit, estimée trois mille huit cent cinquante francs ; ci . . . . 3,850 »

Deuxièmement, et de tous les immeubles composant le premier lot des biens de communauté, aux termes du même état complémentaire, chapitre troisième § 1er. — Ces immeubles sont :

9° Le pré situé à la Rivière, article premier du premier lot, estimé neuf cents francs ; ci . . . . 900 »

10° Le pré situé à l'Enclos, article deux, estimé dix-huit cents francs ; ci . . . . 1,800 »

11° La vigne de La Montagne, article trois du même lot, estimée deux mille cent francs ; ci . . . 2,100 »

12° Et la vigne des Echalas, article quatre, estimée dix-sept cents francs ; ci . . . . 1.700 »

Total de la valeur des immeubles de succession, trente mille trois cent quatre-vingt francs ; ci . . . 30,380 »

Dont la moitié pour chaque héritier est de quinze 1/2 mille cent quatre-vingt-dix francs ; ci . . . . . . 15.190 »

De ces immeubles les experts ont composé deux lots aussi égaux que possible et dont le détail suit :

PREMIER LOT

Ce premier lot comprend :

1° La terre, article un de la masse qui précède, estimée cinq mille huit cents francs ; ci   5,800   »

2° La terre, article quatre, estimée deux mille deux cent cinquante francs ; ci   2,250   »

3° La terre, article cinq, estimée dix-sept cents francs ; ci   1,700   »

4° La terre, article sept, estimée dix-huit cent quatre-vingts francs ; ci.   1,880   »

5° Le pré, article dix, estimé dix-huit cents francs ; ci.   1,800   »

6° Et la vigne, article douze, estimée dix-sept cents francs ; ci.   1,700   »

Total de la valeur des immeubles composant le premier lot, quinze mille cent trente francs ; ci . .   15,130   »

DEUXIÈME LOT.

Les immeubles composant le second lot consistent en :

1° La terre, article deux de la masse qui précède, estimée neuf cents francs ; ci.   900   »

2° La terre, article trois, estimée deux mille cent francs ; ci   2,100   »

3° La terre, article six, estimée cinq mille quatre cents francs ; ci.   5,400   »

4° Le bois, article huit, estimé trois mille huit cent cinquante francs; ci   3,850   »

5°Le pré, article neuf, estimé neuf cents francs ; ci.   900   »

6° Et la vigne, article onze, estimée deux mille cent francs; ci.   2,100   »

Total de la valeur des immeubles composant ce lot, quinze mille deux cent cinquante francs ; ci. . .   15,250   »

Ce nouveau procès-verbal de lotissement a été déposé au greffe du tribunal civil de Clamecy, le vingt-quatre février dernier.

DEUXIÈME PARTIE

COMPTES, LIQUIDATIONS ET PARTAGE

SOMMAIRE :

Le travail suivant sera divisé en trois chapitres.

Le premier chapitre comprendra la liquidation de la succession de Victor Toupain.

Il sera divisé en trois paragraphes, le premier pour l'actif, le second pour le passif et le troisième pour la balance.

Le deuxième chapitre comprendra l'établissement des lots et le règlement du passif de la même succession.

Il sera divisé en trois paragraphes, le premier pour le premier lot, le second pour le second lot, et le troisième pour le règlement du passif.

Et le troisième lot comprendra les clauses et conditions.

CHAPITRE Ier

§ 1er. — Actif.

L'actif de cette succession consiste en :

Premièrement tous les immeubles que les experts ont compris dans la masse de succession (2e obs.) et dont la désignation suit :

1° Une parcelle de terre labourable, située à Laubis, commune de Verdelot, contenant deux hectares quinze ares, con-

frontant, etc.... estimée cinq mille huit cents francs :
ci   5,800   »

    2° Une parcelle de terre labourable, située au
Ventour, même commune, contenant soixante
ares, confrontant, etc... estimée neuf cents francs ;
ci.   900   »

    3° Une parcelle de terre labourable, située aux
mêmes lieu et commune, contenant un hectare
dix ares, confrontant...., estimée deux mille cent
francs ; ci   2,100   »

    4° Une parcelle de terre labourable, située aux
mêmes lieu et commune, contenant un hectare
vingt-deux ares, confrontant...., estimée deux mille
deux cent cinquante francs ; ci.   2,250   »

    5° Une parcelle de terre labourable, située au
Versant, même commune, contenant un hectare
quarante-deux ares, confrontant...., estimée dix-
sept cents francs ; ci.   1,700   »

    6° Une parcelle de terre labourable, située au
Petit-Champ, même commune, contenant un hectare deux ares, confrontant...., estimée cinq mille
quatre cents francs ; ci.   5,400   »

    7° Une parcelle de terre labourable, située aux
mêmes lieu et commune, contenant trente-six ares,
confrontant...., estimée dix-huit cent quatre-vingts
francs ; ci.   1,880   »

    8° Une parcelle de bois, située au lieu dit le Grand-
Chêne, même commune, contenant deux hectares
vingt-deux ares, estimée trois mille huit cent cinquante francs ; ci.   3,850   »

    9° Un pré, situé à La Rivière, même commune,
contenant vingt-deux ares, confrontant...... estimé
neuf cents francs ; ci.   900   »

                    A reporter.   24,780   »

Report. 24,780   »

10° Un pré, situé à l'Enclos, même commune, contenant trente-six ares, confrontant....., estimé . dix-huit cents francs ; ci.   1,800   »

11° Une vigne, située à La Montagne, même commune, contenant quatre-vingt-cinq ares, confrontant....., estimée deux mille cent francs ; ci . . .   2,100   »

12° Et une autre vigne, située à l'Echalas, même commune, contenant quarante-cinq ares, confrontant....., estimée dix-sept cents francs ; ci. . . .   1,700   »

Deuxièmement, et les deux sommes ci-après :

1° La somme de trois cent vingt francs, à prendre dans le produit net de la vente de meubles (7° obs. du premier état) ; laquelle somme avait été attribuée à la succession Victor Toupain, pour former le solde de ses reprises (2° état de comptes, chap. 1er, § 2.) ; ci.   320

2° Et la somme de neuf cent trente et un francs cinquante centimes en numéraire, à prendre sur le produit de la même vente de meubles, comme formant le complément du premier lot des biens de communauté (2° état de liq. chap. 3°, § 1er) ; ci. .   931   50

Ces deux sommes s'élèvent ensemble à douze cent cinquante et un francs cinquante centimes ; ci. . . .   1.251   50   1.251   50

Total de la masse active de succession, trente et un mille six cent trente et un francs cinquante centimes ; ci.   31,631   50

§ 2. Passif.

Le passif de la succession consiste uniquement en la somme de deux cent dix francs, montant des frais funéraires, consta

tés dans l'inventaire (6e obs. du premier état de liquidation) :
ci . . . . **210** ··

§ 3. Balance.

L'actif de la succession s'élève à trente et un mille six cent
trente et un francs cinquante centimes ; ci. . . **31,631** 50
Le passif est de deux cent dix francs ; ci. . . . **210** »
Partant, l'actif excède le passif de trente et un
mille quatre cent vingt et un francs cinquante
centimes, ci. **31,421** 50
Dont moitié pour chaque héritier, est de quinze
mille sept cent dix francs soixante-quinze centi- **1/2**
mes : ci. **15,710** 75

CHAPITRE II

ÉTABLISSEMENT DES LOTS. — RÈGLEMENT DU PASSIF

§ 1er. Premier lot.

Il revient au premier lot, une valeur totale de quinze mille
sept cent dix francs soixante-quinze centimes ; ci. **15,710** 75
Les experts ont composé le premier lot des immeubles ci-après :
1° La terre de Laubis, article premier de la masse
de succession, établie au chapitre précédent, estimée cinq mille huit cents francs ; ci. **5,800** »
2° La terre du Ventour, article
quatre de la même masse, estimée
deux mille deux cent cinquante
francs ; ci. . . . . **2,250** ··
3° La terre du Versant, article
cinq, estimée dix-sept cents francs ;
ci. **1,700**

A reporter . **9,750** » **15,710** 75

Reports	9,750 »	15,710 75

4° La terre du Petit-Champ, article sept, estimée dix-huit cent quatre-vingts francs ; ci. . . . . 1,880 »

5° Le pré de l'Enclos, article dix, estimé dix-huit cents francs ; ci. . . 1,800 »

6° Et la vigne de l'Echalas, article douze, estimée dix-sept cents francs ; ci . . . . 1,700 »

A ces attributions immobilières, il convient d'ajouter la somme de cinq cent quatre-vingts francs soixante-quinze centimes, à prendre dans celle totale de douze cent cinquante et un francs cinquante centimes, attribuée dans le premier état complémentaire à la succession de Victor Toupain pour solde de ses reprises, et aussi au premier lot de la masse de communauté échu à cette même succession ; ci. 580 75

Total des attributions faites au premier lot, quinze mille sept cent dix francs soixante-quinze centimes ; ci. . 15,710 75

Egal

§ 2. — Deuxième lot.

Il revient également au second lot, pareille valeur de quinze mille sept cent dix francs soixante-quinze cent. ; ci 15,710 75

Les experts ont composé le second lot des immeubles ci-après :

1° La terre du Ventour, article 2 de la masse établie au chapitre précédent, estimée neuf cents fr. ; ci. . 900 »

| *A reporter.* . . . . . | 900 » | 15,710 75 |

Report.	900 »	15,710 75
2° La terre du Ventour, article 3, estimée deux mille cent francs ; ci. .	2,100 »	
3° La terre du Petit-Champ, art. 6, estimée cinq mille quatre cents fr. ; ci.	5,400 »	
4° Le bois du Grand-Chêne, article 8, estimé trois mille huit cent cinquante francs ; ci.	3,850 »	
5° Le pré de La Rivière, article 9, estimé neuf cents francs ; ci.	900 »	
6° Et la vigne de La Montagne, article 11, estimée deux mille cent francs ; ci.	2,100 »	
A ces immeubles il convient d'ajouter la somme de quatre cent soixante francs soixante-quinze centimes, à prendre dans celle de douze cent cinquante et un francs cinquante centimes, portée à la masse active de succession et provenant de la masse mobilière ; ci.	460 75	
Total du deuxième lot, quinze mille sept cent dix francs soixante-quinze centimes ; ci.	15,710 75	

§ 3. — Règlement du passif.

Le passif de la succession Victor Toupain s'élève à la somme de deux cent dix francs, ainsi qu'il a été établi au chapitre précédent ; ci. . . . . 210 »

Il est attribué au second lot qui précède, ou plutôt à celui qui sera attributaire de ce lot, pa-

A reporter. 210 00

Report. . . . . . 210 »

reille somme de deux cent dix francs, à prendre
dans celle de douze cent cinquante et un francs
cinquante centimes, provenant de la vente de
meubles et dont elle forme le complément, à la
charge par le propriétaire du second lot d'acquitter le passif de succession ; ci. . . .   210 »   *Égal.*

CHAPITRE III

CLAUSES ET CONDITIONS

1° L'attributaire de chacun des lots qui précèdent prendra
les immeubles composant son lot dans l'état où ils se trouveront au jour de l'homologation des présentes, sans pouvoir
faire aucune réclamation pour défaut de contenance ou détérioration à son copartageant.

2° Les titres concernant chaque lot seront remis à l'attributaire de ce lot.

(Et autres conditions particulières qui peuvent résulter de
l'état, de la situation et du morcellement des immeubles.)

Fait et clos, le présent état complémentaire, en l'étude, à
Verdelot, le onze mars mil huit cent soixante-quatorze.

(Signature.)

Enregistrement : 3 francs fixe.

Pour terminer l'ensemble de cette opération, qui ne
forme après tout qu'un seul partage judiciaire, il faudra
encore faire un procès-verbal d'approbation de ce
dernier travail et de tirage au sort. Nous n'en donnerons
point la formule dans la pensée que le procès-verbal,
n° 24 peut parfaitement servir de modèle. Cependant il
est bon de remarquer que Mme veuve Toupain est tout
à fait étrangère à ce dernier acte et que ce serait inutile
de l'y faire comparaître.

Tous les partages judiciaires sont loin de présenter autant de difficultés que celui que nous avons pris pour modèle. Le plus souvent il n'y a ici que trois actes, absolument comme pour les liquidations, un procès-verbale d'ouverture, un état liquidatif et d'établissement des lots, et un procès-verbal de clôture et de tirage au sort.

L'état de partage judiciaire est toujours plus long que l'état de liquidation parce que dans le premier de ces actes il faut copier deux fois la masse des immeubles à partager et deux fois la composition des lots. Ainsi sous l'observation où l'on rapporte l'expertise, on a soin de copier presque intégralement le procès-verbal des experts en ce qu'il contient la masse des immeubles et la composition des lots.

Et plus tard, dans la deuxième partie du travail, il faut encore, lors de la composition de l'actif général, copier intégralement la masse des immeubles, et dans le chapitre suivant donner la formation des lots.

Les experts, cherchant à éviter le morcellement ne composent jamais les lots d'une égale valeur, il y a toujours une différence en plus ou en moins, c'est au notaire à ramener une entière égalité par quelques attributions mobilières.

TABLE DES FORMULES

ÉCOLE DE NOTARIAT

DE PARIS (¹)

Fondée par décision de S. Ex. le Ministre de l'Instruction publique
du 21 juin 1865

DIRECTEUR : **L. GANTHIER**, ANCIEN NOTAIRE

47, Rue Monsieur-Le-Prince, Paris

OUVERTURE TOUS LES ANS DU 5 AU 10 NOVEMBRE

ENSEIGNEMENT

1° Les lois organiques du Notariat.

2° Le Code civile et tous les contrats qui en découlent,

3° Une partie des Codes de commerce et de procédure civile.

4° L'enregistrement et les hypothèques.

UTILITÉ

Un cours de notariat est d'une utilité incontestable pour apprendre et bien saisir la corrélation intime qui unit la théorie à la pratique.

(1) Une *circulaire-programme* de l'Ecole de Notariat est envoyée FRANCO à toute personne qui en fait la demande.

Tout art, toute science a besoin d'explications pour en faciliter l'intelligence ; tout ce qu'un livre peut contenir, un professeur peut l'enseigner et le commenter, et dans tout enseignement la parole l'a toujours emporté de beaucoup sur l'écriture.

Au besoin, le professeur reprend sa thèse sous une autre forme pour que l'élève saisisse mieux, il explique avec plus de soin les points qui paraissent plus obscurs, il répond aux questions qui sont posées ; d'un mot il éclaircit bien des doutes, simplifie bien des questions ; tandis que le livre, cet auxiliaire impassible, vous laisse rêver et chercher... et vous présente toujours le même fait sous le même jour.

Châteauroux. — Typographie A. Nuret et Fils ; A. MAJESTE, Successeur.

www.ingramcontent.com/pod-product-compliance
Lightning Source LLC
Chambersburg PA
CBHW061122220326
41599CB00024B/4132